U0678113

© Brill Deutschland GmbH, Böhlau Wien, *Rolf Geyling (1884-1952). Der Architekt zwischen Kriegen und Kontinenten* by Inge Scheidl (Wien, 2014)

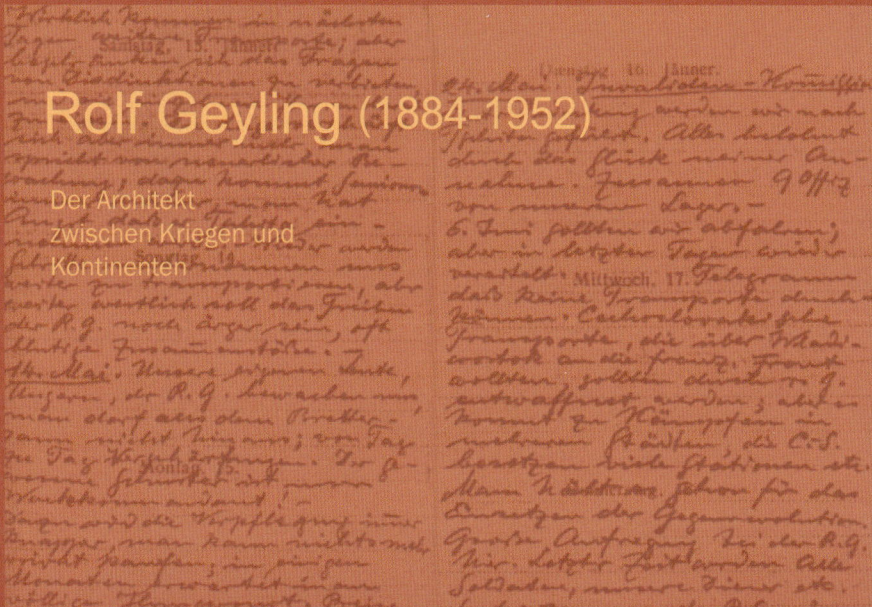

Rolf Geyling (1884-1952)

Der Architekt
zwischen Kriegen und
Kontinenten

罗尔夫·盖苓
（1884～1952年）

辗转于战争
与几大洲之间的建筑师

[奥] 英格·谢德尔
（Inge Scheidl）
———— 著

刘悦 唐倩 ——— 译
张畅 ——— 校注

社会科学文献出版社
SOCIAL SCIENCES ACADEMIC PRESS (CHINA)

彩图 12 特罗波乌的公务员宿舍

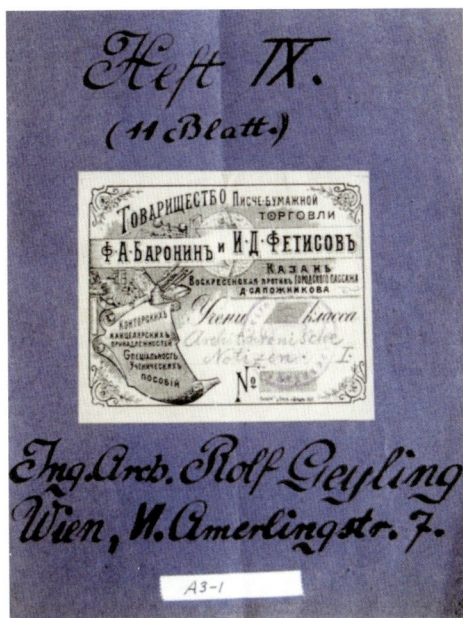

彩图 13 作为速写本的俄
国学生练习册

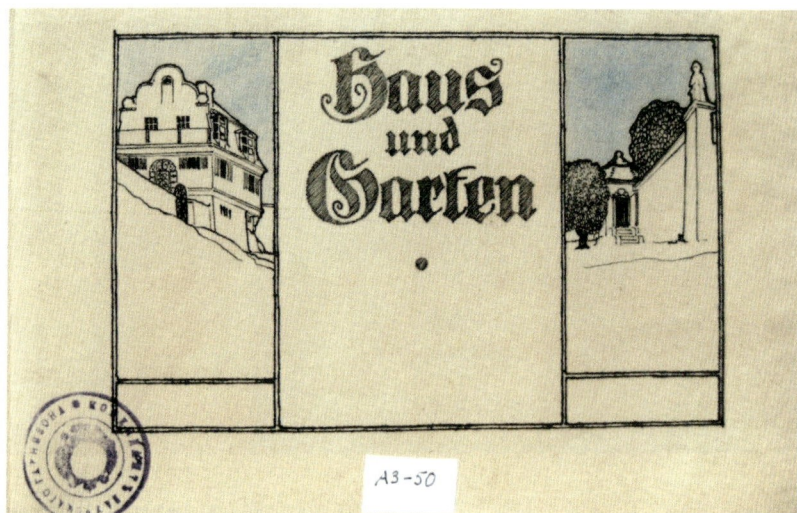

彩图 14 房子和花园

彩图 15 工人居住区

彩图 16 裸砖建造的住宅和走廊

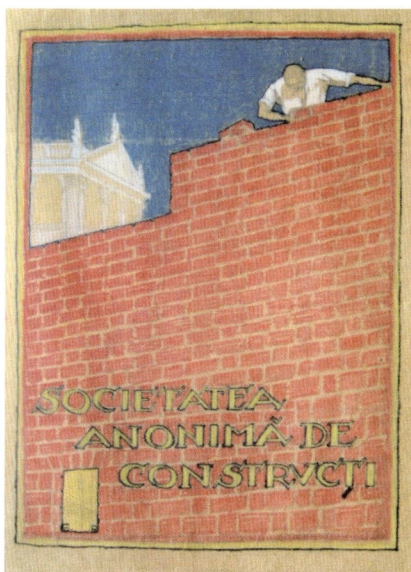

彩图 17 海报设计图"房屋建筑协会"

彩图 18 弗朗茨·约瑟夫皇帝纪念碑

彩图 19 花园别墅

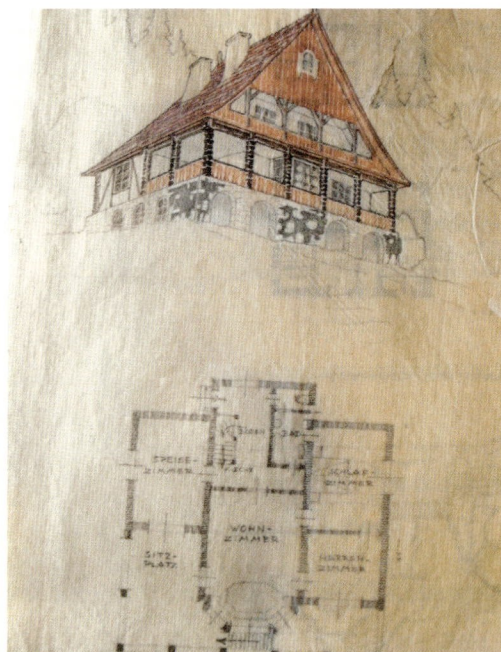

彩图 20 乡间别墅"SZ",
施蒂利亚州

彩图 21　维也纳郊区的花园住宅"L"

彩图 22　君士坦丁堡郊区住宅

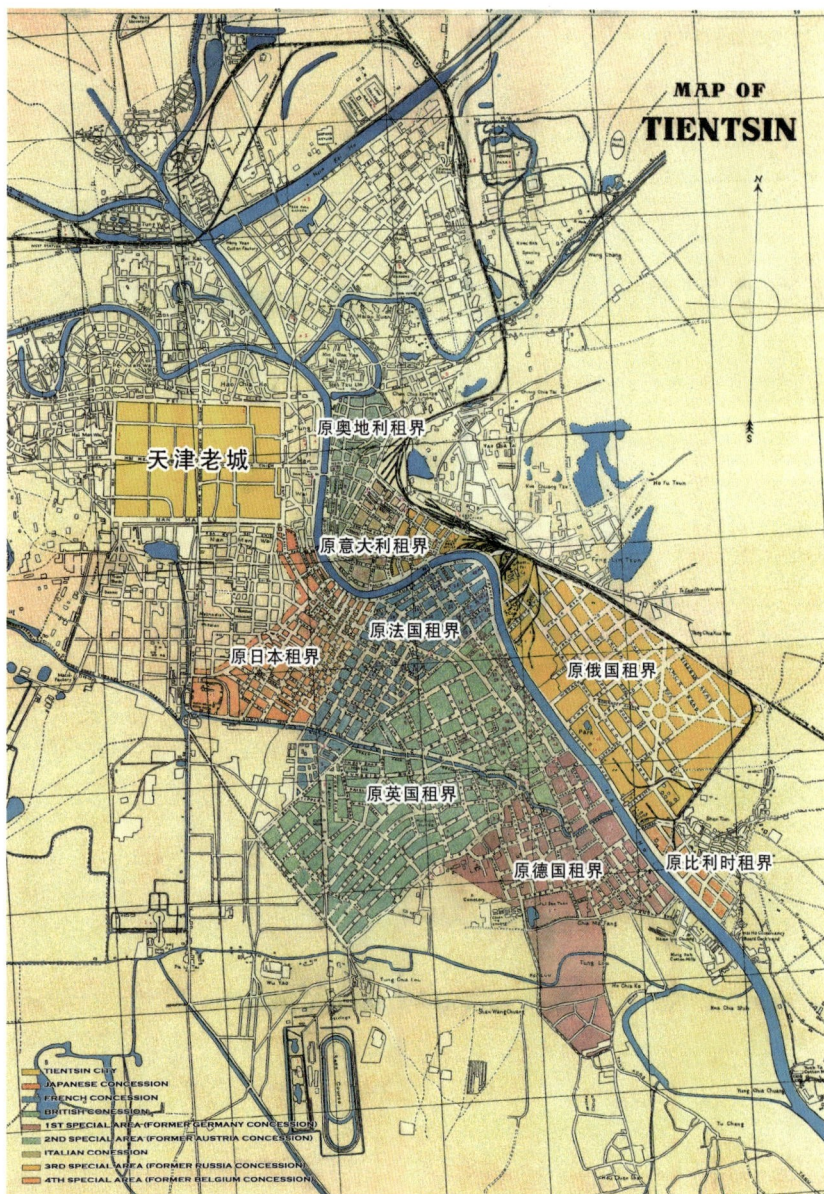

彩图 23　1938 年天津租界地图

彩图 1 鲁道夫·盖苓，玻璃窗设计图，局部

彩图 2　雷米吉乌斯·盖苓，皇帝弗朗茨·约瑟夫，
　　　　宣誓效忠的节日游行，明信片

彩图 3　雷米吉乌斯·盖苓，圣灵纪念教堂，托尔明，
　　　　斯洛文尼亚

彩图 4　皮尔森啤酒厂酒店，皮尔森，外立面，设计图，
　　　　1911~1912 年

彩图 5　皮尔森啤酒厂酒店，皮尔森，内部，设计图

彩图 6 诺曼恩赛艇俱乐部，克洛斯特新堡，2004 年

彩图 7 诺曼恩赛艇俱乐部，局部

彩图 8 诺曼恩赛艇俱乐部，克洛斯特新堡，俱乐部大厅设计图

彩图 9　诺曼恩赛艇俱乐部，门把手

彩图 10　诺曼恩赛艇俱乐部，克洛斯特新堡，前厅，2004 年

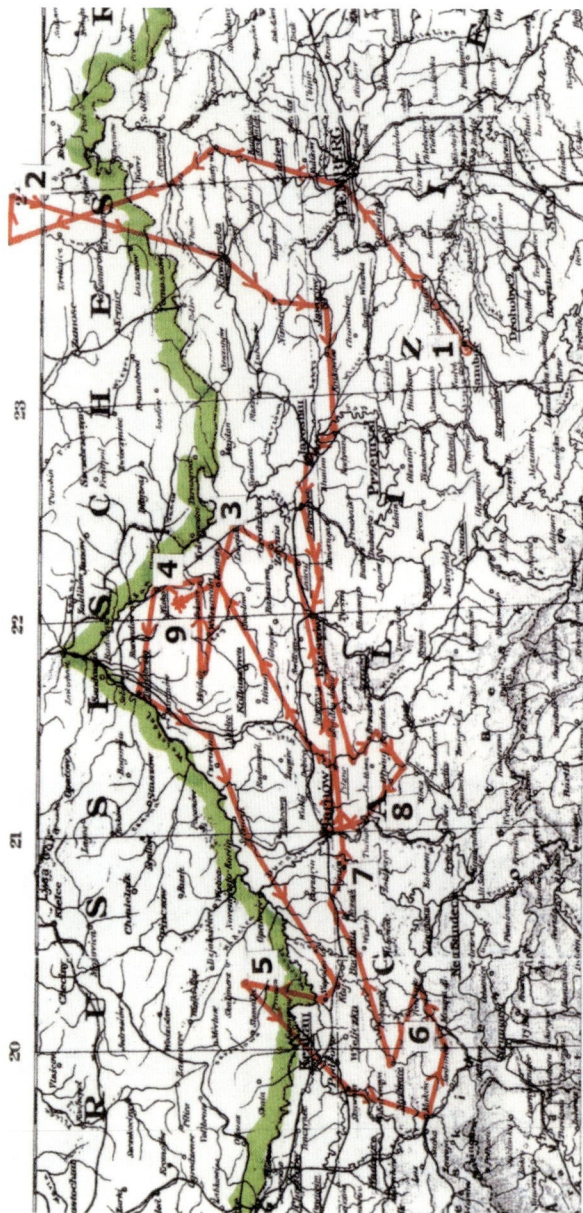

1. 桑比尔——开始进行活动　　4. 桑河进攻　　　　　　　　7. 在沃伊尼奇的机枪课程
2. 布格河之战　　　　　　　5. 克拉科夫战役　　　　　　8. 塔尔努夫－戈尔利采战役
3. 拉瓦·罗斯卡亚战役　　　　6. 利马诺瓦－拉帕诺夫战役　9. 在尼斯科－瓦乔利被俘

彩图 11　奥匈帝国在加利西亚的军队调动，1914 年 8 月至 1915 年 6 月

彩图 24 金城银行，天津

彩图 25 李勉之别墅，天津

彩图 26 章瑞庭府邸，花厅

彩图 27 香港大楼，围墙

彩图 28　广东会馆，天津

彩图 29　埃默斯多夫的别墅，下奥地利州

彩图 30 盖苓雕像与盖苓之子弗兰茨及雕塑家刘鑫

序　言

　　天津的近代建筑群闻名于世，在我国近代历史和城市建设史上有着举足轻重的地位，具有不可或缺的历史和文化价值。天津的许多重要建筑，包括民园大楼、剑桥大楼、香港大楼、津南里大楼、德美医院、原西门子公司大楼，以及吴颂平、章瑞庭、方先之等名人故居，皆出自奥地利建筑师罗尔夫·盖苓之手。本书全面回顾了这位建筑师跌宕起伏的一生，对他在天津和中国其他城市的代表性作品进行了详细的专业解读，剖析了盖苓建筑特色的形成与演变，为研究盖苓本人及其对天津城市建筑发展演变的贡献开拓了新思路。

　　罗尔夫·盖苓 1884 年出生于奥地利维也纳的艺术世家。大学期间，他师从新艺术运动先驱、奥地利建筑大师奥托·瓦格纳（Otto Wagner），毕业后在奥地利设计了一系列大型建筑。第一次世界大战开始后，盖苓作为奥匈帝国陆军炮兵军官被派往东线战场与俄军作战。他将自己在前线的作战情况及此后在战俘营的生活记录在一本小册子中。这本小册子既是一本战地日记也是一本难得的第一次世界大战亲历者回忆录。此后，盖苓于 1921 年辗转来到天津，开办了建筑设计事务所，在津生活 30 余年，逐渐成为天津城市史中最为重要的外国建筑设计师之一。

在盖苓漫长的建筑师生涯里，其作品设计风格始终追随世界建筑设计思潮和技术发展，（按照时间顺序）涵盖了新古典主义、新艺术风格、装饰派和现代派等多种风格。不过，该书作者认为，盖苓在中国的建筑作品不能简单地以某一风格流派来划分，因为这些作品是盖苓多方面借鉴各种建筑范式，然后为每个项目量身打造的独特的最适合的解决方案。盖苓认为现代建筑师必须综合考虑建筑项目的各种要求，并在设计中包含最新的技术标准，始终满足业主的审美需求。在他为天津设计的公共建筑、别墅、出租公寓等作品中，美学设计技巧总是能与工程的实用性以及不断进步的材料和施工技术相得益彰。

盖苓在津期间经历了近代中国社会的巨大变迁。新中国成立后，凭借高超的专业能力与良好的商业信用，他为自己重新申请到一份建筑师证，这对一位外国设计师来说，非常难得。但不幸的是，此后不久盖苓便因病去世。他的曲折经历及身后留存于天津与中国其他城市的建筑，将永远保留于人们的城市记忆中。

该书作者英格·谢德尔（Inge Scheidl）博士出生于奥地利首都维也纳，在维也纳大学学习艺术史，研究重点为 19 世纪和 20 世纪建筑与文化史。她在参与维也纳建筑中心的"维也纳建筑师词典"编纂项目时发现了罗尔夫·盖苓的名字。这位建筑师在官方档案记录中只有寥寥数语,却激发了作者的求知欲。幸运的是,罗尔夫的儿子弗兰茨全面细致地整理了父亲留下的大量照片和各类笔记、信件、设计图等。在弗兰茨的支持下,她的研究之旅终于走上正轨,于2014年出版了《罗尔夫·盖苓(1884~1952年)——辗转于战争与几大洲之间的建筑大师》,该书成为迄今为止关于盖苓的最有价值的研究著作。

这本书以盖苓的传奇人生经历为线索,以其一战时期的日记为重点参考资料,在对他的日记以及建筑设计作品做出专业分析的基础上,详细讨论了盖苓建筑设计风格的变化,并将其个人音符嵌入时代的乐章,丰富了读者对我国近代建筑史、城市史的认知。不仅于此,这本书还将盖苓的大量原始设计图、照片、日记等呈现给读者,展现了丰富的历史细节。原作中拥有繁多的建筑概念、风格、细节,为此译者刘悦、唐倩查阅了大量资料,尽其所能地让读者在这本书中既能感受到她们严谨的专业态度,又能拥有流畅的阅读体验。

近年来我本人率领的学术团队一直从事天津近代建筑遗产研究与保护工作,深知此项工作难度之大、所耗之巨,因此当译者约请我作序时深有感触,在此诚挚地为读者推荐这本书,是为序。

天津大学建筑学院院长

2024 年 6 月

目　录

前　言

　　2003 年 以 来，我 开 始 参 加 维 也 纳 建 筑 中 心
（Architekturzentrum Wien，AzW）的 "维也纳建筑师词典"
编纂项目，其中收录了约 1000 个词条。当时，对我来说，罗
尔夫·盖苓（Rolf Geyling，1884~1952 年）只是几十位建筑
师中的一位，对他的了解仅限于他的名字。

　　最初，我找到一些有限的信息，但足以解释为什么这位
建筑师几乎被维也纳所遗忘——他在这座城市只待了很短的
时间，后来移居到罗马尼亚的布加勒斯特。第一次世界大战
期间，他参军入伍并被派往东线战场，随后在战争中被俄国
军队俘虏，最终逃往中国，并在那里担任建筑师。

　　我认为书写盖苓的传记具有重要意义，但是必须对他进行
更深入的研究，以便更加清晰准确地了解他的一生。幸运的是，
我与盖苓定居美国的儿子弗兰茨·盖苓（Franz Geyling）取得
了联系。当我 "发现" 他的时候，尽管年事已高，他还是非

常细致地向我梳理了他对父亲的记忆，还提供了他所保存的
各种笔记、信件、文件、草图、规划图以及大量他父亲拍摄
的照片。

　　盖苓人生轨迹的最重要见证就是他的日记，其中记录了
他参军远征沙俄的经历和被囚禁在西伯利亚的几年时光。最
重要的是，这些反映第一次世界大战中士兵作战和战俘经历
的文件是罕见的，由此我迫切希望将罗尔夫·盖苓的传奇人
生介绍给广大的读者。不过，本书的重点并非逐字抄写盖苓
的日记，而是将他的各段人生经历嵌入当时的历史文化氛围
中，为个人传记赋予全面的时代见证价值。作为一位艺术史
学者，我尤其对他作为建筑师的工作表达敬意，并将对他作
品的评价置于艺术史的背景之下。

　　参战伊始，盖苓便开始记录这场远征的各个阶段。最初
的记录来自一本学校练习册大小的"野外日记"。战争末期
和被俘之后的记录，则来自一本小小的袖珍日记，尺寸仅为
12.5 厘米 ×7 厘米。这些日记内容有时只有必要的几个字，
如今阅读起来颇为吃力。同时，由于缺乏说明，一些批注难
以理解。为了让读者更好地理解原意，本书在注释中会提供
说明和缩写，而盖苓偶尔出现的拼写错误则会被保留，以最
大限度地保持其真实性。

　　为了解当时的历史背景，我还参考了其他人的一些传记
作品。然而，它们彼此矛盾，因此只能部分地帮助我了解盖
苓当时的情况。因此，为了更加全面系统地掌握历史文献，
我不仅参考了新近的学术研究成果，还查阅了一些在冷战结

束后才大规模披露的档案材料。

当盖苓在中国开始新生活后，他不再写日记。这一时期的见证者转变为他的妻子赫尔米娜（Hermine）。在与丈夫的母亲和姐姐的大量通信中，她记录了他们夫妇在异国的生活，并且在晚年回到奥地利后，还用几盘磁带录下了她的回忆，这些录音由她的一个女儿保管。

对于完成这项写作所需的"准备"来说，弗兰茨·盖苓的贡献不可或缺。他以父亲的笔记、父母的讲述及他本人的回忆为基础，编写了一部"家庭编年史"，并慷慨地将所有资料交给了我。此外，他还提供了大量照片，并不厌其烦地回答了我众多的问题。因此，我要借此机会特别感谢弗兰茨·盖苓，同时也要感谢他的夫人赫尔嘉·盖苓（Helga Geyling），在汇总材料这项繁重的工作中一直陪伴在丈夫身边。

鉴于我们多年的友好合作，我非常遗憾我对弗兰茨的这份感谢和对其父亲的敬意无法由他本人亲自接收。他于2014年2月17日在美国亚拉巴马州奥本市（Auburn）去世，享年87岁。

第一章　从叛逆到成熟

成长于艺术世家

19世纪末，随着环城大道的大规模扩建、宏伟宫殿和众多公寓大楼的建成以及城市基础设施的广泛现代化，维也纳在地缘政治上占据了一定的地位。这座城市由此进入科学、艺术和文学领域无可比拟的鼎盛时期。繁荣的大都市经济和活跃的思想交流营造了进步的氛围，工业化使得财富不再被统治阶级、贵族和神职人员所独占，资产阶级越来越有能力在经济上站稳脚跟。然而，依然有很多人认为他们的基本生存得不到保障，世界局势极度混乱，战争一触即发。这样，第一次世界大战前夕，人们在憧憬未来和恐惧末日之间惶惶度日。

在这一紧张时期，鲁道夫·盖苓（Rudolf Geyling，1839~1904年）和玛丽亚·盖苓（Maria Geyling）的第四个孩子罗尔夫·盖苓于1884年6月7日出生在维也纳。由于生产速度快，宝宝又很结实，玛丽亚从一开始就认为这会是她最健壮的孩子。的确如此，罗尔夫很快就表现出抵抗力强、耐力好、精力充沛、适应性强的特点——这些都为他非同寻常的职业生涯奠定了基础。

　　盖苓家族的各个分支可以追溯到中世纪，他们的祖先居住在现在的德国。18 世纪末，家族的一个分支迁居维也纳。值得注意的是，这一分支的每一代都有人活跃在艺术领域，他们以宫廷装饰画、风景画或历史画的画家身份闻名于世。

　　卡尔·盖苓（Carl Geyling，1814~1880 年）是这一家族中的佼佼者。他原本是一位风景画家，曾经被聘请在维也纳附近的皇宫的玻璃窗上绘制奥地利风景。这项工程对他后来的职业生涯具有决定性的影响。在缺乏相关技术知识的情况下，卡尔只能通过不断实验来达到令人满意的效果，直到最终掌握了这门工艺技术。1841 年，他创办了"盖苓玻璃画"（Glasmalerei Geyling）工坊，随后将工作重心转移到这一艺术领域。在哥特风格结束后的 19 世纪，玻璃画这一新兴艺术达到了鼎盛期。彩色玻璃曾经主要被用于装饰教堂的窗户，而现在，私人住宅配备彩绘窗户也已经成为一种时尚。例如，贵族豪宅的楼梯窗户用上了彩绘，而在私人公寓中，用装饰窗为玻璃花房（冬季花园）或壁炉提升档次也已成为普遍做法。尤其是新艺术风格特别适合这种绘画方式。世纪之交的前后，彩绘玻璃艺术经历了一个高峰期，这在若干年前是无法想象的。来自整个帝国的教堂、贵族和私人住宅的各种合约，很快为工坊带来了国际声誉，欧洲各地的订单随之而来。由是，"盖苓玻璃画"工坊成为帝国内最重要的玻璃画作坊，与 1860 年成立的"蒂罗尔玻璃画"（Tiroler Glasmalerei）工坊齐名，并一直延续至今，不过这一行业现在已不再景气。1997 年，工坊被位于上奥地利州的施利尔巴赫熙笃会 ① 修道院（Zisterzienserstift Schlierbach）接管，但工坊总部仍设于维也纳。

盖苓的父亲鲁道夫·盖苓曾在维也纳美术学院（Akademie der bildenden Künste in Wien）学习，早期专于历史画和肖像画。他最了不起的画作是《齐格弗里德的回乡之路》（Siegfrieds Heimkehr），他因此被授予了梵蒂冈圣乔治勋章（St.-Georgs-Orden），他和妻子也得以前往意大利进行为期两年的游学。在英国宫廷，他与画家海因里希·冯·安杰利（Heinrich von Angeli，1840~1925 年）分别为维多利亚女王绘制肖像画，这表明他的知名度已经超出了帝国的范围。即使在今天，他的一些作品仍然出现在各种艺术品市场上。

鲁道夫·盖苓与许多同事一起，将自己的一部分报酬存入一个为美术学院画家设置的养老基金。然而，1880 年前后，该养老基金的出纳员卷走了全部钱款逃往美国，鲁道夫险些陷入财务危机。为了将身为自由艺术家所带来的财务风险降到最低，鲁道夫于 1881 年接受了他叔叔卡尔创立的玻璃画工坊艺术指导一职，并被任命为维也纳美术学院教授。不过，他始终认为自己在玻璃画工坊和学院的工作只是为了"养家糊口"，他的热情还是在绘画上。在其 20 年的工作生涯中，鲁道夫·盖苓领导"卡尔·盖苓传人"（Carl Geyling's Erben）工坊取得了令人惊讶的成功。他们为教堂、公共建筑和私人住宅设计制作了无数玻璃作品，并为私人建筑制作了 1200 多扇窗户（见彩图 1）。在以 1887 年澳大利亚展览会为代表的众多展览会上获得的多个奖项，都证明了该工坊在世界范围内的声誉和地位。在维也纳，最负盛名的订单是为斯蒂芬大教堂（Stephansdom）和维也纳还愿教堂（Votivkirche）制作的彩色玻璃窗，但这些作品像许多其他作品一样在第二次世界大战中被破坏。好在，维也纳 18 区根茨街（Gentzgasse）140 号的魏因豪斯教堂（Weinhauser Kirche）、维也纳 19 区天空大道（Himmelstraße）25 号的格林津教区教堂（Grinzinger Pfarrkirche）、维也纳市政厅的楼梯以及位于下奥地利州梅耶林（Mayerling）的赤足加尔默罗派修女修道院（Kloster der unbeschuhten Karmeliterinnen）的纪念教堂，这几处建筑中的彩色玻璃窗仍然保存完好。

盖苓的母亲玛丽亚，原姓赫伯格（Maria Heuberger，1849~1934 年），同样出身于一个受人尊敬的艺术世家。她从小受到良好的教育，写得一手好文章。玛丽亚是理查德·赫伯格（Richard Heuberger）的堂妹，1900 年鲁道夫·盖苓病重后，赫伯格成为两个未成年孩子罗尔夫和格蕾塔（Greta，1882~1949 年）的监护人。他是一位作曲家、指挥家、音乐教育家和音乐记者，最著名的作品是歌剧《歌剧院舞会》，但他也创作芭蕾舞音乐和歌曲。作为一支维也纳男子合唱团的领队，他有时会出国巡演，去过纽约。家族中传说，他在纽约的欢迎会上惊讶地看到那个卷走众多艺术家积蓄的前养老基金出纳员。赫伯格宣称，只要这个人在场，他的合唱

团就不会唱一个音符。赫伯格
的意愿最终得到了尊重，这个
欺骗了众多艺术家庭、自认为
是缪斯之友的人被逐出了音乐
厅。这对家族尤其鲁道夫而言，
稍感安慰。

鲁道夫和玛丽亚有四
个孩子：伊莉娜（Irena,
1874~1900 年）不幸患有先天
性心脏病，26 岁就去世了；
雷米吉乌斯（Remigius），

图 1 童年盖苓

家里人叫他"雷米"（Remi, 1878~1974 年）；玛格丽塔
（Margareta），即前面提到的"格蕾塔"以及罗尔夫（见图 1）。

两个儿子在孩提时代就表现出强烈的绘画天赋，他们的
父亲不仅想让孩子们继承这种天赋，更希望他们成为彩色玻
璃画工坊"卡尔·盖苓传人"的接班人和员工。雷米吉乌
斯日后不负所望开启了艺术生涯，他于 1898~1900 年在维
也纳工艺美术学校（Wiener Kunstgewerbeschule）学习，
1902~1904 年在慕尼黑的专业学院学习，后成为一位全才艺
术家。1911~1914 年和 1922~1925 年，他在维也纳城堡剧院
（Wiener Burgtheater）担任技术总监，为该剧院设计了 300
多部剧目的服装和舞台布景，包括 1912 年萧伯纳（George
Bernard Shaw）的作品《恺撒和克里奥帕特拉》（*Cäsar und
Cleopatra*）。在此过程中，雷米吉乌斯还研发了舞台投影技

术[1]，该技术于 1925 年在城堡剧院的《皮尔·金特》（*Peer Gynt*）中首次使用。雷米吉乌斯还会根据电影布景设计戏服，如 1924 年迈克尔·克尔泰茨（Michael Kertécz）导演的《奴隶女王》（*Die Sklavenkönigin*）。同时，雷米吉乌斯还在他父亲的彩色玻璃画工坊工作，为施泰因霍夫（Steinhoff）的奥托－瓦格纳教堂（Otto-Wagner-Kirche）②设计了玻璃马赛克圣坛画，而此前为瓦格纳教堂所欣赏的科罗曼·莫塞尔（Koloman Moser）的圣坛画设计图样则遭到否决。雷米吉乌斯是"维也纳工坊"的画家成员，同时也是"奥地利工场联合会"的创始人之一，并于 1926~1946 年担任维也纳工艺美术学校的教授。

雷米吉乌斯在"维也纳工坊"主要负责设计书籍的封面和插图以及明信片，这些明信片在当时是由艺术家们就特定主题制作的，非常受欢迎。相关作品有 1909 年维也纳城市舞会免费分发的小册子，格林兄弟的童话插图《走进天堂的裁缝》（*Der Schneider im Himmel*，1921 年），以及为 1908 年弗朗茨·约瑟夫（Franz Josef）皇帝登基 60 周年纪念游行设计的明信片，这些在维也纳的古籍书店和艺术品拍卖会上仍然可以买到（见彩图 2）。

这样的家庭环境熏陶，加上哥哥雷米吉乌斯的各种艺术活动，给年轻的罗尔夫带来了艺术滋养。1903 年，"维也

1　这是一种"天幕投影"：用两台带有特殊广角光学器件的光线增强设备将涂有颜色的幻灯片投射到天幕上。这些投影使多达 36 个场景背景能够快速地相互转换。

纳工坊"在英国的"艺术与手工艺"运动（工艺美术运动）影响下成立，并汇集了一批最重要的手工艺品来与工业化大规模生产的消费品相抗衡，后者已经越来越多地进入人们生活的各个领域，并取代了个人手工艺品。"维也纳工坊"由奥托·瓦格纳的学生约瑟夫·霍夫曼（Josef Hoffmann）、维也纳分离派③创始人之一科罗曼·莫塞尔以及出资人弗里茨·沃恩多弗（Fritz Wärndorfer）创立。该工坊所追求的艺术方向受到维也纳分离派以及维也纳工艺美术学校，即今天的应用艺术大学（Universität für Angewandte Kunst）的影响。

　　"维也纳工坊"对于生活文化的各个领域，大到建筑、家中陈设，小到日常用品，都以高雅的设计和上乘的工艺水平进行创作，其以几何抽象的形式语言为特征，与受法国、英国影响采用装饰性、曲线性花纹的新艺术风格相比更为简洁。盖苓深受"维也纳工坊"美学原则的影响，这一点可以从他自己设计的订婚戒指和各种家具中看出来，他的设计很快就被世界闻名的"维也纳工坊"所采纳并制作出了这些家具。

　　在其他方面，雷米吉乌斯和罗尔夫的艺术生涯也交织在一起，并相互影响。作为一名多才多艺的艺术家，雷米吉乌斯也曾担任过建筑师。第一次世界大战期间，1916年，他在其参与战斗的伊松佐河前线（Isonzo-front）设计了一座教堂，以纪念奥匈帝国军队的阵亡官兵，还亲自设计了大部分的内部格局。这座"圣灵纪念教堂"（Heiligengeistkirche）

位于今天的斯洛文尼亚托尔明地区（Tolmin）的一处山崖上，第一次伊松佐河战役发生于此，教堂由雷米吉乌斯的战友在半年内建造完成。巨大的岩石基座之上是教堂主体，石头墙壁上方是木质墙壁，石头墙壁内侧使用的是弹药箱的箱板，上面镌刻着 2800 多名奥匈帝国军队阵亡官兵的名字。一条 78 级的开放式台阶通向入口大门，教堂入口上方耸立着一座木塔，侧面外墙的窗户之间装饰着奥地利各州的州徽（见彩图 3）。教堂内部装饰着风格统一的绘画，并用木质梁柱分成三个殿堂。天花板用平顶镶板装饰，圣坛上的两个天使像由雷米吉乌斯以分离派风格绘制在画布上，建筑的所有木质部分都饰有丰富的雕花图案。[1]

该教堂兼具无与伦比的艺术与历史价值：很难想象这座规模远远超过一座小型纪念教堂的教堂，并且其建造规模相对较大，陈设精致而细腻，是如何在一场极其残酷的战争中、在惨烈的战场边建造的。不过，尽管这座教堂展现了非凡的艺术美感，但此后雷米吉乌斯·盖苓并未在建筑设计上继续发展，在他种类丰富的作品中，它是唯一的建筑物。

玛格丽塔，或者按照她在家里的称呼格蕾塔，是比罗尔夫大两岁的姐姐。与兄弟俩的艺术抱负相反，她选择了教师作为职业，从事女童教育。由于具有强烈的责任心，她最终成为一所职业学校的督学，并被授予"枢密官"（Hofrat）[④]头衔。在被父母逼迫解除了一桩并不门当户对的婚约后，她

1　Siehe: Der Architekt 1916, S. 85 f., Abb. 127–129.

终身都没有结婚。后来她一方面需要照顾年迈的母亲，另一方面也照顾着罗尔夫和他的妻子赫尔米娜。对他们夫妻来说，格蕾塔就像通往家乡的指路明灯，经常帮助他们解决一些实际问题，是他们可靠的伙伴。

1890年，鲁道夫·盖苓将工作室搬到位于维也纳6区阿梅林大街（Amerlingstraße）7号的一栋刚刚完工的公寓楼顶层。这里距他赚钱谋生的风车巷（Windmühlgasse）22号不远。卡尔·盖苓曾经买下风车巷一座小城堡，作为他彩色玻璃画工坊的总部。18世纪，城堡的主人是第一任女大公玛丽亚·特蕾西娅（Maria Theresia）。据说，当皇后在美泉宫打猎，或是想去附近的玛利亚希尔夫教堂（Mariahilferkirche）做忏悔和举行圣餐仪式时，经常会在这里停留。

盖苓的父母属于维也纳社会的中产阶层，保存下来的名片证明他们与许多艺术家、神职人员、军官和高级官员有社交往来，如画家汉斯·马卡特（Hans Makart）和画家兼作家威廉·布施（Wilhelm Busch）。盖苓本来生长于一个有修养的受人尊敬的家庭，但是按照家庭文件所记录的，作为四兄弟姐妹中最小的一个，他却成了令父母头疼的"问题儿童"。盖苓从小就任性不羁，不守纪律，喜欢搞男孩子的恶作剧，因此他在学校的成绩不好。一到节假日，盖苓更是静不下来。他们一家通常在多瑙河河谷充满野趣的瓦豪（Wachau）地区⑤避暑，这种充满家庭气息的田园生活都被那些有关家人、小城和迷人风景的速写、素描和油画描绘下来（见图2）。每当这时，罗尔夫总是玩一些大胆的

图 2　格蕾塔和罗尔夫，在多瑙河畔的施皮茨，雷米吉乌斯
　　　绘，1892 年

把戏，比如他会冒着生命危险爬上教堂塔楼，或者冒充画
家，偷偷地在家里的一个壁龛上涂上金漆，好在因斯布鲁克
（Innsbruck）著名景点"黄金屋顶"（Goldenes Dachl）之
外拥有属于自己的金屋顶。

从问题小孩到建筑师

　　盖苓一生都热爱冒险，经过时间验证，这一特性是他后
来取得事业成功的重要前提。他旺盛的生命力往往表现为一
种毫无目的的挑衅和反抗，这一点从盖苓某次狩猎经历的家
族传说里可以看出。在瓦豪度假时，他们一家人住在当地守
林人的隔壁，从 9 岁起，守林人就带着盖苓去打猎。15 岁的

盖苓加入了当地的狩猎俱乐部，经过训练，他得到许可，第一次参加了猎杀野鸡、鹬类和野鹅的活动。可是到了晚上，盖苓还没有从打猎的地方回家。母亲担心地去找他，最后在村里的小客栈里找到了他。他穿得整整齐齐地睡在一张客床上，身旁摆满了猎获的鸟类。原来，盖苓第一天打猎太成功了，几乎没有给他的同伴们剩下任何猎物，他们向他索要"补偿"，让他给每个人敬一杯酒。盖苓当然渴望这种荣誉——能像大人一样在桌上轮流敬酒。最后，新晋猎人喝得酩酊大醉，想回家是不可能了，于是他的同伴们不客气地把他和他的猎物放在客栈的床上。

对父母来说，这段插曲进一步证明了盖苓完全没有纪律观念，行事肆无忌惮。他们一次又一次地试图纠正儿子的行为，但都徒劳无功，直到一个机会的出现。在盖苓就读的文法学校里，一位年轻牧师终于找到了引导这个难搞人物的正确方法。其实，盖苓这时已开始显现出具有责任感和毅力这些优秀品质，这对他的整个人生具有决定性影响。在牧师的影响下，盖苓很快变得更加严谨、负责任和守纪律，在学校也更加认真学习，因此成绩很快就提高了（见图3）。

好景不长，盖苓被迫承担起家庭责任，这导致了他性格上的变化。17岁时，他的父亲精神崩溃了，再也无法应付日常生活，而且对陌生人很有攻击性。这种精神损伤是无法治愈的，意味着他不再适宜由家人照顾，必须被转移到专业护理机构。最终，家人决定将他送往多瑙河畔的伊布斯（Ybbs）

图 3　中学时期的罗尔夫、格蕾塔和雷米吉乌斯（从左到右）

精神病院，这就出现了应该由谁陪同鲁道夫·盖苓去住院的问题。母亲以及盖苓的哥哥姐姐都觉得无法承担这项重任，更无法下决心将一家之主送到精神病院，这不仅是巨大的个人负担，在当时他们也背负着社会压力。盖苓在出生时就被母亲称为"健壮的人"，于是他毅然接受挑战，陪伴父亲踏上了艰难的旅程。在接下来的夏天，盖苓经常去看望父亲。鲁道夫一直住在精神病院，直到 1904 年去世。

　　由于大他 6 岁的哥哥雷米吉乌斯已经子承父业，完全满足了父亲对艺术事业的期许，小罗尔夫在从文法学校毕业后，就可以自由选择完全不同的职业。当时，盖苓有很多兴趣，所以做决定对他来说并不容易。有一小段时间他想过学医，却很快又推翻了这个想法。虽然曾经当过猎人，从事过"血腥的交易"，但他并不愿意看到人身上的血。另外，他的监护人理查德舅舅也可以为他介绍一份银行职员的工作。但最终，盖苓在成长过程中表现出来的一些特质使他的天平倒向了建筑师这一职业。这些特质包括对艺术活动的一贯兴趣、富有想象力的发明创造精神、独特的三维想象天赋，以及将计划中的概念付诸实践的热情（见图 4）。

图 4　高中生盖苓

显然，盖苓说服了家人接受自己的职业选择。1904 年秋天，他进入维也纳技术大学（Technischen Hochschule in Wien）学习，历史主义学派的名家卡尔·柯尼希（Karl König）及其两位弟子马克斯·费斯特尔（Max Ferstel）和卡尔·梅里德（Karl Mayreder）都是盖苓最重要的老师。

除了技术科目外，建筑史也是维也纳技术大学教育的重要内容，这对 19 世纪和 20 世纪初的建筑活动具有重要意义。在令人印象深刻的环城公路建设项目中可以观察到这种趋势。该项目中大量的新建筑任务是按照以往的不同风格来设计的，以此表现出复古主义的基本特征，即通过选择相异风格来表达各自的预期用途。例如议会大厦的设计采用了希腊风格的设计语言，以致敬希腊的民主治理；而在大学的建设中又回归文艺复兴时期的形式，则是为了表明这个时代的高水平教育和人文主义的绽放。

　　1900 年前后活跃的新一代建筑师也采用了这种回溯性的设计风格。例如，卡尔·柯尼希被认为是新巴洛克风格的大师，他用丰富的形式语言建造了许多住宅和宫殿。其最著名的作品是位于维也纳 1 区的阿尔贝蒂纳广场（Albertinaplatz）和奥古斯丁大街（Augustinerstraße）拐角处的"菲利普大院"（Philipp-Hof，包括住宅和商业建筑）。它建于 1882~1884 年，今天在其遗址上矗立着阿尔弗雷德·赫德利卡（Alfred Hrdlicka）设计的反战争和法西斯纪念碑。在第二次世界大战中，菲利普大院在美国空袭中被彻底炸毁，成为数百名在其地下室避难平民的集体坟墓。菲利普大院的圆角及其圆形穹顶一直是其他一些转角房屋的典范，并且在世纪之交就已经被列入了建筑设计规范中。柯尼希精通各种历史风格，曾经使用过文艺复兴时期的形式来设计各种建筑，如建造于 1906~1909 年位于维也纳 3 区施瓦岑贝格广场（Schwarzenbergplatz）4 号的工业大厦。然而，作为一名教师，他坚定地争取实现历史美学与现代实用性相结合。他的教学理念以这种结合为基础，为他的学生提供了影响深远的方法论，让他们在建筑设计领域走出自己的当代道路，如约瑟夫·弗兰克（Josef Frank）就在这方面卓有成就。与他的同学盖苓相似，弗兰克在卡尔·柯尼希的新古典主义训练背景下，很早就迈出了现代主义设计风格的步伐。弗兰克的家具设计、为维也纳市政府设计的住宅区，尤其是对维也纳

13 区制造联盟住宅区（Werkbundsiedlung，1930~1932 年）的规划，令他享誉国际。

　　盖苓的第二位重要老师马克斯·费斯特尔主要研究中世纪风格，但也重视新的学科领域，如现代宗教建筑，并对原汁原味的地方艺术，如半木结构建筑，特别感兴趣。第三位老师卡尔·梅里德则是一位成熟的城市规划专家，这门学科在维也纳的城市扩张过程中变得特别重要。

　　盖苓以极大的热情和雄心壮志开始了学习生活，并在接下来的几年里以"非常好"和"优秀"的成绩通过了几乎所有考试。在学习的第一年，他的绘画天赋就得到了证明，他的两幅画作甚至在画法几何讲座中被作为样例使用。

　　然而，经历了四个学期的学习和第一次国家考试后，盖苓中断了学业，并于 1906~1907 学年在维也纳的帝国第 6 师炮兵团完成了为期一年的志愿兵服役（见图 5）。

　　这种服役通常持续三年，成为一年期志愿兵的先决条件是通过中学毕业考试。此外，一年期志愿兵还必须自费购买装备，并承诺完成一年一度的武装演习。盖苓的监护人理查德·赫伯格舅舅允许他的"被监护人"担任为

图 5　服兵役时期的盖苓，约 1907 年

期一年的志愿兵，但他明确表示这应"由政府出资"完成。[1]
他可能希望为盖苓这名丧父的孩子争取到破例⑥，但这个申
请没能得到批准。

　　事实证明，盖苓在服兵役时是雄心勃勃、意志坚定的。
在军队保存的关于盖苓的"资格清单"中，对他的描述如下：
"人品可靠，性格开朗，个性沉稳，智商高，思维敏捷，具
有担任职务所需的知识和技能，是一名优秀的后备军官；在
炮兵队的战术指挥能力方面尚未经过测试，在射击方面具有
相当好的理论知识，但也尚未经过实践检验；可以担任炮兵
侦察员，是一名优秀的骑手；具有优秀的领导和组织才能，
在服从纪律方面以身作则，并能给予团队成员恰当的评价。"[2]

　　在军队服役一年后，盖苓参加了规定的武装演习并通过
了军官课程，于 1909 年被任命为预备役少尉，后来在 1912
年被调到驻扎在南蒂罗尔（Südtirol）诺伊马克特（Neumarkt）
附近的维尔（Vill）的帝国第 14 重型榴弹炮营（S.H.D.14）。

　　服完兵役后，盖苓继续学业，并于 1910 年通过第二次
国家考试后毕业。他的毕业设计作品是一座公共浴室（见图
6）。该作品有一座设计简单的主楼，男浴室和女浴室对称
地连接在一起。盖苓省去了装饰物，只用狭窄的装饰条来突
出光滑的外立面（见图 7）。半地下室的大窗户和宽大的玻
璃门显示了功能的现代性，而上层的多边形外飘窗和高高的

1　罗尔夫·盖苓遗物中 1905 年 2 月 9 日的未发表信件。

2　Österreichisches Staatsarchiv, Kriegsarchiv, Los. Nr. 3936/1905.

图 6　公共浴室，维也纳技术大学毕业
设计，1910 年

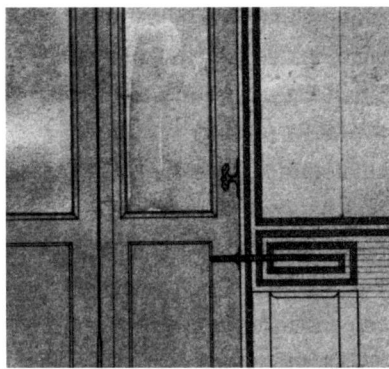

图 7　公共浴室，维也纳技术大学
毕业设计，局部

孟莎式屋顶(Mansarddach)⑦使该建筑具有非常漂亮的外观。
这种现代建筑形式与传统屋顶的结合非常引人注目，这种联
系日后成为盖苓建筑作品的一个典型特征。从剖面图、立面
图和许多细节可以看出，这项工作的重点是工艺应用、结构
设计和静力学应用。盖苓的这项设计获得了高度评价。

　　维也纳技术大学侧重于技术科目的教学，因此许多年轻
的建筑师在通过第二次国家考试后又进入维也纳美术学院深
造，那里的教学重点主要是建筑的艺术设计方面。与技术大
学一样，多位重要的维也纳建筑师也在该学院任教，如议会
大厦的设计建造者西奥菲尔·汉森（Theophil Hansen）、
市政厅的设计建造者弗里德里希·施密特（Friedrich
Schmidt），或维也纳国家歌剧院（Wiener Staatsoper）的设
计建造者奥古斯特·西卡德·冯·西卡斯堡（August Sicard
von Sicardsburg）和爱德华·范德努尔（Eduard van der

图 8　瓦格纳的学生盖苓

Nüll）。学院教育的一个重要部分是对古典建筑风格的教学，以及在火车站或银行等新建筑项目中创造性地运用新的材料和工艺。盖苓一直对建筑的艺术设计方面非常感兴趣，因此他也选择了这条深造道路。早在 1909 年秋天他即已进入美术学院学习，同时在维也纳技术大学完成最后一年的学习。他还成功地被奥托・瓦格纳（1841~1918 年）的大师班录取，当时瓦格纳作为维也纳早期现代主义分离派的创始人已经蜚声国际，并培养出大批学生（见图 8）。

　　然而，盖苓只上了四个学期就离开了学院，没有拿到学位证书，因为取得学位需要六学期的学习。做出这一决定，恐怕是因为盖苓手头拮据，尽管由于父亲去世，他在维也纳技术大学学习期间获得了"国王守护者奖学金"（Königswarter Stipendium），但在 1910 年夏天后这笔资助就结束了，此后他必须自己承担全部学费。在学院的档案中，我没有找到关于他所学习课程的记录或其他参考资料，所以盖苓不仅没有参加最后一年的学习，而且很有可能他在校的两年中也只是零星地参加讲座和实习，其他时间都用来打工赚钱了。1910 年，盖苓进入奥托・瓦格纳的工作室工作，该工作室从 1894 年开始承建维也纳城铁项目和与多瑙河治理有关的工程。

瓦格纳在开始主持重要项目的这一年，他还担任了维也纳美术学院建筑大师班的负责人。对正处在创作巅峰期的瓦格纳来说，这标志着他职业生涯中最成功最富有成果的几年开始了。当弗里德里希·施密特以前的学生维克多·伦茨（Viktor Luntz）在讲台上教授以往的建筑形式时，瓦格纳则已摆脱古典主义建筑的束缚，通过大量的著作，特别是他的《现代建筑》（*Moderne Architektur*，1895年），确立了自己作为维也纳现代主义重要理论家和先驱的地位。瓦格纳拒绝沿袭古典风格，并通过"实用主义风格"提出一种"新生"（Naissance）概念，认为风格应来自（建筑的）结构和功能。瓦格纳将功能性的设计方法（有时会产生非同寻常的平面方案）与减少建筑装饰相结合，一方面从新艺术运动的青年风格或分离派的形式中汲取养分，另一方面将具有建筑功能的结构升级为装饰品。通过建造施泰因霍夫教堂（1906~1907年）和维也纳邮政储蓄银行（Wiener Postsparkasse，1904~1906年），瓦格纳在范式上展示了他的"现代建筑"思想：原则上，他拒绝使用昂贵的石头来建造主体结构，主张用廉价的砖块材料替代。为了使这些建筑具有代表性的纪念意义，他后面又用薄薄的大理石板覆盖了这些材料。值得注意的是，瓦格纳在这些建筑中两次违反了他关于"建筑的真实性"原则。他不仅掩盖了廉价的建筑材料，而且还用醒目的钉子固定面板来伪装成其很具有实用性。但实际上，这些面板是铺在砂浆床上的，而那些看似实用的钉子实为纯粹的装饰性设计。总而言之，瓦格纳的理论以及他经常背离理论的实践，在专家和建筑师同行中引发了激烈的争论。尽管如此，他还是吸引了一大批极有天赋的学生，后来他们中涌现出了许多重要的建筑师，如约瑟夫·霍夫曼、约瑟夫·普莱克尼克（Josef Plecnik）、利奥波德·鲍尔（Leopold Bauer）和卡尔·恩（Karl Ehn）。

然而，当盖苓于 1909 年进入瓦格纳的大师班学习时，瓦格纳学派已经不再处于顶峰。就像大师本人一样，学生们迷失在妄自尊大的项目中，这些项目超出了现实可能性，古典主义或乡村风格的表达越来越多地出现在设计中。奥托·瓦格纳本人在退休前几年就已无法在任何公共建筑的竞标中取得成功。尽管如此，盖苓在向瓦格纳学习的过程中得到的启发仍不容小觑。

在瓦豪避暑期间甚至更早，盖苓对动物和自然产生了极大的兴趣。除了打猎时带着的一条狗之外，他总会在夏季"捡到"一些动物，其中有些甚至被他带去了城里的公寓。例如，他曾在房间里养过两只小狐狸，一只鹰鸮，一只大号锹形甲虫，它们"生活"在家具下面（见图 9）。

图 9 打猎时的盖苓

　　出于对自然的热爱，盖苓进行了大量徒步旅行。例如，有一次，他去了南蒂罗尔，那里当时还是帝国的一部分。在特伦托（Trient）附近的莱维科（Levico），他的表兄奥托·利隆伯格博士（Dr. Otto Liermberger）经营着一家疗养院。为了服务客户，利隆伯格准备编纂一本指南，其中包括对该地区各种景点和徒步路线的描述。盖苓为此专门购买了一台玻璃底板相机，为这本指南贡献了许多插图，并提出了一些关于徒步旅行的建议。1912 年，利隆伯格出版了这一合作成果，并在指南的序言中指出："来自维也纳的表弟罗尔夫·盖苓的笔记为我提供了巨大的帮助，盖苓在 1908 年和 1909 年的秋天走遍了'指南'所涉及的整个地区，并拍摄了大量照片，这里使用了部分照片。为此要特别向他表示感谢。"[1]

　　长大后，盖苓抛弃了年轻时的鲁莽，但没有放弃对冒险的渴望。例如，有一年夏天，他在波斯尼亚-黑塞哥维那（Bosnien-Herzegowina，简称波黑）进行了一次大范围长途徒步旅行。那时这个国家并不是一个旅游目的地，整个地区自 1463 年以来一直处于奥斯曼帝国的统治之下，直到 1878 年才由奥匈帝国管理。当时在境内，尤其是内陆地区，没有任何值得一提的基础设施，也没有旅店。因此，盖苓只能借助一本塞尔维亚-克罗地亚语小词典向农民或牧羊人寻求住宿。在户外过夜非常危险，既有毒蝎和蛇，又要担心劫匪的攻击；借住在马厩和干草棚里也有风险，当地居民对陌

　　1　O. Liermberger: Levico-Führer. 1. Teil: Land und Leute. Wien 1912; S. XIf.

生人抱有戒心。主要原因在于，波黑所在的巴尔干地区的主要居民是穆斯林，他们和奥匈帝国以天主教徒为主的核心区之间，存在宗教上的差异。盖苓提到，不管怎样，他必须时刻保持警惕，以免由于沟通问题发生争执，这些人随时都有可能迅速地拔出腰间长刀。

在盖苓的笔记里，他对那里的迷人风景和浪漫历史印象深刻，对所谓的骷髅塔（Ćele Kulas）尤为着迷。当土耳其人仍然统治着这个国家时，他们曾经在村庄和城镇的入口处竖起金字塔，用那些因反抗而遭到杀害的当地人的头骨堆成。他在莫斯塔尔（Mostar）看到了其中最大的一座金字塔。他介绍说，针对这些处决，在当地女性中出现了一种独特的"以牙还牙"形式。据说当一个女人因土耳其人的侵略而失去丈夫时，她就会想法把一个土耳其人引诱到她的住所，然后在关键时刻从袖子里掏出一把小匕首，杀死这个"追求者"。根据传统，复仇成功后，女人就会在她民族服装的珠宝腰带上镶嵌一颗大石榴石。女人死后，这个战利品就被挂在当地清真寺的椽子上。

盖苓对这些腰带和围绕其上的故事非常着迷，他甚至想法子带回了一条。这条腰带在两次世界大战的动荡中幸运地被保存下来，直到 2006 年，这件来自东方的富有传奇色彩的珍贵物品被捐赠给维也纳的民族博物馆。

盖苓在波黑大范围跋涉的终点是达尔马提亚（Dalmatien）海岸，他想从那里乘船到的里雅斯特（Trieste）⑧，再返回家乡。然而，他在那里没有收到哥哥雷米吉乌斯汇到达尔马提亚的钱。因此，盖苓不得不步行返回，直到最后抵达多洛米蒂山（Dolomiten）南部莱维科的表兄家，才从表兄那儿借钱回家。

可以说，这段旅程对盖苓来说是一场火的洗礼。在旅途中，他展现了出色的身体素质，以及在应对各种困难时坚忍不拔的意志和决心。若干年后，这些能力将帮助他在应对更大的问题和挑战时全身而退。

盖苓热爱体育运动，在这上面花费了很多时间。起初，这是教导他的那位牧师提议的，用运动来适当地宣泄旺盛的精力，后来盖苓自己也在体育锻炼中获得了极大满足。冬天，他喜欢滑冰、滑雪、双杠、摔跤和击剑；夏天，则去游泳、打网球。他还加入了"诺曼恩"赛艇俱乐部（Ruderklub "Normannen"），并花了很多时间在多瑙河上训练。他与赛艇队一起参加了在雷根斯堡、布达佩斯和维也纳举行的比赛，取得了一次又一次的胜利（见图10）。

不过，盖苓对职业的热情大大超过对动物、自然和运动的喜爱。完成了在奥托·瓦格纳老师那里的学习和实践后，他兴奋地期待在建筑设计领域大展拳脚。1911年，职业生涯开启之初，他就已然在设计上看到了诸多可能性。虽然（维也纳）分离派的设计语言仍然基本等同于现代主义风格，却越来越异化为一种繁复的装饰艺术，曾经被抛弃的巴洛克风格则再次受到关注，并成为一种"国民风格"。同时，古典主义形式重新走进人们的视野。在所谓的故乡风格⑨中，建筑师们发展出一种新的设计理念，将质朴的田园风格融入当

图 10　盖苓参加赛艇运动

前乡村和城市的建筑设计中。更加简明的呈现方式和清晰的
设计语言已成为一种趋势。

　　就风格多样的设计选择而言，我们可以举出以下例子。
如盖苓的老师奥托·瓦格纳在 1910 年建造的位于维也纳 7
区多布勒巷（Döblergasse）2~4 号的公寓，具有其晚期作品
在功能表达上的特点。又如由瓦格纳的学生利奥波德·鲍尔
在 1911~1918 年建造的位于维也纳 9 区奥托·瓦格纳广场
（Otto·Wagner-Platz）3 号的奥地利国家银行（Österreichische
Nationalbank），却使用了古典的设计语言。另一位瓦格
纳的学生约瑟夫·普莱克尼克以位于维也纳 16 区秋日街
（Herbststraße）的圣灵教堂（Hl.-Geist-Kirche）开辟了新天地，
该教堂建于 1911~1913 年，是一座纯粹的钢筋混凝土建筑。[⑩]

阿道夫·卢斯（Adolf Loos）设计的位于维也纳 1 区米歇尔广场（Michaelerplatz）3 号的"米歇尔大楼"（Michaelerhaus，1909~1911 年）引发了一场风波，尽管卢斯使用大理石给建筑外侧底商部分设计了极其独特的外立面，但由于它的位置正对着霍夫堡宫（Hofburg），人们还是认为其极其简约的外立面是一种对艺术的侮辱。与这座建筑大概同时期，即从 1909 年到 1913 年，政府在维也纳 1 区施图本环形路（Stubenring）1 号建造了国防部大楼，该建筑由路德维希·鲍曼（Ludwig Baumann）设计，其独特的新巴洛克风格设计语言得到了信奉保守主义的皇储弗朗茨·斐迪南的认可，但他却将普莱克尼克设计的教堂比喻为马厩。德雷克斯勒兄弟（Drexler Brothers）于 1912 年在维也纳 19 区克洛腾巴赫大街（Krottenbachstraße）1 号建造了一座公寓楼，其醒目的拱门和绿色的百叶窗再次证明了各种元素在故乡风格中相互交融。

在创新尝试的同时，复古主义设计风格一直能够得到认可，它是对以往风格的主旨加以利用和修改而形成的。其后期阶段则发展为更折中的混合风格。世纪之交后，复古主义风格追求唯美效果的趋势变得明显：在别墅建筑中，使用塔楼、山墙、凸出物和回廊、阳台、转角处以及使用木头和砖等材料时需极富美感的设计；在城市公共建筑、多层公寓楼，尤其是在教堂建设中，人们终于认可了这种唯美的表现形式——繁复的建筑轮廓线几乎成为最重要的标准。举个例子，1902 年由维克多·伦茨设计的位于维也纳 2 区墨西哥广场（Mexiko Platz）的弗朗茨·约瑟夫皇帝纪念教堂（Kaiser-

Franz-Josef-Jubiläumskirche），采用了新罗马式风格，坚持复古主义设计风格，教堂的外观因塔楼、瞭望塔及多层结构的圣坛而格外美丽。西奥多·鲍尔 1906 年在维也纳 18 区的沃林格大街（Währinger Straße）166 号建造的公寓也彰显了他对绘画式设计表达的偏爱，外立面特征表现为非对称、凸出和凹陷、变化的抹灰区域以及不同类型的拱窗和阳台。

然而，在出租公寓领域，"适度的现代主义"已成为主流，它是从新艺术风格特征中演变出的一种更简单的设计语言，而盖苓在其首个独立项目中也使用了这种风格。

在为奥托·瓦格纳工作时，盖苓主要参与了维也纳大型城铁项目。几个月后，他在詹宁斯 & 施奈尔建筑公司（Baufirma Janesch & Schnell）找到了一份建筑师工作。然而过了不久，他遵从内心自立门户的冲动，离开了建筑公司这一坚实后盾，以个体经营者的身份开始了自己的事业，随时要自担风险。他的办公室就设在他父亲的工作室旧址，位于阿梅林大街 7 号公寓楼的顶层，1909 年他和母亲、哥哥雷米吉乌斯一起搬进了公寓一楼。盖苓身上洋溢着青春与自信，拥有非凡的说服力，因此这位名不见经传的建筑师很快便赢得了良好的声誉，并完成了多个项目（见图 11）。

1911~1912 年，盖苓与维也纳公共交通公司（Wiener Verkehrsbetrieben）签订了其职业生涯中最重要也是最具声望的合同，合同内容包括：在维也纳 12 区科普赖特街（Koppreitergasse）5 号建造电车公司停车场和员工宿舍，以及在 17 区瓦特街（Wattgasse）138~138a 号的"黑尔纳尔斯"（Hernals）建造停车场。
1900 年前后，维也纳有轨电
车网络在电气化过程中大规模
扩展，出现了许多车站，其中
一些车站内还设有为维也纳公
共交通公司员工建造的住所。
早已对新材料产生浓厚兴趣的
盖苓选择了钢筋混凝土来建造
车站大厅，它的优点是无须支
撑物体即可实现大跨度结构
（见图 12、图 13）。

相较于战争期间的维也纳
市区建筑，盖苓设计的员工宿

图 11 青年建筑师盖苓

舍非常成功并超前。虽然每个单元大多只有一个房间和一个
厨房，但它们都有供水接口和独立卫生间，此外，每个单元
的厨房都有自然采光。比起过去几十年来所谓的"租金营房"，
即为工人、小职员和公务员提供的每层楼只有一个水龙头的
出租屋，以及那种只在走廊上有几个公共厕所的住房，盖苓
设计的住宅具有明显的现代性和进步性。此外，以前的公寓
通常只有"走廊厨房"，即厨房窗户开在楼梯和走廊上，公
共厕所也建在走廊。

黑尔纳尔斯的住宅楼外墙设计体现了盖苓"适度的现代
主义"理念，即简单的装饰条、抹灰框或凹槽。他使用了现
代设计语言，没有对建筑进行过多的装饰。从设计稿上可

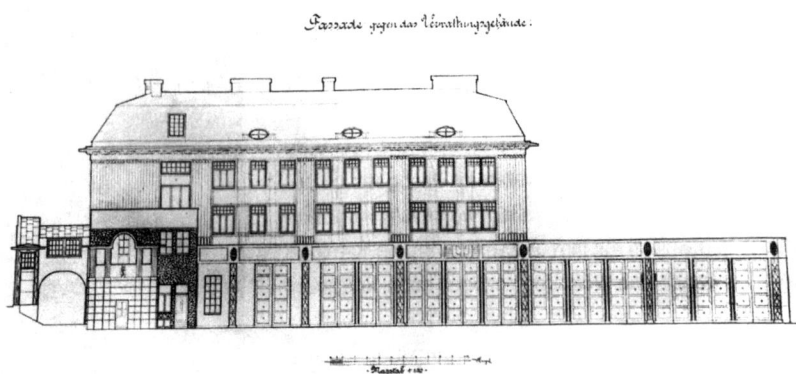

图 12　维也纳 12 区的员工宿舍和电车停车场，设计图

图 13　黑尔纳尔斯的电车停车场，维也纳 17 区

以看出，盖苓尝试了各种不同的方案。从外立面凸出部分的
设计草图中可以看出，立体统一的建筑美学还没有征服这位
年轻的建筑师。他还摒弃了完全光滑的抹灰平面，通过垂直
排列的凹槽，给立面的窗户护栏带来了少许的松弛感（见图
14、图 15）。

　　位于科普赖特街的公寓楼可以说是瓦格纳学派的典型设
计：窗户下方的墙面上装饰着具有分离派风格的花纹，窗户
之间的墙面则通过混水墙面上的凹槽营造出轻松的氛围。宽
出檐也具有瓦格纳学派的典型特征。屋檐沟槽处有醒目的装
饰性带状雕刻，三角形山墙或带有椭圆形窗户的穹顶让屋顶
具有松弛感，这些都让建筑物具有毕德麦耶尔派[11] 的温馨舒

图 14　黑尔纳尔斯员工宿舍，维也纳 17 区，正面设计图

图 15 黑尔纳尔斯员工宿舍，维也纳 17 区，竣工后

适感（见图 16）。

此外，盖苓为维也纳公共交通公司设计和建造的部分售票亭也散发着低调的优雅，它们现在已经不复存在。虽然某些地方仍然可以看到当时流行的凹槽，但盖苓没有采用装饰性点缀，而是借鉴了阿道夫·卢斯的理念，用高档材料代替这些设计上的装饰。他选择了黑色的大理石，配以白色的纹路，为这些小建筑物增光添彩，使它们从远处看去十分醒目，展现出大都市的优雅（见图 17）。

不过，在维也纳公共交通公司的公交车停靠站设计稿中，盖苓又在窗户上使用了有图案的装饰框。在树木掩映之下，分离派风格对树叶的抽象表达十分引人注目（见图 18）。

图 16 科普赖特街的员工宿舍，竣工后

图 17 维也纳公共交通公司的售票亭

图 18　维也纳公共交通公司的公交车停靠站，设计图

盖苓为斐迪南皇家北方铁路设计的维也纳汉德尔斯凯火车站（Handelskai）候车大厅，风格简约现代。这次设计的特别之处在于，年轻的建筑师完全放弃了装饰元素，但依然将窗户的分割方式视为一种装饰。从一处边缘细节中可以看出，盖苓不愧是典型的瓦格纳门生：铭文设计得非常巧妙，文字却难以读懂，这也引发了对瓦格纳学派作品的批评（见图 19）。

盖苓为鲁道夫·格林姆建筑公司（Baufirma Rudolf Grimm）设计了简单的独栋住宅样本，这些房屋可以通过"强化石木墙板"组成的预制件快速而经济地建造出来。事实上，他也希望将建筑大师鲁道夫·格林姆的专利"强化石木墙板"应用于汉德尔斯凯火车站候车大厅，他甚至在图纸的题词中提到了这一点。

这一时期，盖苓还在维也纳设计了几座房屋，但它们的

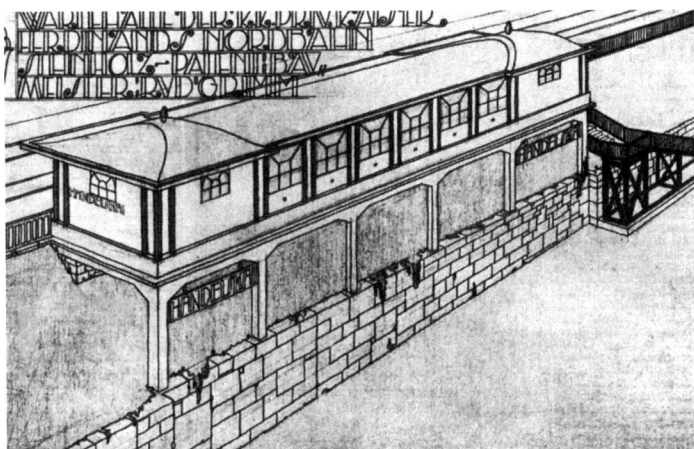

图 19 维也纳汉德尔斯凯火车站候车大厅，临街一面，设计图

主人及其地址如今已不可考。盖苓设计建筑的标准是"适度的现代主义"。1912 年他的两个独立住宅设计也很出名，这表明盖苓能够以截然不同的方式来表达其现代主义风格。这种对创新的热爱在未来的几十年里一直是他设计独立住宅的特点。在设计维也纳附近的一座独栋别墅时，他采用了石头基座、木制外墙镶板和极高的尖屋顶，上面有小屋顶和老虎窗，遵循的是故乡风格设计语言，由此唤起了一种温馨的感觉（见图 20）。

盖苓设计的某栋乡间别墅拥有孟莎式屋顶及大面积凸窗，具有鲜明的时代特征。大阳台下的拱廊环绕着醒目的楼梯，其上的亭子可以遮阳避雨，整体风格强调了庄严的建筑效果。在这个设计中，盖苓也将瓦格纳门生的特点表露无遗。这座建筑坐落在山上，从仰视角度看，无疑是瓦格纳学派的代表

（见图21）。

同样在1911~1912年完成的捷克皮尔森市的皮尔森啤酒厂酒店（Hotel der Pilsner Brauerei）设计方案，虽未执行，但也体现了盖苓设计建筑时的典型思路：为了形成自己的标志性设计风格，他喜欢用模板与可移动道具打造不同的场景来实现自己的创意。盖苓将外墙分为三个部分，用青色的瓦片强调中心，并以同样材质的檐口为顶。对于侧翼，

图20　维也纳附近的独栋别墅，设计图

图21　乡村别墅，设计图

他采用了传统的外露砖砌体，但将平坦的砖砌体错开进深，以此突出一些房间的小露台。宽大的窗户使房间明亮、舒适，并赋予门厅一种现代的优雅感（见彩图4）。

盖苓从奥托·瓦格纳及其学生的作品中学到了用瓷砖完全或部分覆盖外墙作为装饰的方法，还在马克斯·法比亚尼（Max Fabianis）为波尔图&菲克斯（Portois & Fix）商业建筑公司设计的某座商业建筑中进一步受到了启发，该建筑建于1899~1900年，位于维也纳3区匈牙利人街（Ungargasse）59~61号。这一方法最著名的应用是奥托·瓦格纳于1898年在维也纳6区维也纳街左侧40号建造的"马若里卡公寓大楼"（Majolikahaus），覆盖整个外墙的马若里卡彩砖上绘有明亮欢快、美观淡雅的花卉图案。

盖苓的设计与当时维也纳艺术的代表作还有更多相似之处。皮尔森啤酒厂酒店建筑的正立面被贴有瓷砖的柱子分隔成几部分，两端用缠绕着花环的大型仙女雕塑收尾。一方面，这种类型的表达直指迈克尔·鲍沃尼（Michael Powolny，1871~1954年）的风格，他是"维也纳工坊"的成员，一名陶艺家。他以惊人的规律性在大大小小的陶瓷人物像上重复使用这种花环。另一方面，人物的位置也让人想起奥托·瓦格纳，他多次在外墙使用大型人物雕塑，例如维也纳邮政储蓄银行顶部的大型女性雕像。酒店内部的白纹黑色大理石与阿道夫·卢斯的设计和约瑟夫·霍夫曼的正方形黑白墙面类似。从大厅的设计可以看出，盖苓连举行各种活动的舞台都规划完备，这里的灯具几乎是纯粹的新艺术风格（见彩图5）。

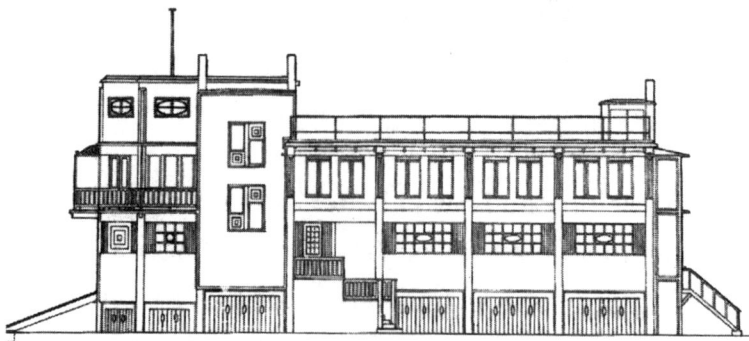

图 22　诺曼恩赛艇俱乐部，侧视图，设计图，1912 年

作为一名热心的赛艇运动员和赛艇俱乐部"诺曼恩"的忠实成员，盖苓于 1912 年接到在下奥地利州克洛斯特新堡（Klosterneuburg）建造俱乐部会所的合同时十分高兴（见彩图 6）。这座建筑的特别之处在于，尽管它的设计语言很简单，但盖苓通过隐喻明确地表达了它的使用目的。该建筑采用现代混凝土柱梁结构，一方面，较窄一侧的多边形末端让人联想到船体，另一方面，俱乐部建筑的长边与多瑙河平行，营造出船停泊在岸边的视觉效果（见图 22、图 23）。

图 23　诺曼恩赛艇俱乐部，建设中

盖苓用稀疏的方形和椭圆形几何装饰强调了建筑的外观——这些形状也运用在窗户边框和阳台栏杆的造型中。有趣的是，盖苓有意增加了一些唯美细节——装饰丰富的铁艺"臂膀"取代了严格的几何设计，阳台仿佛悬空而立（见彩图7）。

内部装饰同样引人注目，部分装饰保存至今。墙面上，盖苓再次表现出他对采用装饰条美化边框的喜好。他在桌子和沙发椅的脚上也同样用锤打的金属条镶边。与沙发椅面料的风格化花纹一样，这种设计非常符合时代特征（见彩图8）。

盖苓不仅设计了家具和相应的软装，还一手包办了全屋的布置和配件，如灯具、墙纸等，甚至包括门把手。这就是在当时被讨论得沸沸扬扬的"整体艺术作品"（见彩图9）。在大多数情况下，他采用了简单的新艺术风格元素，但与皮尔森啤酒厂酒店类似，从俱乐部前厅的垂直黑白结构中可以直接看出约瑟夫·霍夫曼对他的影响（见彩图10）。

总而言之，盖苓设计的俱乐部处处体现出他对细节的钟爱——可能他一边设计一边憧憬着日后自己能够以会员身份使用俱乐部房间，却未料到直到多年后自己才能以访客的身份进入这栋房子。这位前途无量的年轻建筑师在维也纳的事业才刚起步就结束了，他接受了新的挑战，踏上了前往异国他乡的第一步。

从学生到妻子的梅迪

正当盖苓埋头苦干并且醉心于体育运动时，他未来的妻子赫尔米娜·施密茨（Hermine Schmidts，又称梅迪）走入他的生活。赫尔米娜·施密茨的父母弗朗茨·施密茨（Franz Schmidts）和罗西·施密茨（Rosi Schmidts）最初居住在特兰西瓦尼亚（Transilvania，别名锡本布尔根，Siebenbürgen）的喀琅施塔特（Kronstadt），那时还属于奥匈帝国，第一次世界大战后并入罗马尼亚。弗朗茨·施密茨在喀琅施塔特试图凭借自己的专业站稳脚跟，但没有成功，只得接受姐夫约翰的邀请，加入约翰在布加勒斯特的建筑工作室。几年后，他终于开设了自己的建筑事务所，并取得巨大成功，随后他还创办了一家砖厂。

弗朗茨·施密茨和罗西·施密茨有四个孩子：三个儿子马克西米利安（Maximilian）、路易斯（Louis）和恩斯特（Ernst），以及一个名叫赫尔米娜的女儿，由于她是最小也是唯一的女孩，她也被称为"梅迪"（Mädy），这个昵称后来伴随了她的一生。[⑫]

赫尔米娜于 1887 年 12 月 26 日在布加勒斯特出生，幼时的她是一个非常活泼的孩子，她的母亲给她起名叫"火球"。母亲罗西 38 岁时死于肺炎。由于祖母要抚养带大几个未成年孩子，实在难以应付这个精力旺盛的小家伙，于是赫尔米娜被带到喀琅施塔特的一位阿姨那里。不久后，父亲娶了过世妻子的妹妹，她也叫赫尔米娜。事实证明这段婚姻非常成功，尤其是这位姨母成了四个孩子的好母亲。年幼的赫尔米娜（梅迪）回到布加勒斯特，与家人一起度过了快乐的青少年时代。

赫尔米娜于 16 岁完成学业后，按照当时的习俗，接受了各种科目的家教课程，以消磨婚前时光，并为她以后在上流社会的生活做好准备——无疑她未来的丈夫会是上流人士。她学会了弹钢琴、绘画、舞蹈、法语和社交礼仪。不过，赫尔米娜无意过早结婚，她向往的是成为职业设计师并接受相应的教育。当时最吸引人的教育途径和最知名的艺术设计教授都汇集于维也纳。为了成为室内装潢师，赫尔米娜准备向维也纳工艺美术学校申请就读名额。

维也纳工艺美术学校成立于 1867 年，隶属于奥地利皇家艺术和工业博物馆（Österreichischen Museum für Kunst und Industrie），除了艺术和工艺培训之外，还提供建筑学专业课程，该校现名"维也纳应用艺术大学"。在这所学校的教授中，有一些是从事艺术和工艺设计的著名建筑师。首先值得一提的是约瑟夫·霍夫曼，他因设计布鲁塞尔的斯托克雷特宫（Palais Stoclet，1906~1911 年）而享誉国际，这座宫殿被认为是一件完整的艺术品；此外还有奥托·普鲁彻（Otto Prutscher），除了家具和工艺美术品外，他还于约 1910 年在维也纳设计了几个商店的门面，例如位于维也纳 4 区维德纳大街（Wiedner Hauptstraße）的商业品牌哈比希制帽厂（P.& C. Habig Hutfabrik），一家"帝国宫廷制帽厂"（K.u.K. Hofhutfabrik）。

赫尔米娜首先接触了约瑟夫·霍夫曼。霍夫曼不仅是声名显赫的建筑师，还是"维也纳工坊"的联合创始人，在那里他设计了许多艺术品和工艺品，如珠宝、家具、餐具等。霍夫曼的作品呈现出方方正正的设计语言，这也让他得到了

"方格霍夫曼"（Quadratl-Hoffmann）的绰号。霍夫曼认可赫尔米娜的才华，但他拒绝在设计中使用不同颜色和形状的执拗态度，导致她转向另一位导师，奥托·普鲁彻。作为培训的一部分，赫尔米娜还必须通过另一项建筑考试，而且要找到合适的实习机会。普鲁彻为她联系了罗尔夫·盖苓，不过盖苓一开始拒绝了。一方面是因为无暇顾及，但赫尔米娜认为，另一方面也是因为他不太看好女学生。不过普鲁彻教授最终说服了盖苓，赫尔米娜进入其工作室不久，就让盖苓信服了她的专业素质。不过，几十年后赫尔米娜情真意切地回忆道，两人之间发展私人关系非常困难。

　　盖苓有着健美的身材和热情的笑容，是个有魅力的男人，赫尔米娜很快就爱上了他。盖苓很可能也怀有类似的感情，但他生性矜持，几乎从未流露出这种感情，只是隐晦地向赫尔米娜示好。

　　时隔许久，当赫尔米娜再次前往布加勒斯特探亲时，这种暧昧的情况达到了顶峰。尽管她深爱家人并期待再次见到他们，但她不愿辞去工作并与盖苓分开，她希望盖苓最终能搞清楚自己的感受。郁闷的赫尔米娜满心疑虑地上了火车，短暂的一段旅程后，盖苓突然出现了。因为一想到她会在布加勒斯特遇到很多仰慕者以及未婚夫人选，就让他心绪不安。然而，再想到要作为不速之客和赫尔米娜一起出现在她家时，盖苓又怕得要命，他俩都很清楚这等同于正式的求婚。因此，盖苓借口自己在维也纳的工作太多，就在布达佩斯下了火车，踏上归程。尽管如此，赫尔米娜还是觉得自己"已经订婚"了。

待她再次回到维也纳后，受到的热情接待也让她对盖苓的真实感情深信不疑。但当时她只能徒劳地等待求婚。

赫尔米娜的父亲寄来了一封信，极大地改变了盖苓和赫尔米娜的生活。弗朗茨·施密茨让女儿问盖苓，是否认识愿意在布加勒斯特工作的人。此时，施密茨与儿子路易斯和恩斯特所开设的建筑事务所正蓬勃发展，还聘请了多位来自柏林、法国和罗马尼亚的建筑师。现在，他还想从维也纳聘请一位建筑师来扩大业务范围。

盖苓持续数周物色未获成果，他的同事都不愿意接受这份邀约，但令人惊讶的是，盖苓本人决定前往布加勒斯特加入弗朗茨·施密茨的公司。盖苓在与赫尔米娜面谈时语气严肃，造成了一个令人尴尬的误解，赫尔米娜回忆，她以为盖苓终于要求婚了。而当得知自己的"老师"决定亲自加入父亲的公司时，她大为震惊，而且严肃的谈话并没有朝着她预期的方向发展。盖苓处理感情问题时明显不像他一贯具有的坚决果断，所以他始终没有下定决心求婚。即便如此，他将生活重心搬到布加勒斯特的决定，可能不止让赫尔米娜一个人产生了期待。

最后，赫尔米娜决定要明确他们两人之间的关系。她告诉盖苓，不管他的下一步计划是什么，她很快会踏上最终的回家旅程。一想到赫尔米娜就要离去，盖苓终于做出了决定，不久之后他带着一束玫瑰花出现在赫尔米娜租住的地方。不巧赫尔米娜当时正因流感而卧床休息，这种状况下，她不可能接受一位绅士的拜访，于是盖苓被女房东拒之门外。

赫尔米娜康复后，盖苓采取了新的方式向她表白。在一起度过的时光让他意识到，自己不能没有她。现在盖苓终于向她提出，是否可以考虑与他共度余生。这次，赫尔米娜很腼腆，要求给她一些时间思考，甚至在她最后去往布加勒斯特的时候，还没有给盖苓明确的答复。火车开出一段时间后，她的包厢门打开了，与几个月前相似，盖苓又站在她面前。首先他解释，他想在布达佩斯停留的三个小时里帮赫尔米娜拿行李。坐了一会儿后，他又问赫尔米娜是否考虑好了那天的求婚。几十年后赫尔米娜告诉女儿，盖苓当时抚摸着她的手，她顿时泪流满面，盖苓没有想到，她说了"愿意"。

据赫尔米娜说，家人对她的选择也十分满意，特别是父亲非常高兴，他拥有未来女婿的同时也拥有了一个合格的、有创新精神的雇员。无论如何，盖苓亲自设计并在著名的"维也纳工坊"中制作的订婚戒指，在圣诞节圈住了这对历尽艰难的伴侣，并象征着这对年轻艺术家夫妇共同开启了一段崭新的生活（见图 24）。

盖苓很快就搬到布加勒斯特，这个过程很简单。他精神饱满地投入未来岳父公司的工作中，并参与了几个与赫尔米娜哥哥恩斯特和路易斯共同完成的建筑项目。盖苓自己也开展了一些项目。由于几乎所有的文件都毁于第二次世界大战的战火，关于他这一时期创作情况的记录非常少。幸存下来的只有一张盖苓在布加勒斯特建造的帝国酒店（Hotel Imperial）的照片。这座建筑体现了这位训练有素的建筑师所掌握的多元化设计风格。盖苓倾向于采取"适度的现代主义"原则，大量缩减形式

图 24　未婚妻赫尔米娜·施密茨

语言，以引人入胜的方式设计出没有任何装饰的功能性建筑；同时，他也能用令人赏心悦目的方式，为一座建筑物加上高贵典雅的新艺术风格和巴洛克风格的装饰，从而使其变得富丽堂皇（见图 25）。

　　1913 年 4 月 10 日，盖苓与赫尔米娜举行了婚礼，随后进行了长长的蜜月旅行。其间，他们先是去了赫尔米娜的祖父母家所在的喀琅施塔特和其附近的魏登巴赫（Weidenbach），然后去了维也纳以及德国的几座城市。

　　回到布加勒斯特以后，这对年轻夫妇住进了一栋小别墅。别墅里的家具也是由盖苓设计并在"维也纳工坊"制造的，他还在花园里精心种植了大量的植物。1914 年 2 月，他们的

图 25 帝国酒店，布加勒斯特

女儿玛丽亚·玛格丽特（Maria Margarete）出生了，大家都叫她"玛雅"（Maya），女儿的出生为小家庭诗一般的生活添上了幸福的一笔。

1914 年 6 月 28 日，就在盖苓的职业生涯经营得有声有色、这个新家庭正享受幸福的时候，传来了奥匈帝国皇储弗朗茨·斐迪南（Franz Ferdinand）在萨拉热窝遇刺的消息。7 月 28 日，奥匈帝国对塞尔维亚宣战。7 月 31 日，沙俄下令进行总动员。仅一天后，德国在宣布总动员的同时对沙俄宣战，随即在 8 月 3 日又对法国宣战。至此，战火蔓延之势无法阻挡：8 月 4 日，英国向德国宣战；8 月 6 日，奥匈帝国向沙俄宣战。第一次世界大战爆发，与其他数百万人一样，盖苓不得不暂时放弃他对未来的诸多期许。

注释

① 熙笃会是罗马天主教修道士修会，又译西多会。修会于 1098 年建在法国第戎附近的勃艮第（拉丁文为 Cistercium）的森林里。其主要目的是复兴严格的本笃会规范。该修会盛行于整个欧洲。13 世纪，熙笃会对本笃会完美生活的早期热情开始消退。15 世纪期间，熙笃会不再重要。

② 该教堂一般被称为施泰因霍夫教堂，是奥地利维也纳的一座罗马天主教教堂，位于斯泰因霍夫精神病院内。该建筑建于 1903~1907 年，由著名建筑师奥托・瓦格纳设计，供奉圣利奥波德，被视为世界上最重要的新艺术运动风格教堂之一。

③ 维也纳分离派（1897~1915 年）是在奥地利新艺术运动中产生的著名的艺术家组织。1897 年，奥地利首都维也纳的一批艺术家、建筑家和设计师声称要与传统的美学观决裂、与正统的学院派艺术分道扬镳，故自称分离派。其口号是"为时代的艺术——艺术应得的自由"。

④ 从 1765 年到 1850 年，枢密官（Hofrat）是奥地利最高官员的头衔，后被废除。于 1873 年重新被起用，作为下属部门高级官员的头衔（官方头衔），并被授予大学教授和文法学校校长作为荣誉称号。

⑤ 瓦豪位于奥地利梅尔克镇和克雷姆斯镇之间的多瑙河流域，是联合国教科文组织世界文化遗产地区，也是拥有美丽自然风光的风景区。

⑥ 破例（Ausnahme），一年期志愿兵规定最迟的入伍时间为年满 23 岁后的 10 月 1 日，有充分理由的可破例再推迟三年。

⑦ 孟莎式屋顶又称折面屋顶、折腰屋顶，一译芒萨尔式屋顶，是西欧古老的木结构屋顶，是法国从文艺复兴时期到古典主义时期典型的屋顶形式，并影响了法兰西第二帝国时期的建筑风格。该样式由法国建筑师芒萨尔（Francois Mansart，1598~1666 年）所创。这种形式在国外居住建筑中应用较多，是法国建筑的一种特有形式，国内采用较少。

⑧ 的里雅斯特，意大利东北部边境港口城市。位于亚得里亚海东北岸、伊斯特拉半岛的西北侧、的里雅斯特湾的顶端，西距威尼斯 113 公里，历史上是日耳曼、拉丁和斯拉夫文化的交汇点。原属奥匈帝国，1947 年"对意和约"签订时曾规定这里要建立自由区。

⑨ 故乡风格指一种德国传统的半木结构建筑形式，建筑木制框架外露。

⑩ 维也纳的圣灵教堂为欧洲第一座钢筋混凝土教堂。

⑪ 毕德麦耶尔派是指 1815 年到 1848 年复辟时期德意志邦联范围内的一种资产阶级文化流派。它反映了 1815 年以后对德意志政治现状不满的一部分资产阶级逃避现实，遁入田园和私人生活空间，追求和享受"现实"生活的心态。

⑫ 梅迪（Mädy）取自德语词 Mädchen，意为小女孩、小姑娘。

第二章　从维也纳到东线战场

前往东线战场

1914 年 7 月 29 日，盖苓从奥匈帝国驻布加勒斯特领事馆得知，远征沙俄的第 14 重型榴弹炮营已经开始征召士兵，战争一旦爆发，他必须立即前往南蒂罗尔诺伊马克特附近的维尔，向驻扎在此地的帝国第 14 重型榴弹炮营报到。一个月前在萨拉热窝发生的世界性政治事件，就这样对布加勒斯特的新婚夫妇带来了冲击。盖苓在罗马尼亚首都只做了两年的建筑师，第一次世界大战就使他不得不终止了这个时期的创作。而且，这次命运的安排意味着他不仅要告别新家布加勒斯特，也将终生告别欧洲和之前的创作环境。

1914 年 6 月 28 日，奥匈帝国皇位继承人弗朗茨·斐迪南大公及其妻子索菲亚（Sophie）在萨拉热窝遭到一名塞尔维亚学生的暗杀。奥匈帝国怀疑塞尔维亚高层在背后策划了这一罪行，遂于 1914 年 7 月 23 日向塞尔维亚发出最后通牒，提出塞尔维亚必须与帝国合作查明幕后真凶等要求。在最后通牒规定的 48 小时限期内，塞尔维亚政府几乎同意了所有要求，但拒绝了限制其主权的条款。尽管塞尔维亚做出了很大让步，但奥匈帝国依然不满意，于是在 1914 年 7 月 28 日对塞尔维亚宣战。由于军事联盟政策涉及的国家有很多，此举引发了连锁反应，最终导致了第一次世界大战的爆发。

截至 1914 年底，奥匈帝国除了和平时期常备的 41.5 万名军人外，还征召了近 250 万名预备役军人，并进行了部分动员。1918 年战争结束时，有近 800 万名士兵在哈布斯堡王朝的军队中服役。100 多万人没能从战争中生还，约 200 万人受伤，近 200 万人在被俘虏几年后才回到家乡。在世界范围内，约有 40 个国家参与了战争，7000 万名士兵踏上战场，约 1700 万人阵亡。

盖苓如何面对这突如其来、摧毁他全部职业和个人规划的形势呢？他在青年时期经历了不可思议的蜕变。难以相处、不守纪律的孩子已成长为与以往截然不同的严格自律、富有责任感的男人。在盖苓成长的社会环境中，一直存在履行职责的道德要求——军事训练进一步强化了这种要求，并由此形成了帝国军官终身遵守的荣誉准则。

这样，盖苓以负责任和自律的态度面对新的要求，审慎务实地决定如何行动和思考。在接到征召令后，他只有几天的时间来处理自己的家务和业务，然后就得去诺伊马克特的部队报到，此地位于现在的博岑（Bozen，即博尔扎诺 Bolzano）附近的埃格纳（Egna）。

当时，赫尔米娜正待在布加勒斯特附近的一个小镇布什泰尼（Busteni），她和女儿玛雅、嫂子们以及她们的孩子们一起在那里过暑假。当盖苓踏上旅途时，他在布什泰尼停留了一下，然后在维也纳向母亲和兄长及姐姐告别。几天的火车旅程后，他终于在 8 月 3 日到达了位于南蒂罗尔的部队驻地。随后盖苓开始写日记，这本战地日记在其后几个月里一直陪伴着他，透过这本日记，我们即使在今天也可以准确追溯他的战争经历。

盖苓的战地日记不仅是个人传记文稿，还是当时大量军事事件的真实见证，其中有些事件从军事角度看甚至难以理解。他从不热衷于描述血腥的杀戮场面，日记内容也总是与鼓动人心的战争赞歌相去甚远，尤其是在战争初期。相反，盖苓用现实主义的方式呈现战场上的危机四伏和军旅生活的艰难困苦，以此获得内心的平静。盖苓处理自己情感的方式同样如此：他甚至没有将自己的想法诉诸文字以消除焦虑。令人惊讶的是，尽管经历了种种恐怖、艰难和危险，盖苓的日记中却没有任何抱怨或不满，也没有在日记中倾诉自己对家庭生活、对亲人、对建筑设计工作的眷恋。

不过，恰恰是这种明显对私人领域和情感保持缄默的做法，减轻了他的精神压力、保护了他的艺术天赋不被消耗，也帮助他不在看似无望的战争中迷失自己的人生意义和目标——这种能力也令他在日后的生活中多次获益。

结果，战地日记呈现出这样一个形象，他常常以匪夷所思的超然态度记录周围发生的事件，机械罗列时间与客观事实，以此消解对战场生活的恐惧感，接受命运的无常，并极为抑制自己的情感。

这种不含私人情感的记述透露出强烈的冷漠，盖苓似乎既不支持战争，也不反对战争，在他身上找不到对敌人的仇恨，也几乎看不到对伤员和阵亡者的同情。盖苓日记中这种"冷血"的写作态度，与卡尔·克劳斯（Karl Kraus）在《人类的末日》（*Die letzten Tage der Menschheit*）中的一段话符合："每个人都是自己的主角，每个人都有自己的命运，难道这不值得注意吗？世界的格局从未如此巨大。然而现实最终只被呈现为各种报告的模样。"[1]

在战地日记的开头，盖苓描述了入伍前后的那段日子，即使是最私人的、情感最激烈的经历，也只有淡淡的叙述，风格始终如一。盖苓精确地记录了所有他认为值得记录的活动和程序，即使在描述他与妻子的告别时，仍是以观察者的视角，仔细地记录并解读对方的反应。盖苓对人的"物化"倾向由此体现出来，他从来没有提到过他妻子的名字，即使那是他唯一花费长时间告别的人。赫尔米娜虽然在日记中被提及的次数最多，但始终以"妻子"这个称呼出现——这显然让盖苓更容易叙述，且这些叙述从来没有流露过个人情感。这种方式给人留下的印象是，他与最亲近的人之间也有一定的距离感，这种疏离在某种程度上成为一种习惯并伴随他的一生，这也对他的妻子造成困扰。多年以后，妻子把这种疏离解释为一种不可逾越的"壁垒"。

下面为盖苓日记的部分内容，其他内容笔者经过粗略归纳并加以注释，以便读者更好地理解。盖苓本人作为摄影师

1　K. Kraus: Die letzten Tage der Menschheit. Frankfurt / Main 1986, S. 209.

给部分日记配了照片，主要拍摄的是他所属部队转战不同阵地的场景，这使得日记中所描述的那些部队转移路线变得直观易懂。令人惊讶的是，盖苓甚至还抽出时间制作了一本带有详细说明的相簿。日记的开始，他首先对自己作为建筑师的工作进行了初步总结，并向妻子告别：

戦争动员之前的日子！

现在是 7 月的最后一周。我正在为布加勒斯特"科伦蒂娜"肺结核诊所（Tuberkulosespital "Colentina"）设计详细的建造方案。由于皇太子（哈布斯堡家族的弗朗茨·斐迪南）在萨拉热窝遇刺，当地政治气氛极为紧张。二元君主国①对塞尔维亚下达最后通牒，致使双方局势剑拔弩张。塞尔维亚人未能满足这些要求，战事一触即发。

我每天都跑到（奥匈帝国）领事馆打听消息，同时拼命将工作带入正轨，这样即便我不在的时候他们也能妥善完成。1914 年 7 月 29 日，我在领事馆接到通知，我所属的第 14 重型榴弹炮营已经开始征召士兵；这意味着我必须在 24 小时内离开。从下午直至晚上，我尽可能迅速地与我的继任者交代所有必要细节。大约凌晨两点，我回到公寓；妻子和女儿（玛雅）住在乡下［布什泰尼；工业大街（Strada Industrie）32 号］。两小时内，我在公寓里安排妥当，收拾了少量出征的必需品，休息一个小时后，我搭车前往车站。岳父、恩斯特、路易斯和鲁迪（Rudi）为我送行，并再次安慰我，在我离开期间，他们会帮忙照看一切。上午11点，我抵达布什泰尼，那里的氛围非同寻常。我之前只在繁忙的星期天来过这里，如今一切都异常安静。若没有战争，我与妻子一起在这里生活是多么美好的事情；然而，由于我即将离开，此刻我的到来只能给她带来悲伤。过了一会儿，我沿着熟悉的路线来到妻子与她两个嫂子和6个女孩住的地方。孩子们吵吵闹闹地欢迎着我；我妻子正待在后面自己的房间里，对此全然不知。我走进房间找她，正如我所担心的那样，她确实受到了惊吓，但经过一番努力，她很快稳住了自己的情绪。我们有两个小时的相处时间。下午2点，我的火车继续向前行驶，但我妻子和两位嫂子贝尔塔（Berta）与奥尔加（Olga）陪同我前往匈牙利边境的普雷代亚尔（Predeal）。转眼之间，我们便到了，过去要花费很长时间的边境手续现在办理得未免太快了。我非常钦佩我那可怜的妻子，她强颜欢笑，故作坚强，但我十分清楚她真正的心情。紧接着便是分离时刻；快速亲吻之后，还没来得及动情，我就坐进了车厢里，几分钟过后，挥舞的手帕也消失不见了。现在留下的只剩珍贵的回忆，我也是时候将所有的精力转移到另一件事情上了，即我的兵役。经过看似没完没了的火车旅程，我们于1914年7月31日晚抵达布达佩斯。这里的动员活动刚刚开始；因此我的启程时间有些过早，但这种失误令我感到高兴。

　　1914年8月1日早上，我抵达维也纳，并从母亲家取来军用装备，如军服、马鞍等，为战争做最后准备。我乘坐的前往因斯布鲁克的火车将在晚上出发。哥哥雷米也要去南蒂罗尔（特伦托）报到，因此我们结伴同行。晚上7点，我们来到西站，站前广场、大厅、过道和站台上人山人海。火车一列接着一列地离开车站，但人群似乎没有消散。临近午夜，当天最后一班火车驶出，我们终于找到了空座。1914年8月2日晚，我们到达诺伊马克特，我在那里下车，而哥哥需要继续前往特伦托。许多预备役军官已在诺伊马克特车站报到，我也在那里过了一夜。1914年8月3日清早，我继续前往维尔报到。我被分配至军需补给指挥部，并将在下午前往奥尔（Auer），军需补给指挥部以及1号与2号补给列车将在那里集结，而3号与4号列车将在附近的蒙坦（Montan）就位。我在大象旅馆（Gasthof zum Elefanten）内租了个房间，住了几天。

盖苓参加了各项准备工作——比如组织必要的物资，把马匹训练成能驮物资的牲口。在动员最初这几天，盖苓对军需工作的各种要求本着一以贯之的务实态度认真完成。例如在战地日记中，他谈到了自己练习驾驭那些未经过太多训练、没有经验的马匹。

1914年8月4日，在动员的第一天，我们的工作就开始了。我被正式分配至军需补给指挥部，因此直至拉丁格少尉（Lt. Radinger）到来之前，我负责1号补给列车的编组工作。现在，整个军需补给指挥部虽只有巴纳赫中校（Oberstlt. Banach）和一名会计，但一切秩序井然。还有很多预备役士兵尚在路上，但我们的工作正向前推进。每天都有越来越多的预备役官兵前来报到，我们给他们分发武器，将他们集结成队。一般会先发放制服、马具以及武器，让士兵们进行调适。有些预备役部队及马匹抵达时间相对较晚，这增加了工作难度。

几天后，我已经开始组织马匹选拔；其中大部分马匹都不习惯佩戴马鞍，也不适应被拴成四、六或八匹一组的队伍。但多数马匹还是迅速被驯服了，适应了这种团队模式；仅剩少数马匹仍窝在自己的位置上，被拖着走。我尝试让其中一匹马站起来，于是把右脚伸进它肚皮之下，却被牢牢压在了下面——幸运的是，我的军刀起到了些保护作用，但在此过程中，它已被严重压弯。我感觉脚踝有些扭伤，但还是设法上马，完成了团队训练。直到下马吃午饭时，才感到剧烈的疼痛；走路都很困难。下午和晚上的持续工作使情况不断恶化，我不得不在脚上绑了强力绷带，以便能在第二天坐上马鞍。扭伤的脚发僵、肿胀了很长时间。三周之后，所有症状才完全消失。军需品按规定日期发放，我们现在每天都会驾驶满载弹药的补给车开展训练，有时是在险恶的地形上试驾。士兵和马匹出奇快速地适应了这种演练，这个新组建的小团队配合得相当好。部队的动员工作按计划推进，但因高锰酸钾供应不足，白色马匹的伪装颜料迟迟未制成。[1] 我接到了两次巡查电话，要求组织适当训练，并架设一条从维尔经奥尔到蒙坦的电话线路。之后，作为负责全营所有人员、马匹和军火装上火车的军官，我在普兰佐尔（Pranzoll）的装卸坡道上连续工作了两天一夜。由于烈日暴晒和持续工作，我第二天便中暑倒下了，然而当我们乘火车离开时，炽热的太阳不见了。

1914 年 8 月 19 日，我搭乘末班火车离开；8 月 21 日下午 6 点到达维也纳的胡特尔多夫（Hütteldorf）车站。我乘坐的列车弯弯曲曲地绕过两个维也纳车站，最终抵达东站（东部所有铁路线的交会点）。我利用这段时间处理一些个人事务。母亲、格蕾塔以及托特先生（Todt，我们家的牧师朋友）在胡特尔多夫站台迎接我，我们一起进了城。我买了些东西，然后在我家老公寓里共进晚餐（6 区阿梅林大街 7 号）。晚上 9 点，我与母亲道别，格蕾塔送我去火车站。10 点，我们驶离车站，与所有亲人告别。据说雷米也要前往加利西亚（Galizien），但还不确定，也不知道我是否能碰见他。

8 月 24 日，盖苓所属的第 14 重型榴弹炮营抵达加利西亚的桑比尔（Sambir），桑比尔是伦贝格（Lemberg，今乌克兰利沃夫）西南的一个小镇，从这里开始了这场战役——

1　用高锰酸钾将白马染成棕色以进行伪装。据说这种常见的家用水果与蔬菜清洁剂，若浓度过高，可让马匹的白色毛发长时间地变成棕紫色。

士兵步行，军官骑马（见彩图 11）。该营有两个炮兵连被分配到第 3 步兵师的"霍姆贝格（Homberg）纵队"。榴弹炮部队后来在阵地战中发挥了重要作用，因为榴弹炮的炮管比加农炮的炮管短，能以更大的仰角发射炮弹。通过高角度发射的方式，可以实现更远的射程，这样的好处是可以越过己方的步兵队伍进行射击（见图 26）。加农炮则用来对付较近距离的目标。

"莱纳大公（Erzherzog Rainer）第 59 步兵团"是帝国历史最悠久的兵团之一，隶属于霍姆贝格纵队。然而，在接下来的几个月里，纵队的组织编制多次发生变化，这不仅令今天的读者感到困惑，也让盖苓本人有些恼火。

早在 8 月 26 日，盖苓就被任命为营副官，辅助指挥官完成所有领导任务。他负责接受指示、传达消息和命令，即所谓总参谋部的"调度"工作，并为参谋部准备宿营的地方。

图 26 榴弹炮，盖苓 1907 年完成的速写

同时，他还被派去执行侦察任务。

盖苓所在部队参加了加利西亚的几次重大战役，这些战役已经被载入史册。需注意的是，当谈到盖苓所在营时，他所描述的部队调动和作战路线只包含大范围战斗中的一小部分。尽管他所属的部队多次参与了传奇的、具有战略意义的战斗行动，但日记中经常出现的战斗地点基本不为人知，在地图上也很难找到，这一点将在下文说明。

灾难性的伦贝格之战

1914 年 8 月 26 日至 9 月 11 日的伦贝格之战是奥匈帝国军队在东线经历的第一次重大考验，哈布斯堡军队遭到了首次重大损失。在哈布斯堡军方的战略计划中，伦贝格是当时多瑙河帝国②最大的驻军城市之一，与普热梅希尔（Przemyśl）要塞一起构成了抵御沙俄进攻的防线基石。两座城市之间的喀尔巴阡山脉从西北到东南，形成了匈牙利低地与东北地区的天然屏障。

盖苓所属的部队首先向北进军，经过伦贝格，到达沙俄边境。因为必须等待"侦察队"的侦察结果，以判断道路能否供榴弹炮通过，所以部队在莫斯提·威尔基（Mosti Wielki）休息，盖苓在这里第一次直面战争的后果，正如他在日记中写道：

1914 年 8 月 28 日，营部在路边待命，参谋人员及其他军官一边等候侦察巡逻队的消息，另一边尝试在某栋废弃的别墅地板上和各种椅子上睡觉。午夜时分，唯一的灯熄灭了，我们于是到处寻找煤油。最后，我发现附近的一间村舍里有些光亮，走进去后看到了一位穿衬衣的先生，他是位野战外科医生，正在埋头工作。地板上铺有一层薄薄的稻草，躺着7名重伤员：一人身上有三处枪伤；另一个心脏中枪，奄奄一息；一名浑身是血的骑兵躺在一辆农用货车上被推进来。这些是第一批伤亡人员，预示着战争正在逼近。迄今为止，我从未预料到会这么快遇见战场和鲜血。而在这里，忽然全都出现在我们面前——这是真实的情况，敌人正在向我们逼近……待在这间屋子里让人难以忍受，这对我造成了强烈的视觉冲击。我接过别人给的备用灯，赶紧离开了，脑子里却迟迟不能忘却这一幕。

接下来的几个小时里，接连不断的骑兵队伍沿着漆黑的乡村小道从我们身边飞驰而过，向着敌人冲去。凌晨1点45分，传来前方道路可通行的消息。部队于3点继续行进；没有灯光，静悄悄的。微弱的月光照在车辙印很深的沙路上；很快便看到了黎明的第一缕晨光……我们继续着令人恐惧的行军，直到阳光照亮一切，并温暖了周边景物。然而，我们现在必须保持谨慎，因为随时可能会遇到敌人或哥萨克骑兵。

这是盖苓战地日记中为数不多的带有主观色彩的记录之

一，前半部分表明盖苓至少在战争开始时还无法摆脱情感因素，尽管其采取客观的观察立场，但陌生伤员的悲惨景象显然令他感到震惊。不过，从一开始，盖苓就很注意区分主观经验和客观事实，这一点甚至体现在他的日记的形式结构上。因此，日记的开头，右边的几页是"正式日记"，盖苓在其中详细地记录了所下达的命令、由此产生的部队调动情况，并附有确切的时间和地点信息、各纵队的阵形变化，以及部分指挥官的姓名。通过这种方式，盖苓记录了他在对敌作战、撤退和反击过程中总共所经过的约 200 个地点，并以精确的"标高"即高程差补充了炮击目标区域的信息。当预计要在该地进行战斗时，他就画出详细的场地草图，包括周围的房屋、街道、河流，他还记下了炮台的位置和敌方目标区域的参照点等（见图 27）。

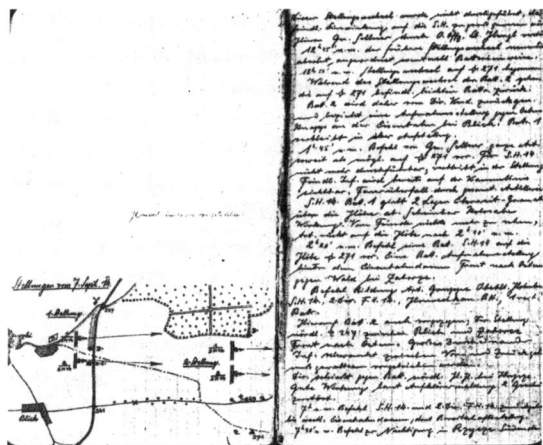

图 27　1914 年 9 月 7 日的阵地

　　而战地日记的左页，则是私人笔记的空间，或者如盖苓所强调的，是为再现"私人经验和印象"而保留的。不过，这些私人内容在几天后就结束了，盖苓从来没有在这几页纸上写下真正意义上的主观内容，即揭示他个人情感和思想观念的段落。相反，这些条目只是对右侧日记内容的补充，后来的右侧部分明显地呈现出越来越简洁干练的语言风格，并将更多篇幅用于对各项战争活动的战术和计划的介绍。

　　根据盖苓所述，在这场战役初期，部队被分配到贝尔茨 - 克瑞斯托诺波尔（Belz-Krystonopol）的坚固阵地，计划在那里发动"突袭"（见图 28）。

然而，原以为会出现在那里的敌军已经被哈布斯堡的其他部队逼退到了更北的地方。上级的命令随之改变，盖苓的部队被派往沙俄边境，为了强行越过边境，他们在普热沃多夫（Przewodow）和周围的村庄进行了几天的激烈战斗，战线几经变化。盖苓对这段时间军事战略和后勤供应的混乱情况作了如下描述：

图 28　贝尔茨的市集

8月28日下午4点45分，我们接到命令：占领奥瑟多（Oserdow）北部阵地。下午6点半，我们奉命即刻前往普热沃多夫。行进3公里后，道路上挤满了补给列车，我们营只得掉头返回奥瑟多，进入备用营地（未卸马鞍）。晚上野战厨房赶上我们，9点我们吃到了第一顿饭。燕麦补给至今未到，马匹仍未进食。

8月29日，部队仍未确定是否向普热沃多夫行军……10点，施耐德（Schneider）率领的步兵旅奉命从普热沃多夫前往利斯基（Liski）。他们计划包围利斯基西部的敌人，迫使其撤退……在短暂而激烈的步兵交战之后，其中还有几次横穿旷野的猛攻，部队迅速向前推进，我军大量伤亡，不过沙俄的伤亡人数更多。在这种情况下，我们的炮兵必须停止射击，以免危及自己的部队。过了一会儿，为了执行任务，我不得不横穿主战场。我先穿过了我们自己的战壕，惊愕地发现每30米到50米就躺着一位忠诚的步兵；其中许多人都曾在一小时前阻拦了敌军的进攻。

几百步之外就是敌人的防线，那里遭到的破坏更为惊人。伤亡人员三五成群地躺着，平均间隔10米远。在其他地方，成堆的大衣、背包和武器在撤退过程中被丢下。各种干草堆后面是一群群的伤员，他们举着手求救。我们的医护人员竭尽全力应对这次袭击的后果，在旷野上来回奔忙，搜救伤员，建立急救站。一些沙俄士兵已经累得说不出话，在我们经过时，接受了我们给的食物和饮料。

我们一直等到晚上8点，之后出发前往利斯基。晚上10点，出于安全考虑，我们围绕在货车周边守卫……后接到军令，准备凌晨4点开拔。

晚上，我去利斯基以西的山上进行侦察。由于不断奔走，特别是骑马跑过刚犁完的田地，有些地方漆黑一片，我的马在下山后肌肉痉挛了。实际上，就体型（1.84米高）与年龄（4岁）来说，它的表现令人称赞。有几天，它甚至完全不需要骑手引导（见图29）。

8月30日我在观察哨位（炮兵侦察员所在的地方），情况看起来不太好。工程兵为我们临时构建了齐胸高的战壕，起到了一点保护作用；然而，我们第一次遇到步兵子弹击穿身边甜菜叶的情况，具有杀伤性的榴霰弹（装满金属球的炮弹，到达目标前不久会在空中爆炸）就在头顶炸开。傍晚时分，在战斗间歇，我冲进了先遣步兵的战壕，试图找到某台沙俄迫击炮，可惜没成功……下午4点，我们

图29 普热沃多夫的阵地

接到命令还击来自波图尔津（Poturzyn）制糖厂的敌军炮火。下午5点，全营火炮布置在波图尔津北部的树林中，迎战敌军。对我们来说，这是一场真正的"火的洗礼"！我方火炮下午6点5分开始射击，直到6点35分夜幕降临才结束……营参谋部与1营阵地遭到猛烈攻击……接到在苏索（Suszow）过夜的指令——所有马匹不得卸下马鞍。

当天晚些时候，我骑马参加了午夜举行的军官简报会。现在的迫切任务是提前准备好军需供应。因为时间紧迫，我骑马返回补给列车，进行必要安排。休息两小时后（在户外），我带领两辆补给货车和两部备用车辆沿着熟悉的（非公路）小道穿过沼泽地带，越过沙俄边境，前往营部。在合适的位置将军需品转移至备用车辆，我趁此时（凌晨3点）在附近的小溪里洗了个迟来许久的澡。白天的烈日和讨厌的灰尘使我的鼻梁和脸颊上结了一层厚厚的硬皮，脸部运动时常常会裂开，导致皮肤溃疡。天快亮时，我带着补给到达。

8月31日：紧张的一天。侦察人员与营部参谋人员向北出动，前往风车附近，并将这里作为新的火炮位置（见图30）。

在波图尔津北部公路旁的圣像柱附近，我们突然遭到了猛烈的炮火攻击，并与敌人在北部树林周围展开了激烈的战斗。当上级撤退的命令送达时，交战已经开始了：第14重型榴弹炮营坚守阵地直至最后一刻，以免敌军突

```
9        30.VIII.1914 - 2ʰ n.m.
Generalstab des 14.Korps-Kommando
Erzherzog Jos.Ferdinand, Obstlt.
              Holmberg,
bei der Windmühle nördl.von Liski
```

图30　利斯基以北风车旁的参谋部

然袭击。敌人一出现，就立即进行猛攻，我们只能撤退到步兵防御线。双方的交火一直持续到下午2点，此后战事平息。直到下午6点30分，上级传来命令要求我们向诺沃齐尔基（Nowosielki）行进，并在森林边缘停下扎营。

9月1日，盖苓被任命为联络官，但在日记中他没有写自己对此的感想，相反，他描述了更多的战斗过程，更加清晰地评价了部队遭受的损失和危险。值得注意的是，盖苓在描写中实事求是，对己方与敌方的伤员和死者没有任何区别对待：盖苓并未对自己的战友流露出任何情绪，在提到敌方士兵时，也没有表现出轻蔑或沙文主义。他几乎将人员伤亡与武器效果或战场地形条件同等看待，他用越来越多的篇幅分析自己军队的炮兵活动。即使在日记中承认炮弹造成的灾难性影响，他也设法保持着一定的疏离感。

9月1日早上6点，第14重型榴弹炮营按指示"立

9 a   1.IX.1914
Divisionskmdo S.H.14 bei den Ent-
scheidungskämpfen von Suczew --
Potoczyn,Standort neben Maierhof
Suczew. Apparate,optische Signal-
Station und Aufklaerer.

图 31 苏索农场的第 14 重型榴弹炮
营指挥部

即"向苏索的农场转移，占据面朝北部的防御阵地……随后便是一场艰难的炮战。沙俄士兵准头好，但他们的炮弹只能发挥局部效应；伤亡人数至今未知（见图 31 ）。

我们的位置就在苏索农场的南部。忽然，一枚炮弹击中了距离我们 20 米远的地方；于是我们带着马匹和电话设备在农舍后面进行转移，但在抵达安全地带之前，在我们头顶爆炸的炮弹弹片击中了旁边一匹由马夫牵引的马，它心脏中弹倒地而亡。随后，我们的炮台遭到猛烈轰炸；炮弹爆炸的弹片在我们后方和头顶炸开。炮台的指挥人员当时站在农场前面路边的沟渠底部，躲过了袭击。

我们整个下午都面向诺沃齐尔基北部的森林，处于一种岌岌可危的境地……下午 3 点，我们接到命令，准备进攻……第 14 重型榴弹炮营于当前位置开始炮击，并与步兵建立并保持联系，避免步兵部队在前进时遭到攻击。

下午 3 点半，奥匈帝国军队指挥官大人〔陆军元帅约瑟夫·斐迪南大公（Erzherzog Joseph

Ferdinand），第 14 军司令〕下达命令，取消今日的步兵进攻……下午 5 点，纸质命令送达，要求对敌军步兵阵地和推测的后备部队位置发起密集轰炸。这注定是一场势不可挡的猛攻……下午 6 点开火。

我们的步兵已从森林里逃出，但大多数士兵或牺牲或负伤，队伍损失惨重。我们预料在几个小时之内，敌人的步兵随时会从树林中冲出来，那时便是我们所有人的末日。然而我们并未看到敌军，显然，他们的损失和我们一样严重。

傍晚时分，一些步兵增援部队抵达森林边缘，解除了眼前的威胁。

农场和周边房屋现在全部挤满了伤员，其中许多人被送来的时候，情况非常糟糕。轻伤患者依然常常被召去参加狂乱的战斗，他们几乎意识不到自己受伤。

9 月 2 日，我们停留在苏索过夜，炮弹放置在套有挽具的马匹上。第二天，战斗重新转移至米尔祖（Mierzi）……部队接到命令，让我们在村庄里（制糖厂）寻找宿营地，并做好战斗准备。

我们行军的路途中并未遭到明显的抵抗，我借此机会探查了前天行动带来的影响。波图尔津与北部森林之间的斜坡上全是各种各样炮弹的碎片。沿着边界走进森林内部，我目睹了我们的黄色炸药（TNP 炸药）所带来的破坏。弹坑基本上都有 2 米深、4 米宽，堆满了连根拔起的树木和一排排尸体。从被丢弃的成堆步枪和前

图 32　阵亡的沙俄士兵

方岗哨的判断来看，敌军步兵（可能是后备部队）一定在这里扎过营。众多沙俄士兵在横穿森林逃跑时被炸死了（见图 32）。

晚上，我们在米尔祖碰上了有史以来"最好的"住处；那是糖厂厂长的别墅，他是奥地利人，被迫匆匆离开，财物都原封不动地留了下来。

9 月 3 日，上午 9 点部队向东进发，准备越过布格河（Bugufer，第聂伯河的支流）。抵达马尔托（Maltow）后，我们却收到命令让返回米尔祖扎营过夜（布格河对岸已经被我们的步兵占领了）（见图 33）。

9 月 4 日：在我们之前的住处过夜，随时准备战斗。我和我的勤务兵一起在（别墅的）厨房为所有军官准备了精美晚餐。我们刚吃完，便接到继续前进的指令。部队自米尔祖向南部扎布热（Zabsze）行军；雨水不断、泥泞不堪，艰难地行进……我们在储藏室发现了大量蜜饯和培根，它们支撑我们度过了接下来的 14 天！

13 3.IX.1914 - 5ᵘ n.m.
Alle ins Feld abgegangenen Offi-
ziere der S.H.14; mit Ausnahme
des Lt. Strasser u.Dr.Fernebock;
in Erwartung des Bugueberganges
bei Malkow;(erstes mal auf
russischem Boden)

图 33 等待通过布格河的第 14 重型榴弹
炮营军官

接下来，盖苓部队的目的地是回到贝尔茨。但由于敌军已占领此镇，所以行军路线转为西南方向。大约在 9 月 9 日，盖苓所在营在日茨基（Rzyczki）参加了一场关键战役，这次战役以沙俄军队的胜利告终。该战役在文献中被称为"拉瓦·罗斯卡亚（Rawa Ruska）战役"，发生在伦贝格以北约 50 公里处的日茨基附近，是奥匈帝国军队为夺回已被敌军占领的伦贝格所做的最后努力。

在 9 月 6 日到 11 日的几天里，盖苓的日记内容主要涉及他所在的营在日茨基周围频繁地转换阵地，不断变换师团，编为纵队和战斗群，不断推翻之前的命令，有些命令相互矛盾或无法执行，同时与敌人进行了激烈的交火。9 月 7 日，盖苓对前线日益动荡的局势作了如下描述：

上午 11 点 15 分，上级下令让营部转移……因为第 14 重型榴弹炮营在行进过程中太容易受到攻击，故这次转移未能成功执行。

下午 12 点 45 分，部队再次接到强制转移的指令。

12 点 50 分，转移正式开始。

下午 1 点 45 分，上级发布命令……要求所有炮兵部队尽可能转移……但对第 14 重型榴弹炮营来说，这项指令无法完成，因为附近山脊上已有敌军步兵出现。随后我们对山脊发起密集的攻击，一连火炮两次齐射黄色炸药炮弹，破坏性极大，敌军很快就消失不见了。我们的炮兵部队向高地前进……步兵队伍发生了极大的混乱，不知是要前进还是撤退。

9 月 8 日，盖芩总结说："总体情况。主要是炮兵作战和防御。步兵经常被撤走和重新部署。"他还记录了这些天大量消耗弹药的状况：

9 月 7 日——88 枚榴霰弹和 72 枚黄色炸药炮弹

9 月 8 日——10 枚……和 252 枚……

9 月 9 日——在拉瓦·罗斯卡亚……补充弹药；只补充了普通炮弹，没有榴霰弹。

据盖芩所述，9 月 10 日到 11 日凌晨 4 点，部队变换了各种阵型。但是，按照日记的说法，该营"由于缺乏目标，故而（阵型）未能发挥任何作用"。9 月 11 日上午 7 点，部队收到命令向涅米罗夫（Niemirow）进军，于是他们开始向桑河（San）后面撤退，桑河是一条由南向北流淌的河流，大致在加利西亚的中部。它划分了加利西亚和沙俄之间的部分边界，并成为哈布斯堡王朝和沙俄之间激战的现场。

盖苓所描述的这一系列大大小小的战斗和拉瓦·罗斯卡亚战役的终结标志着奥匈帝国军队夏季攻势的结束，这一系列战役以毁灭性的失败告终，东北战线几乎一半的部队损失殆尽。随之而来的后果是，奥匈帝国在加利西亚的整个战线崩溃，加利西亚和布科维纳（Bukowina）的大部分地区被沙俄军队占领。奥匈帝国亦必须接受失败，丢掉了战略上十分重要的伦贝格，随后又在普热梅希尔要塞遭到围困。

《奥匈帝国的最后一场战争（1914~1918）》（*Österreich-Ungarns letzter Krieg 1914-1918*）一书对第一次世界大战进行了全面回顾，其中提及这次失败的后果："8月，90万士兵满怀信心地参加了大战，只有不到2/3的人从桑河回来；沙俄方面在胜利报告中指出，奥匈帝国有25万士兵伤亡，约有10万人被俘，这并不算夸张。没能回来的人当中，有为数不少的老兵，他们的战斗素养、战绩和士气是无可取代的，而其中职业军官的比重也高得惊人，他们的损失在整个战争中都无法弥补。物资的损耗也让指挥部万分焦急，在最后几天的战斗中，各地军队纷纷上报火炮匮乏的状况。毋庸讳言，在肉体折磨和精神重压下，加之战友牺牲的可怕记忆，与不甘接受失败的心态，士兵的情绪也受到了很大的影响。伤痕累累、血迹斑斑、千疮百孔、疲惫不堪，桑河和普热梅希尔以南山区的帝国皇家军队等待命运的最终安排，这命运只有漫天的星星才知道。"[1]

在日茨基的战斗失败后，盖苓所在部队向克拉科夫
（Krakau）行进了几天，几乎每天晚上都在不同的地方驻扎
（见图 34）。

他们几次占领了防御阵地，但这几天里，也受到敌人的不
断骚扰。在图胡夫（Tuchow）和塔尔努夫（Tarnow）以南的
一个地方，他们的向西行军暂告一段落，该营接到命令，要掉
过头来向东移动，以支援计划中的桑河进攻战（见图 35）。

图 34 在沃拉斯克洛宾斯卡营地 图 35 第 14 重型榴弹炮营正在经过亚
的榴弹炮 斯洛（Jaslo）的一座临时性桥梁

---

1 sterr. Bundesministerium f. Heereswesen u. Kriegsarchiv (Hrsg.): Österreich-Ungarns letzter Krieg 1914–1918, 7. Bde., Wien 1931, Bd. 1, S. 319.

被当地的奥籍罗塞尼亚人出卖

　　战役开始时，与平民的多次冲突加剧了士兵军事失利的沮丧情绪。早在 1914 年 9 月 1 日，战地记者库尔特·冯·雷登男爵（Freiherr Kurt von Reden）就提到一个给哈布斯堡军队带来沉重负担的问题："不幸的是，奥匈帝国军队有一个严重的劣势：虽然他们的主要战线在加利西亚，但他们是在敌人的领土上作战的。加利西亚东部几乎全是罗塞尼亚人（Ruthenen）[③] 居住区，教皇和牧师多年来的鼓动，对低贱无权的农民影响很大。沙俄军队的消息只怕是太灵通了。"

　　库尔特·冯·雷登文章中的沙文主义色彩是当时多数战争报道的一大特点，与盖苓战地日记中实事求是的写作风格形成鲜明对比。作为属于小俄罗斯[④]的斯拉夫部落，仅从语言角度来说，罗塞尼亚人觉得自己与邻国沙俄的联系比与奥匈帝国文化圈的联系更紧密。因此，尽管这个民族从 1772 年起就成为哈布斯堡王朝的臣民，但在雷登的文章中，那些在近现代战争宣传中惯有的诸如"低级"和"没有判断力"等对于沙俄的刻板印象也用于描述罗塞尼亚人。

　　盖苓还描述了自己在加利西亚东部经历的背叛和间谍事件。例如，在 9 月 9 日，他写道：

　　　　我们营正遭受敌军部队接连不断的炮火袭击，其中有的来自重型迫击炮。他们从上午 10 点开始进攻，其间定期休息；侧向及高程齐射非常精准（射击位置始终在 2 连阵地的右侧和后部）。其中也有敌军轻型火炮的身影，发射精准，但造成的损害还未知。他们的进攻始终集中在我们营指挥部的周围，以至于有人怀疑情报泄露。下午 2 点，日茨基因敌军炮火陷入火海，那正是营指挥部所在的位置。因此，士兵们转换位置……但抵达新的阵地后，敌人炮火立即跟上。营部再次迁移，密集的炮火也再次追了上来（见图 36、图 37）。

当地有人侦察并向敌军汇报了我们指挥部以及炮台的位置……据了解，有些当地居民早已投靠沙俄，通过战前在地下铺设的电缆，把我方部队的情况出卖了。

17　9.IX.1914 - 2^h n.m.
Bzyczky;in Brand geschlossener
Standpunkt des Divisionskmdo S.H.
14 und Stall der Stabspferde.

图 36　日茨基被击中起火

18　9.IX.1914 - 2^h 30' n.m.
Rzysky; 2.Standpunkt des Kmdo.
S.H.14 in Brand geschossen.

图 37　日茨基，指挥部的第二个驻地

哈布斯堡王朝的兵力调动也因故意散布的恐慌而被打乱了。就在战役开始后不久的 8 月 27 日，盖苓第一次经历了这种恐慌。

> 下午 4 点半，在佐尔蒂乌（Zoltiew）北部 7 公里处，汽车（编号 A-I-78）传回消息说前方编队遭到了沙俄骑兵的袭击。不久之后，步兵补给纵队（I.V.K）⑤第 2 中队全速撤退，相当狼狈地从霍姆贝格纵队旁边掠过。支援我们营的步兵在道路左右两侧部署战线……之后，汽车带回消息说这起事件只是虚惊一场——没有敌人进攻的迹象。

第二天晚上，盖苓的部队又接到虚假的警报：

> 8 月 28 日晚上 10 点，又发生一次误报，据说是因为哥萨克正在逼近。当时我们正围着干草堆睡觉，四周突然枪声大作，我们营部还没来得及做出反应。堵在前往普热沃多夫路上的补给车队全速撤退。成群的属于我们骑兵的脱缰马匹从身边疾驰而过，引来四面八方的（己方）火力。一小时后，恢复平静，所有军官花了一整夜的时间重整部队，确认损失。所谓"哥萨克"来袭显然是个骗局，整起奔逃事件是由某些从当地雇佣的掺杂着敌方奸细的车夫蓄意挑起的。

从盖苓 8 月 29 日的日记中我们可以看出这一行动带来的灾难性后果：

> 向普热沃多夫行进的路途中，我们看到了令人愤慨的景象：旷野上设立着一个巨大的急救站，正在治疗数不尽的伤员；田野里散落着士兵和马匹的尸体；路边以及沟渠里满是遭到破坏的农民推车、流动厨房、设备和单兵武器——所有这些都由夜间的混乱所致。

如果所谓的叛国者被抓到，会立即被绞死或不经审判就被枪毙。盖苓也以他一贯的疏离、客观的态度报告了这一过程。他的表述让人无法得知他是站在受过专业教育的建筑师的道德立场上还是军官的道德立场上，他也没有表露出他在面对潜在威胁时对当地居民有任何攻击性或愤怒情绪。即使在这些极端情况下，盖苓仍然是一位清醒的、中立的观察者，记录着他身边的事件。

8 月 30 日，他在日记中写道："早上，在行军经过利斯基时，有 6 名间谍（包括妇女）被绞死，并被立即埋葬；房屋起火！" 9 月 1 日，他又记录了另一起类似事件："早上，3 名间谍在诺沃齐尔基被绞死。"同一天，他还记录了一次意外的制裁："在炮击波图尔津以北地区期间，据说一枚装有黄色炸药的炮弹击中了一群聚集在北部阵线上向沙俄发出光信号的当地居民，其中约 20 人死亡。" 9 月 9 日，又有 "3 名间谍，后来又有一名来自日茨基的人因叛国罪被枪毙"。

几天后，该营向西撤退，从此盖苓再没有记录过类似事件。

被沙俄粉碎的桑河进攻

在向桑河进军的过程中，部队不得不在热舒夫（Rzeszów）过桥。不过，盖苓的部队必须等到工兵将之前战斗中被摧毁的渡口修复，或者架起一座临时桥梁才能通行（见图 38）。在等待时发生了一起意外事件，盖苓在战地日记中异常镇定地记下了这起对军官来说十分尴尬的意外。盖苓写道："……桥梁旁边的一个房间里聚集了很多人，当时库洛夫斯基中尉（Oblt. Kurowsky）的手枪在皮套里碰到撞针走火了，伤到了他的拇指、胸部和耳朵。"

10 月 12 日，该营奉命向东北方向行军，首先向莱扎伊斯克（Lezajsk）进发，但由于路况不好，他们不得不在途中过夜。

随后于 10 月 13 日他们继续向莱扎伊斯克进军。第 8 步兵师按计划在附近的热舒夫渡过

32   9.X.1914 - 3ʰ n.m.

Brücke bei Rzeszow;von unseren
Pionieren fuer die ersten Stun-
den benuetzbar gemacht,bis da-
neben eine Kriegsbruecke fertig

图 38　热舒夫被毁坏的桥梁

桑河。为了支援其渡河，炮兵布下了一连串火力点。第二天凌晨 5 点半就要开火。不过，由于步兵在夜间已经开始了渡河行动，所以上级最初下达了不要开火的命令；等到渡河失败的消息传来，才下令开火。最后，一些步兵在热舒夫越过了桑河，他们立即投入对岸激烈的战斗，战斗持续了几天。在巨大的损失下，少数成功渡河的部队最后不得不再次撤回来，正如盖苓所写的那样：

> 我们的步兵正从祖乔瓦（Rzuchow）撤退，同样，由于对岸敌军防御工事的阻碍，桥梁建设工程不得不暂时取消，我们东岸的部队也必须渡过河流撤回。战斗一直持续到 10 月 18 日，各部队接到撤出各自阵地的指令，并准备在黄昏时分行军。

盖苓简洁明了地总结了这次进攻未遂的结果，他说："我们不得不放弃在热舒夫附近的桑河渡口。"在热舒夫战役中，盖苓及其营处于战场的火力中心，但如果想知道战斗的实际情况，需要将他的日记与军事史料中的记录对照来看。《奥匈帝国的最后一场战争（1914~1918）》一书对热舒夫战役有如下描述："当该师第一梯队在黎明时分开始渡河时，敌人在河面上布下了压倒性的炮火。同时，机枪往河面扫射。无数被俄军炮火击中的浮桥碎片，与士兵一起沉入了污浊的黄色桑河水底，或是被激流卷走。尽管如此，英勇的四个中队还是成功地到了河对岸。在这里，他们很快就被沙俄士兵的交叉火力所吞没。这支弱小的部队以英勇顽强的精神在东岸坚守阵地。更多的部队跟随着他们，希望在天黑前把整个第 8 步兵师带到对岸。然而，敌人强大的火力，让他们无法实现进一步的突破。……10 月 15 日，为争夺渡过桑河的主动权，血腥的战斗仍在继续。从天亮开始，第 4 军全体炮兵对沙俄岸上阵地轮番进行火力压制，为三个军团扫清渡过桑河的道路。第 13 步枪师已经逼近河边，并试图赶走盘踞在远处河岸上的沙俄士兵，但这场交火徒劳无功。早上，第 4 军把它的几艘驳船送入河中。敌人的枪林弹雨挫败了所有渡河的努力。……第 14 重型榴弹炮营试图增援在热舒夫被围攻的弱小部队，但他们的全部努力也都失败了。10 月 15 日傍晚，这支英勇的部队还在东岸坚守阵地，但他们的处境却令人绝望。在交叉火力的覆盖下，疲惫不堪的他们待在泥泞的沼泽地里挨饿受冻，周围是及腰深的桑河水。"（第 428 页）

盖苓的部队随后呈弧形向北移动，再次到达桑河。10 月 22 日，部队再次攻占了尼斯科（Nisko）附近的阵地，并炮击了一座桥和桑河对岸的几个城镇。日记中的侦察报告显示，敌人陷入了"无望的混乱"。

10 月 24 日，盖苓的部队被调往北面几公里处的普拉沃（Plawo），也就是今天斯塔洛·瓦沃拉（Stalowa Wola）的一个区，以接替那里的另一个营。尽管几天前才在热舒夫进行了灾难性的进军，但盖苓此刻仍保持一贯的冷静，"敌我双方的步兵正在桑河两岸对峙；双方都已挖好战壕。除此之外，没有什么值得注意的事情——未看到敌军炮兵……各

```
43          2.XI.1914 - 3ʰ n.m.
Blockhaus der Offiziere der S.H.
14; Batt.2 im Walde; suedlich
Plawo; Lt.Kluger, Oblt.Mueller,
         Lt. Kaufmann.
```

图 39 普拉沃以南，军官用的掩体

炮兵队在第二天为自己修建安全掩体，并用枝叶为马匹搭建遮盖物。军官、营部参谋人员和他们的马匹都安顿在普拉沃各处的房屋内"（见图 39）。

在随后的几天里，敌军在各个点位一次次成功越过桑河。战斗持续了几天。不过，盖苓多次强调，他们必须节省弹药，因为补给非常困难。根据侦察报告，各个作战单位在小范围内多次移动阵地。

虽然盖苓在日记中一再写到进攻的"效果非常好"，但10 月 29 日，该营已经做好了撤退的准备。"情况应该不是特别有利，危险来自南方，因为尼斯科已经被占领，北翼的步兵已精疲力竭。"但陆军司令部下令出发，所以盖苓在 10 月 31 日指出："部队又在普拉沃扎营，这是个可怕的夜晚。傍晚时分，普拉沃遭到炮火的猛烈轰击……不能行军。"11 月 1 日，该营接到命令，做好随时出征的准备。11 月 2 日，盖苓指挥榴弹炮兵对沙俄步兵线开火，他们试图"进兵桑河，挖掘新的壕沟。炮击效果不错，但这已经无关紧要了"（见图 40）。

11 月 2 日下午 5 点，部队下令立即向西出发，以便完成 9 月份以来中断的向克拉科夫附近的转移。至此，第二次强行渡过桑河的尝试也被沙俄粉碎。

激战克拉科夫

11 月 11 日，盖苓所在的第 14 重型榴弹炮营抵达克拉科夫以东约 25

图 40　桑河上的防御工事，普拉沃

公里的小镇涅波沃米采（Niepolomice）。该营立即奉命建立集结阵地，因为预计沙俄军队将从维斯瓦河（Weichselufer）北岸发起进攻。然而，当该营在阵地上待了四天后，却被命令撤离，因为这些天来"没有发现敌人的踪迹"。在此之前，盖苓在日记中写道："我们派遣马车到克拉科夫进行采购……士兵和牲畜都得到了很好的补给，伙食供应令人满意。""由于大炮和相关设备难以撤出阵地，道路堵塞"，他们只能在傍晚时分出发，整整行进了一个晚上。

该营奉命在克拉科夫以北占领阵地。盖苓日记记载，由于前几周遭受了重大损失，物资和人员短缺，其间多次发生后勤中断和补给短缺的情况。11 月 16 日，盖苓在日记中指出，先行的营指挥部花了数小时等待第 14 重型榴弹炮营全部抵达。"我们营迟迟未到的原因是道路被自己的辎重队堵住了"以及"各种误解……总是在等待别人"。

天气日渐寒冷，但大部分士兵只能在临时搭建的防空洞或户外露天过夜。只有军官可以住在房子里，而且他们的马匹大多也有遮风挡雨的地方，这揭示了普通士兵在哈布斯堡王朝的等级地位。

11 月 17 日，他们在克拉科夫以北开始了持续数日的战斗，在战斗过程中，盖苓的部队经常在方圆几公里的范围内频繁改变阵地，最远到达普罗绍维采（Proszowice）。这段经历盖苓并没有着墨过多，他仅强调，"由于缺乏材料，无法铺设电话线"，因此他们不得不在普罗绍维采的教堂塔楼安置一名辅助观察员。

盖苓一再提及自己的火炮炮击"效果很好"，但在 11 月 25 日他写道："我们的部队被重重包围了。"11 月 26 日，虽然两支部队接到命令要在猛烈的火力下占领普罗绍维采以北的一个地方，但同时命令他们做好行军准备。下午，由于沙俄军队的猛烈反击，部队只能向南面撤退，撤退的目的地正是盖苓部队最初开始战斗的地方。他们冲锋陷阵、占领阵地，但指挥部已经准备好进一步撤退。起初"没有发现敌人的踪迹"，但到了下午，该营"被猛烈的炮弹射中"。盖苓第一时间报告了自己所属部分的伤情："两名骑兵和第一炮兵连的一人受伤。"

傍晚时分，全体炮兵做好撤退准备，11 月 28 日，他们

57　　　29.XI.1914 - 4ʰ n.m.
Marsch Krakau-Budschow; Beskiden-
sattel im Abendnebel.

接到了向南行军的命令。来自同样参加了克拉科夫战役的莱纳大公第59步兵团的一份报告称，在"激烈的白刃战"后，沙俄军队的反击迫使该团撤退[1]（见图41）。

图 41　在贝斯基德山（Beskiden）山腰行军

帝国皇家军队的战争日常

第一次世界大战的军事史表明，奥匈帝国军队多次失败并遭受巨大损失是由多种因素造成的。从一开始，整个东线战争进程中的决定性因素就是，沙俄军队在各方面都远胜奥匈帝国的军队，无论在兵力还是装备方面。

此外，陆军最高统帅部的根本性判断失误，也导致了奥匈帝国军队的溃败。《奥匈帝国的最后一场战争（1914~1918）》一书指出："批评家们总是对奥匈帝国在世界大战中的第一次战役，主要是对第一次命令部署表示不

1　Gefechtskalender 1914–1918, www.rainerregiment.at (Download am 9. 7. 2010).

满，沙俄具有优势、威胁十足，但奥匈帝国却将全部兵力的2/5 派往塞尔维亚和与之同盟的黑山。"（第 321 页）这种集中力量对塞尔维亚进行"惩罚性远征"的战略是个巨大错误，最终只会让自己付出沉重的代价。

因预计战争持续时间较短，所以在动员之初帝国征召了最优秀的队伍和最有经验的指挥官到前线。结果，训练有素的部队在加利西亚战役之初就覆没了，多瑙河帝国的军队在第一场战役中遭受了巨大的损失，却没有足够的后备力量来补充兵力。

彼此缺乏配合的步兵和炮兵

需要指出的是，沙俄同时采用了更先进的战略。《奥匈帝国的最后一场战争（1914~1918）》一书谈到了多瑙河帝国军队过时的训练方法对作战的破坏性影响，"帝国统帅部在理论上和训练中无疑不够重视步兵和炮兵的协作，炮兵的重要性被低估了，他们是己方步兵进攻的先导，并且可以在防御时作为盾牌……在作战形式训练中过于强调'不惜一切代价地进攻'，军事理论培训和实战演习也是如此。世界上没有一支军队比他们更重视进攻，但却忽视了现代迫击炮武器的进攻效果和战场防御工事的强度。这种和平时期的训练方式，让军队在战争初期损失了很多有生力量。步兵就像在演习场上一样向敌人冲锋，不顾己方炮火攻击效果如何。部队，尤其是高层要很久才能从血腥的经历中得到教训"（第

34 页）。关于拉瓦·罗斯卡亚战役，作者指出，"不幸的是，奥匈帝国的步兵还没有放弃在和平时期养成的进攻习惯。他们不眠不休地冲锋陷阵，没有确认炮兵的攻击效果，也忽视了与邻近部队的配合，然后不期然发现自己被数量众多、作战经验更丰富的顽敌所摆布"（第 285 页）。

事实上，盖苓的部队也受到了炮兵和步兵之间缺乏沟通的影响，例如，9 月 3 日，他在日记中指出，在经过长达 9 个小时的行军后，他才得知步兵已抢先占领了这次行军的目的地——布格河对岸。

同样是在桑河进攻战中，由于步兵的"仓促进攻"，盖苓的部队无法有效介入战斗。盖苓所在营已经接到命令，准备渡过桑河。但据 10 月 14 日的日记所述，步兵却"已于夜间，过早地强行渡河"。本应由他们营支援步兵进攻，却因步兵的提早行动而接到了不要开火的命令。直到上述行动确认失败的时候，这个命令才被撤销，炮兵按原计划部署——但此时步兵已经被严重削弱了。

另一个炮步兵协调不畅的例子是步兵在 11 月 3 日的行动。当发现自己的士兵辛苦构筑的炮兵阵地变得徒劳无功的时候，全体士兵和军官们一定很恼火。这一点，我们只能从盖苓实事求是记录的字里行间中推测出来：在塔尔诺布热格（Tarnobrzeg）附近的马乔夫（Machow），部队建立了一个阵地。"上午 11 时，第 14 重型榴弹炮营进入阵地；工兵利用周围森林中被砍伐的树干，搭建了完美的掩体和战壕。在一个步兵分队的帮助下，出发路线准备得很充分。所有的马匹都被拴住了。"中午时分，另一支步兵分队赶到，未经商量他们便在树林边上挖坑。"结果步兵就驻扎在炮兵营前面大约 300 米的地方，因此，我们营阵地的位置就不合理了。"第二天，南侧也发生了同样的事情。"新的阵地……再次被拆除，并清理好道路。"就在当天晚上，部队再次接到命令，要求立即向西南方向行军，这无疑令人感到沮丧。"炮兵营撤出阵地……在寒冷的天气里夜间行军。"

同样在 11 月 16 日，盖苓也描述了类似情况："我们接到命令……在丘利斯（Czulice）前方占领阵地……然而，我们看到己方步兵正在向丘利斯行进，且已与敌军交火。"于是部队又接到继续行军的命令。

盖苓还描述了这样一个矛盾的状况：由于缺乏协调，步兵非但没有得到炮兵的支援，反而受到了威胁。他在 8 月 29 日的一篇日记中写道："在短暂而可怕的步兵战斗之后……战斗再次被迅速推进……以至于我们根本无法在不危及己方步兵的情况下开火，据说连轻炮兵团都伤害到了己方的部队。"8 月 30 日晚，有消息称我们自己的部队遭到了己方炮火攻击，对此他肯定地写道："由于时间关系，炮火不可能来自第 14 重型榴弹炮营。"

混乱不堪、迟迟不到的命令

《奥匈帝国的最后一场战争（1914~1918）》一书多次指出，东部战线的侦察工作做得非常不充分，军队最高指挥部对敌军的动向往往了解不多，因此，所下达的命令屡屡造成严重后果。

另外，各部队也缺乏与最高指挥部的沟通，或者说在不同纵队的指挥下各作战单位的分配情况不断变化，造成了更多问题。

9 月 11 日，盖芩写道："我们营在午夜后到达涅米罗夫，并停下来过夜。与第 3 步兵师失去了联系，没有收到进一步命令。"第二天，最高指挥部发来了出发的通知。当该营已经上路之后，上级又传来"命令"说，有一部分部队滞留在涅米罗夫，他们必须向西行军找到第 3 步兵师。盖芩部队的指挥官于是下令向西面开拔，但"阴差阳错"没有到达计划的地方。在等待进一步的指令时，他们终于发现改变行军路线只是基于一个误会，这不是"命令"，只是一则"消息"。

这一行动的致命后果是，盖芩的部队与弹药运输队失去了联系，正如盖芩所指出的："9 月 13 日弹药运输队失踪。可以肯定的是，最后一次见到它是在涅米罗夫附近，正值混乱的撤退期间，弹药运输队以及运粮车和全体炊事员不是被毁就是被俘。"然而，令人惊讶的是，失踪的弹药运输队在十天后又出现了：由于敌人的行动，它被推离了原定的行军路线，在附近徘徊了几天，才得以与剩余的部队重新联系上。同时，散落四处的运粮中队和炊事员也得以集合（见图 42）。

在 1914 年秋天，部队总是要间隔很长时间才能接到命令，这也十分令人不安。他们有时会去很远的地方接收最高指挥部的"指示"，这个过程往往会持续一整夜，如盖苓在 9 月 30 日写道："每天下午 9 点钟接到指示（总是到清晨才结束！）。"另外，其在 1914 年 12 月 4 日也写道："……由于指示在凌晨 4 点半才送达，所以延迟了出发时间。我们营到早上 8 点才到达铁路检查站。直到中午 12 点，也没有接到命令，部队自行决定前行到路口……在那里一直等到下午 4 点。"

图 42　第 14 重型榴弹炮营的补给车队

　　在某些情况下，行军命令下达后很久才会收到关于下一步如何行动的指示。这意味着，在此期间，该营经常要等待几个小时，有时甚至整夜都在调整，如 11 月 5 日：该营在凌晨 4 点半"经过急行军"到达指定地点，"然后在路上休息，等待进一步的命令"。终于，中午 12 点，命令来了，继续行军。

　　命令也可能在短时间内被撤销，盖苓 1914 年 9 月 1 日的日记写道，"当天的进攻被陆军中将取消了"，仅仅一个半小时后，取消进攻的命令又撤回了。1914 年 12 月 2 日，盖苓写道："……（我们被）分配到三岔路口过夜。因为辎重堵塞道路，行进变得非常困难。部队到中午 12 点才抵达驻地……刚安顿好就来了命令……要清空驻扎地。"不过，新的驻扎地要等工程部队先来开辟通道。这意味着又要等待三个小时。

12 月 10 日，该营再次等待进一步的命令。因为没有得到指示，所以他们决定穿越斯特拉多姆卡（Stradomka）谷地。"在这里部队出现了伤亡，我们改变阵地及沿公路朝南出发时都遇到了敌人的猛烈炮火。7 人受伤，其中 2 人重伤。直到我们营进入斯特拉多姆卡谷地并向南进军时，才接到命令：任何情况下都不得取道斯特拉多姆卡谷地。"随后，该营又退到原地等待进一步命令。然而，接到的命令却是通过斯特拉多姆卡谷地向格多夫（Gdow）进军。但由于辎重堵路，他们只得驻扎在格多夫几公里外的一个村子里。第二天上午，只有第一炮兵连被派遣到格多夫北面的一座桥上。在那里，他们进入了作战准备状态，但由于有浓雾，所以并没有开炮。炮兵随即接到回驻扎地的命令。但是，出发后不久，"一个命令来了……行军回到格多夫的西端……等待进一步的命令"。

盖苓多次提到的另一个问题是，命令往往根本无法执行，或是执行后损失惨重。例如，9 月 14 日，盖苓写道："（规定的）驻扎地不能使用，因为拉迪姆诺（Radymno）被（辎重）挡住了，我们营无法通过。原有驻扎地将被重新启用。"12 月 5 日，盖苓提到，他接到改变阵地的命令：

"接到命令，但无法实行，因为通向目的地的道路受到敌人的猛烈攻击。"

9月21日晚，在接到从沃拉·斯克洛宾斯卡（Wola Sklobienska）休整地向维罗波莱（Wielepole）行军的命令后，部队"对道路进行了侦察；结果是我们营无法通行"（见图43）。

早上7点，尽管侦查结果如此，该营还是接到命令，走既定路线。"（行军）极

24 a   20.IX.1914

Lt.i.d.R. Rolf G e y l i n g ,

Wola Sklobienska.

图43　服役期间的盖苓在沃拉·斯克洛宾斯卡的休息区

其困难，因为下了两天的雨，道路湿滑破损，非常糟糕。两辆破损的弹药车被抛下，里面的弹药在警卫看守下卸了下来。人困马乏，但部队还是竭尽全力，于9月22日凌晨2点到达维罗波莱的驻扎地。部队试图征用陆上运输工具以运送遗留的弹药，但根本不可能搞到。一门炮翻倒掉进沟里，也只好放弃了。"

接下来的几天无疑也非常困难。道路被辎重"完全堵塞"，第14重型榴弹炮营往往要等上几个小时才能向前行进，以至于连本应收集该营剩余弹药的"四辆马车——现在倒是找到了——也无法继续前进。在尝试了一切可能性之后，我们

不得不视为弹药已经丢失"。

　　此外，他们还经常接到不明确的命令，如9月13日，一次炮击命令完全出乎意料："……我们营接到命令……向未知的地方开火。事关阵地的变换……命令开火。由于夜幕降临，对自己的位置测定不准，我们营无法开火。"显然，11月30日也发生了类似的不明确现象，盖苓在日记中写道："在不知道最终目的地的情况下，继续前进。"

　　早在11月8日，该营在克拉科夫方向行进到奥特菲诺夫（Otfinow），在那里发现了横跨杜纳耶茨河（Dunajec）的两座桥：一座应急桥和一座临时桥（见图44）。但由于无人看守，无法了解桥梁的状况，该营决定使用应急桥梁。盖苓描述了接下来的情况：

图44 杜纳耶茨河上的战时桥梁

　　现在是晚上8点半。补给车辆和工具车在应急桥上平稳驶过；然而，第一门大炮快要到达对岸时压垮了桥面，我们费了很大力气才把大炮拽出来。我们营的其他人员只能通过临时桥（平行的一座桥）过河，该桥状况很好。营指挥部已将这次小事故汇报给第3步兵师。师参谋人员经过长时间激烈讨论后，下令禁止使用临时桥，并要求工程兵在炮兵军官的指导下加固应急桥面，继续使用。

另一个指挥部通过电话传来了进一步的指示。"这个指挥部再次下达命令，第二天使用更北的一座桥……向北。"当师指挥部接到伤亡报告时，"我们营已经通过临时桥到了对岸……因此，命令已无法执行了"。

由于这些组织上的失误和类似情况，以及哈布斯堡王朝军队中反复出现的混乱状况，盖苓大概很难认同《奥匈帝国的最后一场战争（1914~1918）》作者提出的观点："未来的一代人将比我们这一代更客观地看待这些事情，我们仍然是时代苦难的牺牲品，下一代人将以敬畏的、惊讶的目光看待人类的这一'伟大杰作'，即1914年的奥匈帝国武装部队。因为那是一个经过深思熟虑建构的强力组织，其结构极不寻常，有时甚至可以说是怪异。虽然它的基础极为薄弱，但其稳定性令人难以置信。"（第57页）

在潮湿泥泞中的"运动战"

除了大的战役，盖苓所在营在向西行进的过程中也经常与敌人发生小规模的冲突。然而，他在日记中并没有记录那些与敌人遭遇的小规模冲突。与在东边作战不同，西边的战斗是一场场运动战，该营几乎每晚都在不同的地方宿营。盖苓所在营参与的几场大战役的位置相距较远，通常需要行军

图45 发放伙食

数日。他们经常在夜间行进，很多情况下只能休息几个小时（见图 45）。

只有在与沙俄军队发生激烈交战时，部队才会在阵地驻扎数日，但还是不得不在短时间内小范围移动。

从盖苓 1914 年 10 月 5 日和 6 日的日记中，我们可以看出部队调动的困难程度：

下午 2 点，出发前往皮尔兹诺（Pilzano）；

下午 4 点才收到行军指令和行军顺序，我们的部队要出发；

午夜 12 点，第 14 重型榴弹炮营开始行进；

凌晨 2 点，抵达卢布齐纳（Lubzina）（皮尔兹诺到卢布齐纳约 20 公里！）。

如前所述，部队调动缓慢主要是由那些负责运输弹药、军装、食品、卫生材料、建筑材料等的随行辎重队造成的。部分是由于桥梁或是城镇道路狭窄，最重要的原因则是，行军路线的频繁变化使得部队在几公里的半径范围内来回移动，造成运输物资的马车或牛车的拥堵。因此，关于道路堵塞和辎重受阻的记录就像一条红线贯穿盖苓的战地日记。

这个问题在《奥匈帝国的最后一场战争（1914～1918）》一书中也有提及："车队艰难地向前推进。在村子里、桥上都出现了危险的交通堵塞，这对后方影响严重。部分队伍因马匹疲劳需要休息或喂食，几次三番地停在路上，而其他队伍试图超到前面去，最终导致辎重车以三到四排相邻的方式行进。在阴雨天气中，弹药车和火炮尤其容易造成部分道路破损，这给行军带来很大困难，耽误了时间。"（第 319 页）

加利西亚极其艰苦的地面条件，本身就给行军带来了极大的麻烦，对部队提出了极高的要求。1914 年 9 月 11 日，《法兰克福报》（*Frankfurter Zeitung*）写道："容易深陷的沙土路给我们的纵队前进制造了许多困难。在经历了长时间的晴朗天气之后，他们不得不与深陷至小腿的沙地做斗争，即使前行很短的一段路，也要费极大的力气。这种天气后起伏的沙地上有无数小凹洞和纵横交错的车辙痕迹，往往令人难以辨识。这意味着几乎每次行军都要两脚潮湿地穿着灌满沙子的鞋，而且即便已经竭尽全力在照顾，还是有大量的掉队者，那些来自城市的士兵尤其不习惯如此艰难的路况。"

秋天过后，大面积降雨让艰苦的条件更加恶化。盖苓多次提到，部队不得不连续几天在泥泞中作战。从战争第一年的 9 月中旬开始，盖苓几乎每篇日记都以类似这样的口吻结

图 46　两门滑下来的大炮

尾："雨夜和泥泞，湿冷的夜晚。"很多情况下，野外只有田间小路，这对于卫兵和随行的马车来说，简直是无法克服的障碍。单单是问题频出的路况，就导致大量装备受损。10 月 4 日，盖苓指出，"一路上……必须克服极其困难的条件。狭窄又泥泞的山路……有两门火炮翻进了路旁的小溪，其他车辆也被迫停下来援助"（见图 46）。

在很多情况下，因路况不好，加之由此造成的人员和马匹过于疲劳，队伍常常不能按时间抵达预定的宿营地，不得不另寻"休息点"。10 月 12 日，盖苓写道："下午 2 点出发，雨水持续不停，路面状况简直糟透了，满是深深的淤泥和坑洼。""因此，这一次我们营也没有到达预定地点，而是在其前面几英里处的'路边过夜'。几辆弹药车翻倒陷在泥浆里坏掉了，由于马匹体力不支，直到第二天才能把车拉出来。"

10 月 19 日及 20 日向桑河行军时，盖苓指出，"路况非常糟糕。泥泞、深坑、孔洞及其他……10 匹马拉大炮，6 匹马拉车……第一炮兵连的一名士兵陷入了沼泽"（见图 47）。口粮不足加剧了困难程度；马匹的饲料已经耗尽，"不可能有替代品"。

为了应对糟糕的路况，尽管部队配备了多达27对牛甚至额外的马匹拉车，但弹药和运粮车仍常常被耽搁好几个小时，正如盖苓在11月7日从桑河撤退时记录的那样："整条道路非常狭窄，淤泥深不见底。似乎（侦察员）

图47 一门炮被拉出泥潭

根本没有侦察路况，就给我们营指定了这条路。人员和马匹都竭尽全力。若不是有这么多新马，这次长途行军根本不可能实现。"两天后，盖苓提到新分配的拖车用牛的情况："27对拉车的牛主要用在弹药车和火炮上。这样火炮就获得了相当于8马力的功率，剩下的弹药车则有6马力；牛车很慢，平均比马匹要慢3~4个小时；所以这次也是：一半马拉的运粮车已经到了……牛车还全都没到。"

在热舒夫附近反复移动炮兵阵地时，盖苓的日记隐隐流露出不满情绪，但最重要的是不甘心，"显然，由于前面的变化，炮兵连不得不13次改变位置"，盖苓在10月13日指出"这导致部队疲惫不堪"。

利马诺瓦－拉帕诺夫战役的短暂胜利

12月初，克拉科夫东南方向的奥匈帝国军队终于在利马诺瓦－拉帕诺夫（Limanowa-Lapanow）战役中取得了重大胜利，短暂地阻挡住沙俄军队前进的步伐。利马诺瓦－拉帕诺夫战役随之引发了喀尔巴阡山战役，战役一直持续到1915年3月。喀尔巴阡山战役是第一次世界大战中最著名的战役之一，以哈布斯堡王朝军队的失败而告终。

经过几天的行军，盖苓和所在营的两个连直接参加了利马诺瓦－拉帕诺夫战役，但他在12月5日至16日的记录里几乎没有提到奥匈帝国军队取得的胜利。盖苓部队的行动范围位于约德洛因克（Jodlownik）、拉帕诺夫和格多夫之间。这几天，部队的位置频繁变化，（日记的）栏目划分也在不断变化。有时有激烈的短兵相接，但浓雾屡次阻碍了炮兵的配合。值得注意的是，盖苓几乎每分钟都在报告刚刚侦察到的目标位置，但开炮的命令往往要等很久，而且有不少命令在很短的时间内又被取消了。

正如盖苓的日记所记载，从12月5日开始，约德洛因克附近的各个阵地都被盖苓的部队占领，随后更北边的地方也被占领，并从几个方向对敌人展开炮击："效果非常好。到处都是沙俄的步兵，虽然他们也在开火，但看不到其炮兵。下午4点我们停止发射，步兵开始进攻。"

随后的几天里，他们"竭尽全力占领了西北方"，即拉帕诺夫附近的各个阵地，并对几个地方进行了炮击。12月8日，盖苓写道："（部队）突然停止了前进，因为保护火炮的先头部队遇到了敌人。"上级命令他们撤退到拉帕诺夫，但第二天他们又向北进发，占据了一个阵地，并再次开火。

12月10日，大雾弥漫，看不到目标，但根据盖苓日记所述，他们继续对敌人进行炮击。"情况变得有些不对劲。敌人似乎正在向前推进攻击。"该营频繁接到混乱的命令，指示到不同的地方，有时需立即离开，回到以前到过的地方，终于在12月12日傍晚他们来到了一个驻地，"等待进一步的命令"。

12月13日，盖苓提到，疑似有士兵患了伤寒。"只能采取清洁措施，别无他法。"12月14日，他写道："只有一名军官和部分士兵留在炮台，其他人都去清洁身体。"

12月15日，部队再次占领了一块阵地，确定了敌人的位置。他们铺设了电话线，不过出现了故障，无法接到新的命令。于是他们决定开火。然而，还没等再次开火，就接到了停止炮击的命令，因为敌人似乎已经放弃了全部阵地——在所谓的沙俄防线上只能看到奥匈帝国自己的巡逻队。"等待进一步的命令。"

盖苓对"利马诺瓦－拉帕诺夫战役"的记载到此结束。12月16日，部队继续向东行军至沃伊尼奇（Wojnicz），在其西端占领了一块阵地和一个营地（见图48）。不久之后，命令来了，要求他们"立即向德比纳（Debina）行军，并在那里过夜"。事实证明，这无法实现，因为其他部队已经在那里扎营了，那是个在公路旁边的驻扎地，他们只好等待新的命令（见图 49）。

1914 年 12 月 17 日，盖苓在这本战地日记中记下了最后一笔。后来，他用另一本小型口袋日记本来记录，不过，他不再每天记日记，有时隔几周才写一次，有时只用关键词描述事件。有些条目显然是后来才加上的，这一点从 "这几天记不太清了！"等词句中可以看出。

值得注意的是，盖苓根本没有提到 1914 年的圣诞节。这几天对于战争老兵来说，通常非常难熬，他们会尽量在庄重

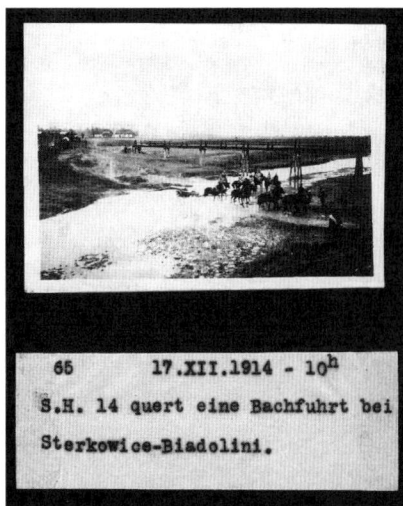

65　　17.XII.1914 - 10ʰ
S.H. 14 quert eine Bachfuhrt bei
Sterkowice-Biadolini.

图 48　第 14 重型榴弹炮营涉水穿过溪流

72　　4.II.1915 - 1ʰ
Lt. i.R. G e y l i n g S.H.14
beim Jaegerhaus Debina.

图 49　盖苓少尉在德比纳的猎人小屋

的氛围中度过这个节日，多数人沉浸在忧郁和感伤的回忆中。
除了思念故土和家人，士兵们还因为自己依然留在前线而心灰
意冷——毕竟在战争开始时，他们普遍认为自己会回家过圣诞
节。在日记中略过圣诞节，显然是盖苓再一次的自我保护，使
自己免于以任何形式暴露情感，这正是他一生都试图做到的。

　　大概是利马诺瓦－拉帕诺夫战役胜利带来的积极影响，
1915 年初，该营终于在一个地方停留了较长时间，即塔尔努
夫西侧近旁的城镇沃伊尼奇（见图 50）。

　　但显然，士兵们还是不能彻底感到安全。1 月 9 日，盖
苓报告说，一枚手榴弹击中了一个军官隐蔽点，并造成了人
员伤亡。甚至还发生过黄色炸药手榴弹摧毁了己方掩体这样

66　　9.I.1915 - 12ʰ
Waldstellung der S.H. 14 bei
Debina Zetowska.

80　　13.II.1915 - 4ʰ
Demoliertes Geschuetz der S.H.14
(Batt.2 Ekrasitgranat-Rohrkre-
pierer) Stellung in Wojnicz;
Oblt.i.R. K a u f m a n n .

图 50　德比纳的林间阵地，位于
　　　沃伊尼齐西部

图 51　被炸膛毁了的大炮

的事故（见图 51）。

1915 年 2 月，盖苓获得一个机会，开始涉足新的领域。有人提出开设机枪课程，盖苓立即报了名，他对这种新式武器的技术方面很感兴趣，同时也乐于暂时摆脱炮兵作战的日常工作——那些不断变换的阵地和疲惫的行军。这门课程的学员先是住在沃伊尼奇附近的苏夫琴（Sufszyn）。"住在苏夫琴的学校里。没有东西吃，马儿没有饲料。"从 2 月 20 日开始，他们在附近杜纳耶茨河边的奥尔西尼（Olszyny）进行训练。"与此同时，我们在奥尔西尼待命，没有食物、仆人或是马匹。"

完成这门课程后，盖苓获得了 14 天的休假。他立即前往维也纳，然后去了罗马尼亚的喀琅施塔特，他的妻子和女儿正在那里焦急地盼望着他。值得注意的是，尽管与她们已经分离了近八个月，但盖苓在日记中并没有提到与家人团聚的日子，因此，我们还是无从知晓他此行见到了哪些朋友和家人，他们谈论了什么，这一切就像盖苓对妻子和女儿的感情一样模糊不清。此外，盖苓准确地记录了离开和到达克拉科夫、维也纳和喀琅施塔特的时间，他还逐条记录了他给妻子发的一封信和三封电报，以告知自己的到来。只有 1915 年 4 月 18 日的一个画得很粗的感叹号和加有两条下划线的句子——"梅迪来了！"——泄露了盖苓的情绪。其在 4 月 28 日出发当天的条目中的感叹也很有力："梅迪和母亲还有格蕾塔在北火车站！"盖苓再一次写下了妻子的昵称，考虑到他在其他方面的拘谨，这也算是一种情感的告白吧……

横扫一切的机枪手

探亲休假结束后，盖芩于 4 月 30 日回到部队。他现在指挥的是隶属帝国陆军第二蒂罗尔猎兵团（Tiroler Jägerregiments）的一个机枪排，该团常被称为奥皇猎兵团。这个机枪排被派往盖芩之前所在的第 14 重型榴弹炮营担任护卫，随即又被调遣至塔尔努夫南部一座海拔 526 米的山峰——沃尔峰（Wal），在那里他参加了重要的塔尔努夫－戈尔利采（Gorlice）战役。

1915 年春季的这些日子，东线的军事形势是这样的：虽然多瑙河帝国在利马诺瓦－拉帕诺夫战役中取得了胜利，避免了沙俄军队对其腹地的直接威胁，但最终仍无法避免沙俄军队向匈牙利进军。奥匈帝国的军队已经被削弱到了极致，战争开始仅半年时间，奥匈帝国军队就再也没有能力在东部进行大规模反击了。

作为奥匈帝国的盟友，德意志帝国从一开始就派兵增援奥匈帝国军队，但这支特遣队远不足以支持大规模反攻，因此奥匈帝国总参谋长弗朗茨·弗里赫尔·康拉德·冯·霍岑多夫（Franz Freiherr Conrad v. Hötzendorf）一再抱怨盟友缺乏支援的意愿。同样，正如君特·克洛南比特（Günther Kronenbitter）所解释的那样，"在德国，人们对奥匈帝国皇家军队的弱点和其高层的无能感到悲哀"。[1]

德意志帝国陆军司令部的首要任务是对法国采取行动，只有在击败法军后，才打算与哈布斯堡王朝军队联合起来击败沙俄。然而，鉴于奥匈帝国军队的军力已经大幅度削弱，德国认为，应比原定计划更早介入对付沙俄军队的战争。为了确保东线稳固，德国要求由己方来指挥两国军队。卡尔·克劳斯在《人类末日》一书中曾让"吹毛求疵者"这一角色对这种"团结一致"的联盟进行了尖锐的嘲讽："你能想象这样紧密的两个存在吗？其中一个以无序为命脉，因得过且过而一息尚存，而另一个只因秩序而存在。"（第237页）

在冯·马肯森将军（Generalobersten v. Mackensen）的领导下，第一次重要的联合进攻是发生在1915年5月初的塔尔努夫－戈尔利采战役。在这里，沙俄军队遭遇惨败，加利西亚和布科维纳的大部分地区被收复。

据官方公告，1915年5月4日，副总参谋长冯·霍费尔陆军中将（Feldmarschallleutnant v. Hoefer）对这一重要事件的评价是："在忠诚的兄弟情谊中，德意志帝国和奥匈帝国的部队赢得了新的胜利。我军在加利西亚西部的利马诺瓦－拉帕诺夫战役胜利后，沙俄军队撤退，维斯瓦河和喀尔巴阡山山脊之间坚固的防线已被我军全部攻克。为了下一步

1 　G. Kronenbitter: Von "Schweinehunden" und "Waffenbrüdern". Der Koalitionskrieg der Mittelmächte 1914 /15 zwischen Sachzwang und Ressentiment. In: G. Groß: Die vergessene Front – der Osten 1914 /15. Paderborn 2006, S. 121 ff.

进攻，奥匈帝国军和德军昨天在陆军总司令弗里德里希大公（Erzherzog Friedrich）的指挥下，在整个战线上取得了新的战绩，并继续向东面无情地推进，再次迫使强大的沙俄军队仓皇撤退。从全局来看，成功的意义不容忽视。到目前为止，被抓的俘虏已增至3万多人，而且还在持续增长。在占领的众多沙俄阵地中，我们缴获了大量战争物资：22门火炮和64挺机枪是第一批战利品。"[1] 1915年5月4日的《法兰克福报》不无尖酸地报道："在被俘的哥萨克军官中发现了文盲，这个奇怪的事实在这些军官的人员档案中得到了确凿的证实。"

相比之下，当时的报道几乎没有对己方的损失加以评论。后来才得知，塔尔努夫－戈尔利采战役由于死伤和失踪人数较多，奥匈帝国军队的战斗力几乎被摧毁了80%，其中军官的损失尤其大。

最后，珍贵的胜利成果由德意志帝国将军冯·马肯森的军团获得。马肯森起初将四个德军步兵师开到了沙俄防线附近，没被敌方军队发现。1915年5月2日清晨6时，德军以猛烈的炮火向毫无准备的沙俄军队展开攻击。

军事史研究表明，在冯·马肯森的指挥下成功实施的核心计划，实际上源于奥匈帝国总参谋长康拉德·冯·霍岑多夫。德意志帝国最高战略家保罗·兴登堡元帅（Generalfeldmarschall

---

[1]　Amtliche Kriegs-Depeschen. Nach Berichten des Wolff'schen Telegr.-Bureaus.. 2. Band, 1. Februar 1915 bis 31. Juli 1915.

Paul Hindenburg）和埃里希·鲁登道夫少将（Generalmajor Erich Ludendorff）极力主张采取广泛的包围作战战略，而奥匈帝国总参谋长则从一开始就主张对塔尔努夫和戈尔利采地区之间的沙俄先头部队发动常规突破战。不过，德意志帝国总参谋长埃里希·冯·法尔肯海恩（Erich von Falkenhayn）之所以最终认可了奥匈帝国的方案，恐怕是因为他不再相信被削弱的哈布斯堡军队能在一次大规模的包围作战行动中发挥可靠的作用。

由于塔尔努夫－戈尔利采战役的失败，沙俄军队被迫回到桑河。在那里——正如尼科拉伊·尼科拉伊维茨大公（Großfürst Nikolaj Nikolajewitsch）所指出的——他们试图利用"几乎没有受过训练的农民暴徒"来保卫自己，"他们甚至没有学会正确地使用武器射击"。[1]

盖苓的部队因为部署在沃尔峰，而直接参与了激烈的战斗。随着战事的活跃，他的日记变得更加详细了。他在日记中对这次战斗任务和后来追击敌军的情况作了如下描述：

5月1日，我们围绕沃尔峰展开侦察。同时，对机枪排进行装备检查，并做好运输准备。夜间将对"宝塔"（沃尔峰西南方的一座山丘）发起进攻；机枪排也将参与其中。

5月2日，大约午夜12点部队朝谷底行进。工程

1　Jean-Pierre Cartier: Der Erste Weltkrieg. München 1984. S. 301.

兵们拆除了沙俄的防护路障；天亮时，我们已经抵达沙俄阵地。我们的队伍先部署在小溪边，等到清晨再上山。大约上午10点，沙俄军队发起反攻；我们被迫撤回；部队的一部分返回沃尔峰，我沿着小溪搜索其余人员；莱克斯纳少尉（Lt. Leixner）走失，推测已被俘虏。部队剩余人员都藏身在桦树林里。黄昏时分，我们回到沃尔峰，两个机枪排的归来让我们松了口气。我们环绕沃尔峰占据阵地。

首次获得嘉奖！

5月3日，部队朝北前进，距离起始位置越来越远……晚上在沃尔峰旁的山谷里扎营过夜。我们目睹了迄今为止最糟糕的战场。在向沙俄阵地发起进攻时，猎兵团伤亡惨重；尽管沙俄士兵最终被赶出了大部分战壕，但这注定是场非常激烈的战斗。

5月4日、5日，我们营作为替补部队，以封闭队形行进，穿过树林，越过被遗弃的沙俄阵地，途中满是大屠杀后的可怕景象（部分尸体残骸是由口径32厘米的可移动榴弹炮轰击所致）。我们沿着小溪向普莱斯纳（Plessna）的第一座房屋靠近……后来收到指令部队将穿越比亚拉河（Biala）的时间推迟至傍晚时分。巡逻队穿过村庄，抓获了几名沙俄士兵；沙俄炮兵依然朝着我们身后的树林开火。我们在屋里睡了几个小时。午夜，流动厨房人员的身影出现在村庄里，抵达后开始发放口粮——进餐时间到啦！随后，部队穿过村庄、越过铁道，向比亚拉河前进，没有发现敌军。敌军开火时，我们正准备通过货运桥梁。我们排被分为两支队伍，由于猎兵团已占领沙俄阵地，并俘虏了大量敌兵，炮击因此停止了。休息日，我们在新位置安顿下来；面朝左侧的沙俄胸墙⑥，我的护盾[1]被击中三次；努斯鲍默（Nußbaumer）伤势严重。临近中午，我们转移到附近茅草屋顶上一个更好的侦察哨。最后，一个排安置在更靠右的位置；另一个排安置在左前方（4人受伤）；在猎兵团与第59步兵团的进攻中，我的机枪排表现出色，如今正穿过树林前往通向塔尔努夫的道路；部队重新整编，宿营过夜。

5月6日，我们早早动身，队伍从塔尔努夫的右侧通过，向东前行，沿途尽是美丽的春日景色，穿过辛瓦尔德（Szynwald）。午休一小时……我们按指示在清晨对"兹多夫"（Zdow）山脉发起佯攻，那里设有戒备森严的沙俄阵地。我们又向前行进了几公里，直至黄昏，然后在军事主路的南侧安顿过夜，四周均严密守卫。大约晚上11点，流动厨房抵达。午夜左右部队动身。

5月7日，部队以战斗队形缓慢前进；黎明时分，敌我互相对射了几枪，随后部队持续以轻火力进攻；我们与敌军有所交锋。步兵防线推进至中间位置，随后挖好战壕停留下来。如今我负责两个机枪排。两个排都安置在远程射击的位置。其中莱克斯纳率领的机枪排向左

1　机枪被安装在带盾的活动炮架上。

移动，穿过一片小树林到达中程射击的位置。另一个机枪排正在进攻；下午我将他们重新安排至更靠右前方的位置；那里位置更好，射击角度更准确。晚上，我加入了左侧的机枪排；预计那里会受到攻击；我们移动至距离敌军阵地 500 米以内的地方。

5 月 8 日，午夜之后，异常安静；巡逻队向我们阵地前方行进。拂晓时，我们继续行军，行至皮尔兹诺。有人在维斯沃卡河（Wisloka）对岸发现了沙俄阵地；桥着火了。尽管我们分成两队、沿着主干道平行前进非常显眼，但并没有引来任何炮火（他们一定已经离开）。我们停下来安排长时间休息；清理装备，流动厨房抵达，休息了几个小时。大约中午，一架飞机投送来行军指令；我们立即出发，带着两个机枪排涉水过河；我们旁边有些炮兵；向东前进，穿过军事主路南部林木茂盛的山丘。晚上，我们找到一处村庄作为夜宿之处。军官们和我的两个机枪排都住在村长的农场里。

5 月 9 日，早上 6 点，预备役士兵出发（在穿过沃尔峰之后，人员伤亡率达 66%，尤其是军官伤亡惨重）。沿着主干道及其以南地区行进，途中时不时原地等待。晚上，我们在一座林木环绕的山丘上找到一处位置，并做好战斗准备；睡了一会儿，下起小雨。天亮时分，我们下方的树林里发生了短暂而密集的交火，并传来了突袭信号；我们的步兵已经前进。大约早上 10 点，我们返回 [或许是亚斯娜（Jasna）] 农场；休息几小时后，组织维修工作以及检查枪支、制服和应急口粮……

　　5 月 10 日，下午，我们按要求加入森林深处 206 阵地的团指挥部。下午 5 点半左右，我们迅速进入阵地；计划在下午 6 点发起进攻。我的机枪排与沙俄机枪排所在的四所房子距离 100 米，他们穿过死伤人员遍布的树林，驻扎在一条小路左侧……天亮时，我们从各自阵地开火射击，持续了一小时左右。沙俄士兵以爆裂弹还击。我用机枪扫射射程内的一切。尽管光线很暗，但我方步兵依然越过森林向前；激烈的战斗、不安与担忧的情绪持续了数个小时，最终逐渐趋于平静，有报道说沙俄军队正迅速撤军。晚上 11 点左右，部队在森林小径上集合并进行重新整编。

　　5 月 11 日，午夜时分，我们与附近的部队共同行军；一步一步向前，通过手势联络；在树林里遇到了各种各样的障碍物，比如倒下的树木、马车以及磨坊的水车等。黎明时分，我们发现树林之外设有沙俄戒备森严的阵地，不过已经被遗弃了。休息了几个小时，流动厨房抵达；我们沿着道路向登比察（Debica）前进，最后在村庄出口待命。下午，部队沿着小溪继续向北前进；然后向东行进，与 1 营和 3 营以战斗队形穿过空旷的田野，也许是向农场行进。我们在团指挥部集合，并挖掘战壕，为夜间宿营做好充足的安全保障。没有敌军迹象。

　　5 月 12 日，大清早，我们继续朝东北方向行进；途经几处村庄，酷热难耐，尘土飞扬，长途行军。没有敌人踪迹，我们以封闭队形前进，加强防御……大体朝着桑河（麦丹，Maidan）方向，沙俄士兵正在那里修建防御阵地。我们在长条状村庄的中部宿营过夜，紧挨着小池塘旁的十字架。瓦尔特基兴上尉（Hptm. Walterkirchner）、霍弗（Höfer）和我住在道路右侧的谷仓里。

5 月 13 日，这一天记不太清了！

5 月 14 日，队伍早早出发；在村东处，我们淌水穿过一条及膝深的河流；艰难地通过……天气炎热，尘土弥漫；中午在卡米恩（Kamien）南部休息了三个小时。我与机枪排以及第 11 连共同驻扎在东部山丘上，进行侧翼掩护；移动厨房抵达。最后经由施泰瑙（Steinau，一个讲德语的村庄）前往麦丹村。在附近猎人小屋设好"预备阵地"。参谋人员住在房子里；我们其余人等宿在户外，紧邻灌溉水渠。

5 月 15 日，我们开展维修工作，并检查武器、马匹、军装、运输索具以及补给物资等；我坐在太阳底下，在一个马鞍包上写信，断断续续地回顾着行动的进展过程。

5 月 16 日，我们早上在猎人小屋附近的开阔地带举行露天弥撒。与前一天的行动相同。我在周围的树林里散步，发现当地许多灌木丛着火。沙俄士兵试图点燃整片森林，将火势延烧至桑河附近，以阻滞我们的进程。一名护林员尝试扑灭其中一场大火，但随后被逮捕并被驱逐出境。

5月17日，天亮时，警报响起；我们向北穿过树林，在热佐维（Jezowe）短暂停留，随后抵达诺沃西莱克（Nowosielec）南端，继续向一座村庄的最北端行进，再向东调转方向进入小树林，停下休息，流动厨房抵达，我们待到傍晚，开始准备露营过夜，但这时指令送达，要求我们进入战斗位置——完全漆黑的夜晚……我们向东行至树林的尽头。团指挥官的指令送到我们手中——我们当时正在战争最前线；位于前面树林里的四栋房子的南边；挖掘战壕，作为第一道防线。燃烧的房屋为我们提供了一些光亮。

5月18日，在大坝之外，我们发现了沙俄的主阵地；森林起到屏障作用，在其尽头设有"令人意想不到"的沙俄阵地。在更靠右的地方发生了一些骚乱，我们发现了沙俄炮兵火力。下午很安静；我走回马群处，整理照片。大约下午6点，指令要求我们在铁道岗亭的北边各就各位。经过一番侦察（骑马），我们从黄昏时分开始在满是烧焦赤松的山丘上施工。位置极好，完全处于铁路和公路的包围之中。机枪排仍然处在之前的位置，我们计划在凌晨2点左右向前行动。……我睡了一个小时；3营已经开始前进；我遵照指令等待博格少尉（Lt. Berger）的机枪排前来接替，然后再将我的队伍调整至新位置。

5月19日，凌晨1点半，天边出现第一道晨光；沙俄发起猛烈攻击，企图让我们全军覆没。我们的防线都在后撤，我的机枪排孤立无援，也只能撤退……此时，沙俄士兵向我们逼近，渐渐逼近左侧森林 50 米以内。我们右侧的机枪排在胸墙顶端向后方射击，进行了绝佳的防守（沙俄的伤亡人员主要出现在距离我们阵地 35 米以内的范围里）。沙俄士兵从右侧越过一片空地向我们发起进攻；左侧的机枪排组织了有效防御。我重新组建轻步兵战线，横穿我们的阵地，向前面提到的左侧的四座房屋方向发起进攻。我们上午在小树林里抓获了 150 名俘虏……战斗持续了几乎一整天。晚上，我们与 3 营再次会合。

第二次获得嘉奖！

5 月 20 日，晚上，我们占领了树林尽头的位置，格莱森贝格尔（Gleißenberger）的一支机枪排也驻扎在这里。我们在夜间进一步加强了这里的防御工事。我们在白天不动声色，等到晚上再继续工作。

5 月 21 日，我们夜间完成了胸墙工程，并开始修建人员掩体。……600 米处有一条沙俄步兵封锁线，这两天一直不断地向我方打乱枪，让我们心烦意乱。我们的狙击手将他们一个接一个地消灭，最终只剩下哨兵（很少开火）和一堆木质的十字架（标记伤亡人员）。

5 月 22 日，夜间，防御工事不断改进……后方树林里的战友也开始为支援部队修建大型掩体，战壕同时修建至前沿阵地。

5 月 23 日，部队开始修建我和瑙曼少尉（Lt.

Naumann）的大型掩体工事，其位于我方战壕后几步远的地方。直到现在，我仍然与机枪排一起睡在我的观察哨掩体内。我已将照片进行分类与标记……以便随时拿取。

5 月 24 日，第一次露天弥撒在战壕后面几百步的树林里举行；景色迷人、阳光明媚的早晨——充满五旬节⑦的气氛。晚上，我们移至精心修建的新型军官掩体内。一块原木隔板将其分成两个隔间；铰接式窗户、原木地板以及用长满苔藓的树干做的双层床。我睡在上铺，我的侍从睡在下面……桌子下面摆有橱柜、长凳，甚至还有鲜花！

意大利宣战了！

5 月 25 日，基本上很安静，特别在白天。敌人只喜欢在黎明时分发起进攻；通常会进攻我们左边以及更靠右侧的铁道岗亭附近；中心正前方——看不到任何东西。

5 月 26 日，早上 6 点，第二次露天弥撒在我们阵地后部的树林里举行。总体很安静，偶尔有一颗子弹飞过树林，射到树干上。

5 月 27 日，尽管没什么人，但我们整个阵地依然防守严密。工兵继续在无人区修建障碍物；还可使用照明弹。

5 月 28 日，天亮时，我在战壕前方美丽的小溪里洗了个澡。在穿衣服时，有个沙俄哨兵发现了我，朝我开了几枪。我迅速穿好衣服离开。

5月29日，因为这几天频繁的炮火（一天三次！），我们将机枪排阵地的隧道顶部加盖了一层。晚上，我们又加固了胸墙。

5月30日，这几天，我们两次收到通知，普切米兹（Prcemyzls）已被攻陷，但必须将其夺回。总体是个好消息，士气高涨，伤亡较少。然而，我们的兵员数量比沙俄少，且没有预备役士兵，因此必须时刻保持警惕。

5月31日，不眠之夜。我们没有对沙俄步兵的射击进行反击，以节省弹药，显然他们也不会发动进攻。这几天里，我们遭遇到相当多的炮火，但没有造成任何损失。

6月1日，预感不妙！我派遣勤务兵……将所有不必要的行李送回马群处。晚上，我们收到撤退的指令（延迟送达）。我将机枪排转移至那四座房子。位置很糟糕，既然来了，只好按指令停留在那里。

6月2日，第3蒂罗尔猎兵团正向我们右侧撤回；大约上午11点，沙俄大规模进攻；被我们轻松击退，但右侧我们的队伍从树林里撤退；而且沙俄士兵紧随其后，就在我们后方。子弹已经上膛，但为时已晚。

盖苳的日记用简洁而单调的语言，记录了他人生的下一个重要转折点：1915年6月2日在尼斯科－瓦乔利（Nisko-Wacholy）地区被沙俄军队俘虏。按照《奥匈帝国的最后一场战争（1914~1918）》的作者所说，当加利西亚终于再次被奥匈帝国夺回时，哈布斯堡军队进行了大举进攻，敌人据说只是从"蠢货"当中招募而来，而盖苓所属的第四纵队只是负责在桑河岸边"清理个别沙俄的巢穴"（第381页）。不管怎样，1915年7月3日，他无法亲自领取奖励其功勋的三等军功章了，这是盖苓在获得两次"嘉奖"的基础上被授予的，晋升为中尉的消息也在几个月后才传到他的耳中。

注释

① 二元君主国，又称双元王国、双元帝国，是一种政治体制，意指两个分开的王国，由同一个君主来统治，并采用一致的外交政策、相同的关税，以及拥有同一支军队，但是在对内的其他事务上，则采取分别自治的形式。最典型的二元君主国，为 1867 年至 1918 年的奥匈帝国。

② 奥匈帝国也被称为多瑙河帝国。

③ 罗塞尼亚人是指曾经臣属波兰、奥地利或奥匈帝国的乌克兰人（或小俄罗斯人）。

④ 小俄罗斯指乌克兰。沙皇俄国统治时期，为了拉近双方关系，其大量使用"小俄罗斯"一词指代乌克兰。

⑤ 盖苓的自创缩写，推测为 Infanterie Verpflegung Kolonne。

⑥ 胸墙是指为了便于射击和减少敌人火力可能造成的损害，在掩体前面和战壕边沿用土堆砌起来的矮墙。

⑦ 天主教礼仪规定，每年复活节后第 50 日为"圣神降临节"，又称"五旬节"。在圣神降临节的庆典中，天主教弥撒祭服为红色，依照教宗依诺森的解释，红色可让人联想起圣神降临时充满神奇力量的火舌形象。

第三章　被俘虏

"一战"战俘的集体创伤记忆

　　战俘被囚禁的生活条件是令人难以想象的。即使已经历了严酷的战争环境，战俘生活对盖苓来说也是难以忍受的，这对他是身体和精神上的极大考验。和前几个月一样，盖苓被俘期间也一直在袖珍日记本上坚持记日记。战俘会被反复搜查，所有写下的东西都要被没收。这个小本子的好处是，他可以很轻易地把它藏起来，比如藏在大衣的下摆里。在被俘的头两年，他几乎每天都要记录一次，后来写日记的次数减少了。日子在相对单调中度过，日记的"素材"也随之越来越平庸。直到俄国十月革命爆发的这一阶段，盖苓经历了白军和红军之间的战斗，甚至不乏一些密切接触，他的生活才摆脱单调，他更频繁地写日记。然而，这一时期可能太过混乱，以至于盖苓有时在几个月后才凭着记忆进行回述。因此在某些情况下，笔记就显得有些凌乱，例如盖苓会在同一日期写下他的两段经历（见图52）。

　　我们还可以通过几份前战俘回忆录粗略了解此前他们被沙俄关押的情况。这些记录有的在战争期间以"报告文学"

的形式发表，有的则在战争
结束后或战俘被释放回国
多年后发表。多数情况下，
被囚经历常以文艺小说的
形式呈现，如著名艺术史
学家朱利斯·迈耶－格拉
斐（Julius Meier-Graefe）
的作品《茨切尼克》（*Der
Tscheinik*），该书于 1918
年出版。在战争中被俘或战

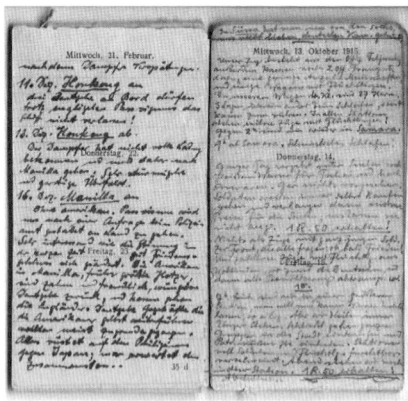

图 52　日记页面

败被普遍视作一种严重的羞辱，由此产生了强烈的个人乃至
集体对战争的心理回避需求，这种心理对这些虚构作品产生
了重要影响，许多参战者必须克服这种羞辱感才能讲出自己
的遭遇。需要注意的是，这些回忆录几乎无一例外地来自军
官。他们的囚禁条件比一般士兵要好得多，因此，他们发表
的这些作品肯定不符合大多数被俘士兵的经历。直到最近，
才有一些节选的且经由亲属修改过的普通士兵的日记出版。

　　今天我们能看到的这些原军官作品，在语言和思想上表
现出迥然不同的水平，有些还会带着令人难以理解的伤感。
因此，这些出版物的史料价值就受到一定限制，即本来就局
限于军官的视角，而为了描绘被俘状态所带来的心理变化，
他们的观点又非常主观。

　　类似的集体心理创伤矫正机制，也可见于部分非虚构日
记的出版。出版方往往会对这些作品进行编辑加工，不仅校

正原始记录中的书写错误，而且还会对每段日记的写作风格甚至内容进行根本性的改写。

战后最有名、受众最广泛的出版物之一是伯哈德·布赖特纳（Burghard Breitner）的作品，题目是《没有受伤的战俘》（*Unverwundet Gefangen*）。这部作品有多个版本，生动地描述了布赖特纳在各战俘营充任医生的经历，最终的重点却是他作为战俘的屈辱和绝望。这种绝望既是可悲的，也是沙文主义的。布赖特纳不断地"被羞耻感所窒息"（第 75 页），并让读者了解其精神困境："这些日子里，当我审视自身的伤口，审视那些让自己无力抵抗的伤口时，我多少次不得不疲惫地把自己从支离破碎中重新拼凑起来。"（第 88 页）在这种羞耻感之外，他补充道："也许再也不能站在战场上了，再也不能亲身经历，再也不能证明我已经做好了牺牲的准备，再也不能体验最后一搏之后、灵魂自由所带来的欢喜。"（第 90 页）布赖特纳作品另一个令人吃惊的特点，是他对沙俄的无比仇恨，他对他们用尽所有粗言秽语："我认为所有那些有幸活着离开这个国家的人都应肩负这样的使命：播下仇恨的种子，让子子孙孙对这个自称为'国家'的野蛮部落的那些恶魔充满仇恨。"（第 113 页）

另一个作品读起来给人感受完全不同。弗朗茨·卡纳（Franz Karner）的作品《东西伯利亚：战俘营的生活和活动》（*Ostsibirien: Das Leben und die Tätigkeit in einem Kriegsgefangenen-Lager*），早在 1917 年就出版了。它先是记录了战俘在转运过程中得到了不错的食物，以及战俘营配备的基本物质条件，接着卡纳又描述了军官们在被关押期间打发时间的活动。他写到了音乐和戏剧表演，体育活动，以及军官们可以继续深造的众多课程，可供选择的书籍等。最后，他甚至还提到了战俘们培育的花园。虽然这些活动基本上都能被证实，但卡纳的描述却显现出一幅令人讶异的美好景象，起到很强的美化作用。意识到这一点，连卡纳自己都不得不说："为了不被误解，必须再次强调：任何人都不会羡慕战俘生活。"（第 48 页）最重要的是，卡纳承认，他刻意在日记中忽略了一些事情，以避免尚未回家的战俘亲属担心。因此，他的作品读起来有点像对在条件差些的温泉旅馆度假的报告，第一次世界大战及其所有的恐怖和严重后果都沦为背景，只是这个"温泉旅馆"的附属场景。

相对于这些战俘文学，盖苓在被囚禁期间的记录所表现出的镇定克制显得几乎格格不入。他的战俘日记与战地日记语言风格相似，采用一种平实、冷静，有时甚至是疏远的态度来报告周围的事件。与其他已出版的日记相比，盖苓避免了冗长的阐释，因此对情况的描述不那么生动形象，简洁精确得像是一纸合同。在内容上，营地生活的某些方面被遗漏或根本没有提及。例如，只有极少篇幅摘录暗示了他因长期监禁而承受的压迫感，这种压力主要表现在对同狱战俘的某种暴躁情绪上。然而，这种巨大的心理压力，也只流露于与前战友的通信中，他自己的笔记则没有体现这些。在盖苓的日记中，他多次表达了对妻子和女儿的担忧，不过也只是寥寥几行，因为文字根本无法表达他对家人的思念。

艾尔莎·布兰德斯特伦（Elsa Brandström）在 1927 年出版的《在沙俄和西伯利亚的战俘（1914~1916）》（*Unter Kriegsgefangenen in Russland und Sibirien 1914–1916*）中为我们提供了对西伯利亚战俘营真实情况的出色见解。作为一名护士，艾尔莎·布兰德斯特伦在各个战俘营中辗转度过了五年半的时间，一部分是私人的，另一部分是作为瑞典红十字会的代表，通过这种方式她获得了关于战俘营的真实印象。布兰德斯特伦的叙述固然因没有引用任何参考资料而受到批评，例如没有引用统计数据，但时至今日，几乎没有任何关于沙俄战俘营的研究可以绕过布兰德斯特伦这部著作。相比之下，2000 年乔治·沃茨尔（Georg Wurzer）的论文《第一次世界大战德奥同盟在沙俄的战俘》（Die Kriegsgefangenen der Mittelmächte in Russland im Ersten Weltkrieg），引用参考了大量相关书目，从更高的历史维度对"一战"在俄战俘状况进行了深刻的分析。

关于盖苓战俘岁月中的个人命运，他的儿子弗兰茨提供的资料具有决定性意义，他寄来的信件中对他父亲后来人生阶段的叙述，为重新评价那段岁月作出了重要贡献。

"战争秩序"和战俘的现实情况

战俘的待遇在《海牙公约》（Haager Landkriegsordnung）中有所规定，几乎所有参战国家于 1907 年签署了该公约。此外，鉴于战俘数量迅速增加，沙俄军方高层多年来颁布了一系列更为详细的管理规定，但其中一些规定并没有传达到偏远的营地。因此，西伯利亚战俘营各营区的管理完全取决于指挥官的个人意志，各指挥官对自己营区的管理方式也不尽相同。正如布兰德斯特伦所叙述的那样，营地指挥官，要么是"因超龄或完全丧失战斗能力而无法再在前线作战的现役军官，要么多半是因怯于前线作战而设法争取分派管理战俘营的预备役军官。随着战争的进行，越来越多的预备役军官来自没有受过教育的阶层，许多新被任命的营长都出身于这一阶层"（第57页）。酒精在营地指挥官和卫兵的生活中扮演了重要角色，后来披露的许多文件都证明了这一点。虽然沙俄全国禁酒，但守卫们显然知道如何私下得到烈酒和廉价伏特加。过度饮酒往往影响了他们的行为，他们对待战俘肆意妄为、残忍酷虐。

事实上，对战俘生活条件影响很大的是，沙俄当局远没有为接收如此大量的战俘做好准备：总共约有290万名参战人员被沙俄俘虏，仅在住宿方面，对后勤部门就是一个巨大的挑战。此外，由于全国各地的食品供应问题日益严重，难民营的伙食状况越来越差，这也使本就艰难的本国士兵和平民的日常生活保障雪上加霜。

为了规范被俘官兵的待遇标准，沙俄专门制定了一些条例，军官的待遇与士兵大不相同。很多适用于较高军衔的待遇，都可以在盖苓的日记中体现。

1.为了运送军官到营地，必须为他们提供二等或三等马车。

2.在被送往战俘营的途中，所有人都能领取"每日津贴"，军官得到的津贴要比士兵多得多。到了营地后，士兵们只有大锅饭吃，军官们可以自己做饭。因此，沙俄仍要向这些军官支付固定津贴。

3. 军官与士兵被分开，分配到各自的生活区。事实上，有些军官住在沙俄军官的宿舍或私人公寓里，前提是他们要立下誓言，不能到特定的区域范围外活动。士兵们最初被安置在沙俄士兵的营房。这些建筑的容量远远不能满足巨大的需求，因此征用了越来越多的其他建筑替代，包括工厂、监狱、马戏团建筑、马厩、学校校舍等。随着战争的推进，军官和士兵也被安置在这些建筑中。西伯利亚通常没有较大的建筑物，士兵们常常只能住在臭名昭著的简陋窝棚里："它们是深至地下 1.5 米~2 米的土坑；坑壁上覆盖着横梁，横梁高出地面一点，构成屋顶的支撑。地面上狭窄的窗户让光线几乎无法进入。冬天，当雪贴着墙壁堆积的时候，营房里比较温暖，但也比较黑暗。屋内家具由两到四块木板搭成。"炉子是有的，但永远没有足够的燃料，也几乎没有照明用的煤油。（布兰德斯特伦，第 46 页）

4. 军官与士兵不同，不用参加劳动。《海牙公约》第 6 条规定："除军官外，国家有权根据战俘的等级和能力使用其作为劳工。"

5. 即使在监禁期间，军官们也被允许保留他们的"小伙子"，即他们的勤务兵。

6. 军官获准佩戴军衔徽章。然而，营地官员却屡屡禁止战俘们佩戴这些身份的象征。他们为了惩罚对方或仅仅是出于怨恨，将徽章从对方制服上撕下来。这对那些被俘军官来说，是极大的羞辱。

西伯利亚的五年岁月

被运往战俘营的漫漫之路

盖苓和战友们被俘后，先是被送到沙俄境内，然后来到一个火车站，从那里被运往基辅，几天后经西伯利亚铁路被转送至内陆地区（见图 53）。

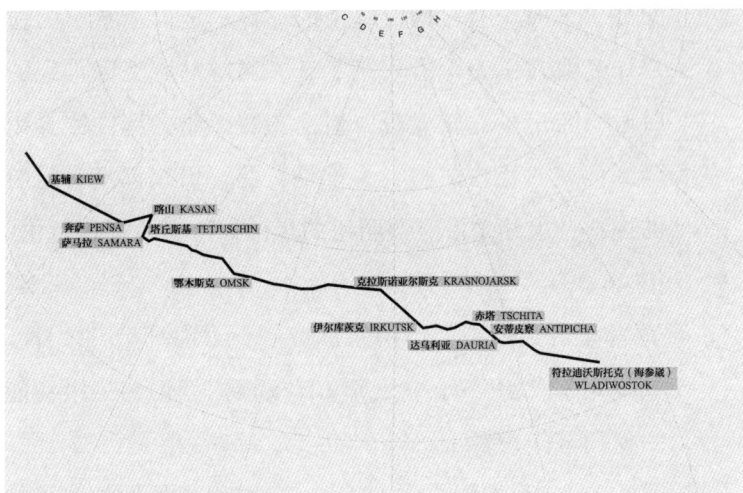

图 53 运送战俘的路线示意图

盖苓对被关押的头几天描述如下：

> 1915 年 6 月 3 日，11 名候补军官和 5 名军官在兹迪亚里（Zdiary）的谷仓里过夜。到目前为止，沙俄还算不错。单独审讯过每位军官之后，我们大约在下午 4 点开始行进。夜幕降临前抵达奥尔迪纳基（Ordinacky），在谷仓及院子里临时宿营，随后包括照相机在内的大部分私人物品被没收；没有提供食物。

1915 年 12 月 18 日的一封信中显示，盖苓希望把自己被没收的财产寄还给他的家人。在这封信中，他问母亲"我那满满的行李箱、装着日用物品的背包、装着两张毯子的睡袋、我的左轮手枪和装着全套鞍具的包裹以及马毯"是否已经到了。

> 6 月 4 日，大约上午 11 点出发，没有食物；长途行军；哥萨克骑兵看守［使用马鞭打了盖德博士（Dr. Geinder）！］；沿途停下来洗澡。晚上，被分配至亚诺夫（Janow）的一所监狱里，据说在最近一次流行病期间，这里曾是隔离点。在坚决抗议之后，我们被安排到一所私人住宅中（没有勤务兵）。
>
> 从 6 月 5 日起，我们向弗兰波尔（Frampol）行军；收到 1.5 卢布；9 名军官被分配到一间房屋内。
>
> 6 月 6 日，早上 6 点左右队伍出发，行军路程长达

30公里。许多地方的村民都奉命修建具有监禁功能的拘留场所……博格少尉设法逃跑，但失败了，这给我们所有人都带来了严重后果。

6月7日，上午8点左右出发；5名军官乘一辆马车；看管比之前更加严格；正午时分抵达尤泽夫（Jozefow）。我们住在房屋内，但没有稻草；没有勤务兵。收到75戈比。

6月8日，快到中午时，我们才出发；5名军官乘坐一辆马车。这一路长途跋涉、尘土飞扬；太阳落山时，我们抵达托马斯乔夫（Tomaschow），被安排在兵营里，还分配了一些长满虱子的稻草。当地驻军正向……移动，这意味着沙俄的情况不太乐观。

6月9日，我们一整天都停留在托马斯乔夫；多日来第一次吃午餐；随后再次接受审讯；收到1.5卢布；返回糟糕的营房过夜。警卫甚至不让我们离开房间，直到主管军官到来后，我们的处境才得以改善。

6月10日，大约早上8点见到了当地指挥官，我们在那里收到了1.5卢布，并被安排进4辆马车。公路上正进行大批战俘的转移……临近傍晚，我们抵达萨莫兹（Szamosz）；同下属士兵们一起被分配到营房；没有食物，也没有洗漱的水。

6月11日，中午，我们第一次在当地餐馆吃饭，随后登上当地窄轨铁路上的敞车①。晚上抵达克拉斯内斯塔夫（Krasnostaw），被安排进当地营房。

　　6月12日，我们在餐厅吃午饭。下午继续乘坐敞车前进；克拉斯内斯塔夫的一位老上校是唯一正直的军官。晚上抵达海乌姆（Chelm）；被安排进兵营。

　　6月13日，街对面是地区法院，发生了有趣的事件。我们见到许多军官，垂头丧气地被送往前线服役。晚上，我们在铁轨旁等待了6个小时之后，登上了一列火车。

　　6月14日，我们清晨抵达科维尔（Kowel）；住进一个空房子里；见不到指挥官也说不上话；既没有食物，也没有钱。

　　战俘从科维尔被运到基辅，那里有一个跨西伯利亚铁路线的停靠站。所有战俘都被集中在两个集体营地，然后被送到内陆和西伯利亚的各个小营地。沙俄西北前线的战俘，主要是德国军人，他们被送到莫斯科附近的一个营地，而在沙俄西南前线作战的奥匈帝国军官和士兵则被带到基辅城外几公里的一个要塞。

　　在从科维尔开往基辅的火车上，盖苓又遇到了供应问题。原则上，被俘军官有机会在火车站获得食物供应。这就可以理解，为何盖苓即使在日记字数最少的时候，也总惦记着是否收到"津贴"，因为这些钱款是他在战俘营生存最重要的先决条件。然而，战俘们往往根本没有收到钱，看守有时也会阻止他们下车到车站去取食物。卫兵们提出可以为他们有偿跑腿取食物——要价高到很多人支付不起。但至少各站都有热水，让战俘们可以泡茶。

　　6 月 15 日，科维尔。大约凌晨 2 点，我们被叫醒，并被押送至火车站。凌晨 4 点左右，他们试图安排我们乘坐运牲畜的车厢，但最后将我们分配到四等车厢。大约下午 4 点，我们终于开始转移。四等车厢的布局可谓非常实用！

　　最后一句话听起来简直是讽刺，埃达乌德·斯托斯（Eduard Stoss）在《西伯利亚的战俘》（*Kriegsgefangen in Sibirien*）中也提到沙俄"极其实际地建造了四等车厢"。[1]

　　6 月 16 日，我们经由罗夫诺（Rowno，南线）前往基辅。守卫们无论在哪儿都想敲诈我们。没有食物；他们提供给我们的东西都是正常价格的两倍。不允许我们自己出门采购食物。

　　6 月 18 日，（在基辅的第一天）早晨，我们抵达基辅。病人和伤员都被隔离，包括博格少尉。队伍向总部要塞行军。他们再次进行带有冒犯性的搜身，搜查任何有价值或有用的东西。因为进行了投诉，我和霍利策尔候补军官（Fähnrich Hollitzer）被单独关押在中央警卫室。

　　根据当时的规定，如果被俘军官不同意沙俄军事指挥部或卫兵采取的措施，可以提出申诉。大部分的投诉都是关于

1　E. Stoss: Kriegsgefangen in Sibirien. Wien o. J., S. 79.

军官的权利被无视的。举例来说，他们抱怨宿舍不够用、火车车厢不够用或被禁止佩戴军衔徽章。盖苓进行投诉，这是他的典型风格，但从他的日记条目中看不出是什么原因。起码在指挥部看来，他的"反抗观念"似乎太过分了，因此被处以10天监禁。

　　6月19日（第二天），我们两个人住在一个小房间里；这是迄今为止最好的住宿条件了。我们不允许带勤务兵；一无所有。一位同被拘留的沙俄军官给了我们一些肥皂和毛巾。

　　6月20日（第三天），我们试着通过两份废报纸学习一些俄语；桌上和墙上的涂鸦也都有所助益——心情很好。

　　6月21日（第四天），我趁着清晨的阳光，在大楼前散步一个小时。尝试与沙俄军官进行沟通。霍利策尔与我分别被关押了5天与10天，以示惩戒！

　　6月22日（第五天），我再次获准在房屋前散步。上尉来了，允许我使用德语编写的教俄语的教科书。晚上，遵照一位沙俄军官的要求，我可以搬到隔壁一个小房间里。

　　6月23日（第六天），申请俄德教科书被拒。下午3点半，霍利策尔被接走，离开了这座监狱。根据涂鸦（尤其是书桌抽屉里的）判断，几名奥匈帝国军官曾被关押在这里。

6 月 24 日（第七天），房间门不再上锁！无论白天黑夜，有只白猫常常来和我做伴。唯一可利用的书《最后一个学生》（*Der letzte Student*）以及几份俄文报纸已经被我翻看多遍（至少要学会俄语字母表）。

6 月 25 日与 26 日（第八、九天），这些日子千篇一律，枯燥无味。透过我的窗户，可以看到庭院，四周全是高墙，战俘们可以在院子里散步一个小时。两棵大树矗立在院子中央，高与天接，景色宜人；然而，两树中间有一条花园长凳和一个绞刑架，影响了这一丝好心情。战俘们在这些设施周围闲逛，似乎依然心情不错。院子里空无一人时，只有值班的哨兵像时钟一般在我的窗前走来走去。沙俄报纸承认伦贝格已重新被奥德军队占领。因此，我们身边的沙俄军官看起来好像有些沮丧。

6 月 27 日（第十天），我一件接一件清洗我的衬衫、手帕和袜子，以打破单调乏味的生活。下午，我被押送离开"惩戒监禁处"，转入某个军官宿舍。除了医生之外，我的同囚者都离开了。我购买了一本俄语语法词汇书。

6 月 28 日（第十一天），基辅内部要塞地区的高墙后有一个很美的花园，适宜散步。下午，我们为搭乘火车做准备。走了 7 公里后，队伍到达要塞地区以外的一个火车站；三等车厢非常舒适。一等机枪兵麦尔（Gewehr-Vormeister Mayer）也曾在基辅待过；他现在与我同行，担任我的勤务兵，我们一起在塔丘斯基（Tatjuschi）度过了一周。

6 月 29 日，下午，我们抵达库尔斯克（Kursk）火车站。所有的斯拉夫军官和士兵们都在这里与我们分道而行，朝另一个方向前进。我们其余人员将继续乘坐三天的火车，直到奔萨（Bensa）。沙俄正在招募新兵——看上去虚弱无力。镇上是否驻扎着 5 支日本军队？②

沙俄认为奥匈帝国的斯拉夫部队是友好的，斯拉夫人被俘后通常不会被运到西伯利亚，而是被安置到沙俄的欧洲地区。这一措施是为了将斯拉夫俘虏"再教育"成为沙俄臣民，以填补沙俄兵力的不足。另外，沙皇军队也得到了来自其他国家的同族增援。在战争开始时，许多捷克人就已经在对抗斯拉夫"兄弟国家"塞尔维亚及沙俄的斗争中产生了认知上的挣扎，在战争的前几个月，特别是在 1915 年，奥匈帝国皇家军队不得不应付大量投奔沙俄军队的人。

在约 200 万沦为沙俄俘虏的奥匈帝国皇家军队成员中，约有一半是斯拉夫人。鉴于这个庞大的数字，区分斯拉夫人和非斯拉夫人的工作难度可想而知。一方面，这项任务意味着额外的行政负担，沙俄军方行政机关无力承担，特别是在 1914 年底和 1915 年初，战俘的数量达到了难以想象的程度。另一方面，由于"多瑙河帝国的巴别塔③"式语言混乱，彼此语言不通，沙俄军方难以完全辨别'斯拉夫兄弟'"。盖苓后来多次提到斯拉夫俘虏，他们无法享受原定的特权，只能待在遥远的、物资匮乏的西伯利亚营地中。

6月30日，俘虏运输分几个阶段继续，经奔萨向喀山进发。

7月3日，我在发高烧。吃了一些阿司匹林，整晚都大汗淋漓；大概是得了某种流感。下午抵达皮亚斯布卡（Pyacebka），我们获准在车站餐厅用餐。

7月4日，所有车站都聚集着成群结队的旅客，身穿五颜六色的乡村服装，展现出浓郁的东方特色。非常惹人注目的是，很少见到青壮年男性，只有男孩和老人。承担铁路和田间体力活的几乎只有年轻姑娘！

7月5日，凌晨5点抵达喀山；我们临时在一个破旧的啤酒厂扎营，共安顿了100名军官；虱子和臭虫猖獗，夜间令人非常难受！没有食物，没有钱！

7月6日，俘虏们被蒸汽船从伏尔加河上带到塔丘斯基的战俘营，他们在那里待了几个月，第一次经历了战俘营的日常生活。军官们被安置在一个原先是茶馆的地方，盖苓在8月9日和10日的日记中记录："晚上的噪声令人烦躁不已，所有的战俘都在睡梦中呓语甚至大喊大叫，显然是神经紧张的结果。失眠时，可以听到个别先生在睡梦中跟说梦话的人交谈！"

由于军官们被免于义务劳动，在营区内不用承担任何职责，甚至连打扫、清洗衣物等个人琐事也由"小伙子"们完成，所以军官们每天的生活都是平静无聊的。许多人因极度失眠而出现不安、焦虑和易怒的情况，这种情况后来被称为"铁丝网病"。后来，盖苓在9月29日的日记中记录了这种情况。布兰德斯特伦也描述了类似情况："这种极度神经质的状态让战俘们对每一句无伤大雅的言论都刨根究底，荣誉感一旦遭到冒犯就要寻求补偿。因此，出现了无数为荣誉而战的情况。他们订立最详尽的协议规范彼此的行为，并打算以后坚决执行。"（第92页）

也有很多人像盖苓一样，积极参与以足球为主的体育活动，学习外语或用其他活动来打发时间：

> 8月4日和5日，每位俘虏热衷的活动大不相同。许多人学习语言，尤其是法语和俄语；也有许多人练习速记，其他人则忙着不停地练习速写；国际象棋非常受欢迎，一楼的一个人正在努力练习小提琴。几位先生聚在一起，对从不同渠道获取的沙俄报纸进行翻译，并据此发表公报。晚上会读到最新发表的公报，这让每个人都万分开心。我们借此了解到我方战友们取得的军事成就，这也为枯燥乏味的日子增添了一些动力！

但即使是这些丰富多彩的活动，也无助于应对单调的营地生活。因此，每天的散步就成了大家渴望已久的消遣活动，但也正因如此，卫兵们以各种理由一再禁止大家散步。"斯塔西"[④]，即最年长的卫兵，也是在营地中有重要地位的人，常常试图敲诈小费。但更多的时候，卫兵们喝醉了才会故意刁难。大概由于德军在战争第一年的1914年8月前后在坦能堡（Tannenberg）战役和 1914 年 9 月的马苏里安湖（Masurischen Seen）战役中取得了胜利，他们对德军军官做出了特别惩罚。

> 8 月 1 日和 2 日，我们在每个旧月 20 日（儒略历）[⑤]会收到津贴。7 月份，我收到 50 卢布，6 月份在喀山被单独监禁的那段时间里收到了 11 卢布 7 戈比。德国军官得到通知，他们的零用钱预计不会超过 28 卢布以示惩戒，然而事实上，这个月他们只发了 18 卢布。我们立即组织捐款，除了斯拉夫营房中的两名军官外，每个人都心甘情愿地进行捐助，我们尽可能多分给 6 名德国人，使他们得到与我们相同的津贴！

除了令人窒息的无聊之外，生活空间过于狭小对战俘来说也产生了很大压力，失去隐私常常引起争吵和小冲突。盖苓也饱受强制性群居生活之苦，只要有可能，他就会尽量为自己争取单间或最多与一名军官同住一屋。

在所有的心理压力外，害虫侵扰也是营地生活中面临的一个严峻挑战。营地的战俘尤其饱受虱子和臭虫之苦，军官由于不必住在受污染的集体宿舍里，受到的影响比士兵要小些。加上十分糟糕的卫生条件，害虫还经常导致斑疹伤寒的暴发流行，大量战俘因此而病亡。

盖苓在日记中记录了他在各个战俘营辗转停留的情况，揭示了一个与今天的战俘营概念相矛盾的令人不解的现象：

被俘军官可以自由地前往附近城镇购买报纸和食物。盖苓还记录了一次在附近小镇上看牙医的经历，然后又去购物，去邮局查询是否有回信。此外，读者甚至还可以在日记中读到盖苓曾购买裘皮大衣和书籍等情况。军官们还"搞"来一个足球，正如盖苓1915年8月的一篇日记中所述：

> 8月11日和12日，天气持续恶化，几乎每天都伴随降雨与低温。我们设法从喀山购买了一个真正的足球，如今每天有两个小时的练习赛。几乎每个人都参加了，起初几天，我们大多数人都因为肌肉酸痛而无法站直。
>
> 8月14日至16日，从报纸上摘录下来的来自前线的好消息鼓舞着我们大家。由于战绩斐然，有人不禁猜测帝国即将与沙俄停战，并允许我们返乡。

盖苓这篇记录的背景是，1915年5月初盖苓参加过的塔尔努夫 - 戈尔利采战役胜利后，7月1日德奥同盟发动了大规模攻势，攻占了华沙、布列斯特 - 利托夫斯克（Brest-Litowsk）、格罗德诺（Grodno）和维尔纽斯 ⑥（Wilna）。盖苓描述这次进攻在被俘的德奥军官中产生的反响时，用了这样一段话：

> 在这种局势下，人们分成两个阵营：悲观主义者和乐观主义者；他们正陷于激烈的辩论中。有趣的是，通

常在报纸刊登重大事件的前几天，当地的鞑靼商人就会向我们通风报信。总而言之，鞑靼人似乎既不支持沙俄，也不支持政府。事实上，严格执法的当地警察机构才是控制局势的真正力量，连我们的卫兵似乎也对警察心有余悸。

8月17日，来自家里的第一条消息！从布加勒斯特传来，有两张梅迪寄来的明信片和一张来自恩斯特的明信片，其中还有两张梅迪的照片和一张女儿的照片。令人高兴极了；尤其是梅迪看起来脸色很好。接下来几天，我一直在看明信片，并期待收到更多的消息。收到这封邮件的第二天，我就写下了第一封信（见图54）。

图54 赫尔米娜（梅迪）和女儿玛丽亚·玛格丽特（玛雅）

8月18日和19日，为了纪念皇帝（弗朗茨·约瑟夫一世）的85岁生辰，我们举办了一个小型庆祝活动。我受邀在晚上发表了一个简短的演讲，随后为了让匈牙利同僚听懂，再由一位同事用匈牙利语演讲一遍。我们用一种叫作格瓦斯（用黑面包和葡萄干酿造的饮料）的可怕饮料相互敬酒，之后演唱了奥地利、匈牙利以及德国国歌。最后阅读了几篇振奋人心的前线报道，为此活动画上了圆满句号。看守我们的卫兵队格外谨慎；斯塔西在场时间最长。

8月21日和22日，看到那些死里逃生的军官，其中大部分都伤势严重、肢体残缺，但依然像孩子一般享受生活乐趣，令人既悲伤又感动。我们宿舍里住着：

候补军官普拉泽（Fähnrich Pratzer）（一颗子弹正中头部）失去了一只眼睛，直到最近另一只眼睛才能看到微弱的光线；

少尉奥伯沃格（Lt. Oberwöger）（右脚中弹），脚始终完全僵硬；

中尉格罗曼（Oblt. Grohmann），腿部截肢；

一名少尉下颌骨全部粉碎，完全毁容；

另一名少尉共17处中弹，经过几个月的治疗，看起来仍然非常痛苦，勉强撑着棍子行走。

8月24日，在进行足球训练时，我的右膝关节再次扭伤；右脚肿得厉害，我不得不敷药在床上躺了几天。暂时不能踢球了。

8月28日，根据俄罗斯帝国战争部（Russischen Kriegsministerium）的公报，我们再次获准佩戴和露出象征军衔的徽章与勋章；极为恶劣的羞辱行为将不会再发生，我们立即重新将徽章戴于军服之上。

8月29日，我收到了母亲寄来的第一张明信片（卡片中提到我被授予了三等优异功勋，还附有军功章）。未再收到梅迪的消息；可能是因为边界上设有某些关卡——出于政治原因？

8 月 30 日，我们继续努力学习语言。早上先用贝立兹（Berlitz）教学法 ⑦ 学习英语，随后学了很多法语，直到午饭时间。下午我们还会学点俄语。但是，我们从未放弃散步和足球锻炼。

9 月 1 日，我的腿仍不太舒服。此外，因冬季流感，我的肠道炎复发了。

我正在阅读阿图尔·霍利切尔（Arthur Holitscher）的游记《美国的今日与未来》[1]，由柏林费舍尔出版社（Verlag S. Fischer, Berlin）出版。这本书就办公室、工厂以及学校建筑类型应用方面提供了耐人寻味的观点！也包括美国的一些标志性纪念建筑的信息。

此处提到的阿图尔·霍利切尔的《美国的今日与未来》是盖苓战俘营日记中为数不多谈到专业的地方，也是盖苓在被俘初期关注建筑学的唯一证据。霍利切尔在考察美国期间参观了工厂，特别是芝加哥的工厂，并批判性地描述了那里的工作条件，但他却非常推崇美国的教育系统。盖苓提到书中的纪念性建筑，都是各个城市的低质量小尺寸建筑照片。虽然盖苓在日记中对它们表示了一定的兴趣，但从他后来在监禁期间所创作的素描和速写作品中，无法判断出他对它们

1 A. Holitscher: Amerika heute und morgen: Reiseerlebnisse. Berlin 1912 (3. Aufl.).

是否有更深入的研究。不过至少证明了盖苓当时一定苦于缺乏专业文献，所以连这本对建筑师来说相当不起眼的小册子也让他颇有兴味。然而目前他面临着更为棘手的问题：

9月2日（沙俄东正教教历8月20日），我们收到了50卢布的津贴，并必须提供俄文收据，附上个人签名。——我们的军服上仍然禁止佩戴奥匈帝国、德意志帝国或土耳其的军事徽章！

9月4日至6日，我的腿仍未好转；因为膝盖内有大量积液，无法正常行走。我需要保持不动，因此我大部分时间都待在房间里。医生开了一些碘软膏，但处方上必须有沙俄医生签名才能从斯塔西那里取药；然而，这条渠道似乎行不通（因为过度索要小费），所以我只能将就熬过去了。……相当无聊；并且天气越来越不好，阴雨绵绵、寒冷刺骨。家里也未再传来消息。

9月7日，母亲发来了一封电报，但内容写得不太明白；电报上说格蕾塔已经前往布加勒斯特。这一点以及梅迪长时间的音信杳然使我非常担忧，我马上察觉出小家伙（玛雅）的情况一定不太好。可惜的是，没有任何消息。

9月8日至14日，在两天乏味的等待之后（在此期间，我们的日常散步均被取消了），之前提到的将军出现了。［科马罗夫将军（General Komarow）！他将接替现任地方行政最高长官的职位。］他看起来颇令人尊敬，他的问询显示出他有意改善我们的状况。我们的住宿条件较差，而且塞满了人。我们看到了希望，但愿有个好结果。然而，我们接到通知，因为视察还未结束，今后几天也将禁止散步活动。最后来了一位沙俄少尉，他显然已不适合打仗；他如今将替代之前的主管上校，负责看管我们。我们希望有机会立即表达我们的诉求：恢复日常散步。

但事情变得越来越艰难。如今，卫兵们将门全部上锁，甚至连勤务兵都不准外出购物。每天只有一名军官可在卫兵的陪同下出门采购。他们甚至禁止勤务兵从上校专用的水井里打水，我们只能饮用自己院子里遭到严重污染的水（距离化粪池 3 米，甚至还不到 3 米远！）。最后还听说，因传闻我们会有处庭院，所以散步将被完全取消。这处庭院大约宽 7 米，长 18 米，院里有厨房和储藏室，两个厕所，还有化粪池、渗水坑，那里弥漫着它们散发的恶臭味。每个人都非常沮丧，有些人已经开始恶心作呕。我们几乎收不到信件，明信片也很少送来。沙俄军官似乎对我们毫不在意，因此，我们必须完全服从卫兵尤其是斯塔西的恶意和索贿行为。两名战俘在鞑靼人（房主）家中进行蒸汽浴时，发生严重的一氧化碳中毒事故。

9 月 16 日，恩斯特寄来的第一批书已经送达，里面还附有歌德（Goethe）和席勒（Schiller）的书信集，以及一本俄语语法书。我终于收到了新消息，但遗憾的是依然没有家里的信件。转天进行语言学习时，我分出几个小时学习罗马尼亚语。

《海牙公约》规定，战俘可以从家里收到邮件、钱和包裹。然而，交付速度往往很慢，甚至无法交付。一方面，负责投递的部门经常无法辨认外文地址；另一方面，有时没有各收件人所在营房的准确记录。另外，所有的邮件都要经过圣彼得堡的检查站，那里的信件和包裹已经堆积如山。布兰德斯特伦在书中说，仅在1915年12月，圣彼得堡那里就有大约100万件包裹等待进一步处理。然而，最重要的是，贪污现象十分普遍，所以战争的第一年，据说只有10%的包裹能送到战俘手中。盖芩也一再抱怨自己收到的邮件太少了。当他终于收到家信时，他就会细心地记录下来。他还记下了自己什么时候给家人寄信。但事实证明，信件只有一部分送到了目的地。鉴于所有这些困难，盖芩仍然能收到包裹、金钱和书籍，这着实出人意料。另外，寄书，成了被卫兵骚扰的原因。这些书一再被没收——有时是一阵子，有时是永久。

9月18日，被困在各自住所数天，以及经过无数次的请求之后，我们现在每天可以在附近的草地上待一个小时。不同住处的战俘们聚集在一起。然而，只要稍微招惹卫兵们，这一个小时就会被取消！

9月19日，我不得不长时间放弃户外散步，因为我的脚还未真正好转，并且随时都可能复发。因为肠道炎，我不能再吃我们厨师做的饭菜，她烹饪的食物越发不合胃口，也越来越不卫生，作料还越加越多。因此，我自己做饭，除了偶尔轻微疼痛，我的病情似乎已经好转。

9月23日，我终于收到了梅迪的信件；第二封。信中告诉我小家伙得了重病，尽管令人非常难过，但也让我长长地松了口气。在漫长而可怕的不安等待后，小家伙似乎正在康复。近来，我还收到两封恩斯特的信件。

9月29日晚，布勒希纳博士（Dr. Blechner）和普拉泽少尉在宿舍里发生了一起不愉快的事件，布勒希纳在布雷德房间（Breider-Zimmer）对普拉泽及其战友们进行了言语羞辱。巴拉兹博士（Dr. Balasz）及中尉沃尔夫（Oblt. Wolff）不幸也被卷入其中。

仲裁小组人员如下：

代表布勒希纳博士辩护的，是加卢斯上尉（Hptm. Gallus）和格克中尉（Oblt. Geck）；

代表普拉泽少尉辩护的是西格尔中尉（Oblt. Siegel）和盖苓中尉。

双方达成了一致意见。布勒希纳博士接受了仲裁，当晚在所有相关人员面前公开宣读了一份声明，向所有被他侮辱过的人道歉，承认这些人虽然吵得他心烦意乱，但并非有意挑衅。

10月1日和2日，晚上，西格尔中尉召集屋内全体军官开会，告诫大家要尽量避免摩擦，相互适应，因为长期紧张焦虑，所有人都已精神疲惫。但遗憾的是，这次大会的效果以及几个人的态度仍令人不太满意；尤其是年轻的匈牙利军官们，他们似乎没有意识到，或者说不愿意承认事情的严重性。

10月5日，梅迪的第三封信到了，令我非常欣喜！自那令人难过的第二封信件之后，我终于了解到家里的情况，并且得知小家伙已脱离危险。我立即回寄了一张明信片，隔天又寄了一封信。

10月6日，沙俄营地长官首次出现，通知我们将在后天离开这里，目的地不详；可能会乘船顺流而下［经过苏斯拉诺（Süsrano）前往克拉斯诺亚尔斯克（Krasnoiarsk）］。日常散步自然全被取消，但是一次可准许三四位先生到城里采购。我买了一件50卢布的皮大衣！

10月7日，我们计划于晚上举办一个简陋的欢送会。我们（39名军官）共同生活了4个月，这可能是最后一次聚在一起。在一层的大房间里，我们将几张床搬开，将长凳和桌子摆在一起。几位先生正在用纸质彩带等物品装饰房间，富有创意。有些人正在准备演讲和其他展示。早上8点我们作为冯·埃尔多迪将军（General v. Erdödi）的随员进入一层，加卢斯上尉绘制了一些精美的人物速写。我认出了其中一幅是施托伊尔少尉（Lt. Steuer）。库梅尔（Kümmel）指挥演唱了几首有的滑稽有趣、有的严肃郑重的歌曲，再加上各种各样的致辞，欢送会持续到晚上11点，正式宵禁的时间到了，欢送会该结束了。欢送会确实充满乐趣、令人满心愉悦。

10 月 8 日，一些着急的人大清早便开始收拾行李。所有草褥子都在院子里遭到"肢解"。因为普通的木柴已经用完，床板被用来当作最后一顿午餐的柴火。为了用完剩余的煤油，一楼所有的灯都被点亮了。我们定于下午 4 点出发，于是有人便提议将剩下的陶制餐具统统用滑稽的方式砸碎。正在这时，斯塔西出现了，通知我们出发时间推迟到几天之后。结果是全体人员再次打开行李、铺草褥子并打扫房间。我被叫到上校那里，收取上次汇款余下的 25 卢布。[⑧]

10 月 9 日，德国军官现在也可佩戴和露出军衔徽章了！

10 月 10 日，凌晨 5 点被叫醒，短暂准备之后，我们走向轮船停泊地。除了需留在塔丘斯基的斯拉夫部队和埃本博上尉（Hptm. Ebenböh，沙俄人）之外，寄宿此地的部队都已集结完毕……沿着伏尔加河经由辛比尔斯克（Simbirsk）前往萨马拉（Samara），这趟旅程可谓奇妙有趣，我们晚上在萨马拉停留了几个小时。

10 月 11 日，景色更美了。大约上午 8 点，我们离开萨马拉……整艘轮船都归我们使用，因此可以自由地在船中闲逛；餐厅提供餐食。这是自我们被俘之后再次感觉自己像个人的两天；这也让我们非常害怕未来又会发生什么。晚上到达苏斯拉（Süsra）的城镇，我们被安置在城镇里的一座校舍里。令人难受的双层木制床。

许多窗户都已破损，环境糟透了。

第二天，盖苓遇到了一些意大利人，他的日记里反映了奥匈帝国与意大利之间的敌意。意大利在 1882 年的三国同盟条约中与奥匈帝国和德意志帝国结盟，却在战争的前几个月保持中立。甚至，随着战争的进行，越来越多的意大利人想取消三国同盟，站到协约国一方。最后，意大利领导人要求将多瑙河帝国的大部分地区割让给意大利，作为保持中立的条件。尽管奥匈帝国与其进行了数次谈判，并做出了重大让步，包括同意割让特伦蒂诺（Trentino）全部地区、意大利人居住的蒂罗尔地区和伊松佐河地区等，但还是没能达成任何协议，这成为意大利在 1915 年 5 月 23 日以协约国一方参战的原因。

10 月 12 日，上午 11 点左右，我们被带到市区几公里之外的火车站，此时只能租用昂贵的货车来搬运行李。我们在一个斜坡上站了很长时间。终于，一列载有意大利人（还是奥匈帝国士兵？）的火车停了下来。看到我们时，他们拿出了意大利国旗，并唱起歌曲。其中几位军官从二等车厢下来，轻蔑地走到我们面前。两队人马随即陷入争吵，然后我们都从斜坡上被赶走。此后，我们被带回镇上的住处。刚安顿下来，我们就又被召集去车站，这时已近黄昏。租用货车运送行李的费用越来越高。晚上 9 点，我们终于离开苏斯拉。我们在苏斯拉与

6 位对我们十分友善的德国同僚道别。

10 月 13 日，列车搭载的主要是我们这些来自塔丘斯基的分遣队，有两节军官专用车厢，一节人数不多的普通士兵车厢，以及几节载满难民的车厢。我们乘坐的四等车厢里共有 37 位先生，车厢内设有三层铺位，几乎没有转身的空间。所有的火车站都挤满了没完没了的难民列车。大约下午 2 点，我们返回萨马拉。晚上 9 点自萨马拉离开；睡眠环境非常糟糕！

盖苓和他的军官同僚们不得不在四等车厢里解决住宿问题。如前所述，盖苓将这些车厢描述为"非常实用"。根据上面的描述，它们与布兰德斯特伦所描述的运输牲口或货物的车厢几乎没有区别："货车车厢有两排木头铺位，中间地上有一个铁炉子……32~45 名战俘挤一起。在冬季这种运输方式令人不堪忍受。即使小炉子烧得很旺，也只有在近处较为温暖。车厢的边角依然是冰冷的，寒冷穿透了黑暗的墙壁，靠外墙躺着的战俘的衣服经常结冰……车厢里还饱受虫害侵袭。"（第 40 页）

10 月 14 日，我们整天都在寻找热水泡茶及可食用的东西。车站不提供任何食物。卫兵总想帮我们买东西，并对每样物品索要高价；他们不允许我们自己采购。我们收到了 1.5 卢布的零用钱。去往前线的列车上挤满了年轻的新兵，他们都在询问是否很快就会停战！许多火车载着来自沃林尼亚（Wolhynien）[1] 的难民，讲德语的民众先被转移，随后再安排其他人搬迁。

10月15日，早上7点，我们抵达一个更大的车站。行程非常匆忙，甚至不允许我们下车打水。然而，停留的时间一次次延长。最后，我们整组进城购物，警卫巡逻队不得不将我们团团围在中间行进。车站仍然挤满了军人和难民；所有一切都处于无人管理的糟糕状态。晚上我们仍在车站。收到1.5卢布的零用钱。抵达阿卜杜利诺（Abdulino）。

10月16日，午夜后，我们离开阿卜杜利诺。第二天上午11点左右，抵达雷乌卡（Reawka），在那里站到下午6点，才获准前往三等车厢餐厅吃晚饭。迄今为止，我们乘坐的火车上已经有15名难民儿童去世，就在今天上午抵达这里时，一名奥匈帝国士兵的尸体也被运下了火车。难民们坐在运载牲畜的车厢或敞车上的农用车厢上，既没有钱，也没有食物。气温只有5℃，孩子们衣着不整，东奔西走，向所有人乞讨。环境恶劣；车站堆满垃圾，臭气熏天。

10月18日，早上忽然一下子进入了冬天。银装素裹的景象相当漂亮。晚上，一列火车经过，载满可怜的重伤兵，正向西行驶以交换战俘。我们去往克拉斯诺亚

1　布格和基辅之间的一个区域。在19世纪，德国人在这里大规模定居。在第一次世界大战期间，德国血统的人口已经增长到大约24万人，他们被强行重新安置，大多数人被驱逐到西伯利亚。

尔斯克，那里有个大型的战俘军官营地，但最近刚暴发了伤寒。晚上，我们进入沙俄的亚洲疆域。

10月19日，中午抵达车里雅宾斯克（Tscheliabinsk）。我们本该在这里吃午饭，在车厢里待到晚上7点也未等到（午饭）；随后，火车整夜都在以相当快的速度前进。之前，我们一直坐在四等车厢；但现在大约有20名军官和15名士兵挤在一辆牲畜车厢里……我们必须在车站偷盗取暖用的木头！

10月20日，中午时分，抵达库尔干（Kurgan）。我们可以在候车室吃饭，但被敲诈了。我们和车厢里的（犹太）匈牙利同僚关系不太好。彻夜前进。

10月21日，经过一整夜的颠簸，我们早上抵达了彼得罗巴甫洛夫斯克（Petropavlovsk）。这里完全是亚洲景色；主要是大草原和沼泽景观；人们住在土屋里。一支奥匈帝国特遣队正在铁轨上工作。成群的单峰驼正在运送货物或是拉车。有些商队似乎正在前往高加索地区。我们终于可以在车站餐厅里体面地吃一顿饭了；傍晚出发！

10月22日，清晨，抵达鄂木斯克（Omsk）。我们今天一整天都能沿着火车散步。下午，一支新的卫兵分队认认真真地进行交接工作。原来的卫兵们返回车里雅宾斯克。

10月23日，提前抵达凯恩斯克－多姆斯基（Kainsk-Domski）；气温远远低于零度（−10℃）。中午，抵达卡尔加特（Kargat）。我们似乎是白天停在原地，夜间前进。时不时会遇到满载军需物资的列车，运输大约15厘米的小型迫击炮和野战榴弹炮，包装纸还是新的；装备看起来相当廉价。日本的？

10月24日，早晨6点，抵达诺伏－尼古拉耶夫斯克（Nowo Nikolajewsk）（1925年后称为新西伯利亚）。车站里全是中国人。[⑨]中午，从诺伏－尼古拉耶夫斯克起程；收到3卢布。我们见到许多地方都有大规模新兵在进行演练，他们仍然穿着便服，佩戴着几把旧式单发步枪。景色单一；傍晚我们通过鄂毕（Ob）河上的桥梁；警戒森严，每节车厢都有卫兵把守。

10月25日，车厢内部布置如下：中间摆着炉子，四周围着一大堆煤块；满是污物。我们再次遇到了各种各样的虫子，和那时设法在塔丘斯基摆脱的状况如出一辙。夜间我们点燃了两支蜡烛。必须有个人一直守在炉子旁边。一到车站便是一场竞赛，大家争着打热水泡茶或用淡水洗漱。但沙俄卫兵经常会进行干扰，他们总想以此榨出几个戈比。

10月27日，清晨我们被押送至7俄里之外的（克拉斯诺亚尔斯克）战俘营。景色荒凉，没有见到任何树木或灌木丛。这个营地是座旧式兵营建筑，已完成部分扩建。大约关押着3000名军官，包括一些德国人和土耳其人。看起来组织有序（匈牙利人的统治！）。军官们有两个混乱而硕大的公共休息室；来自波美拉尼亚

（Pommern）[1] 的德意志帝国流亡者住在隔壁。许多可爱的孩子唱着好听的德国民歌。有指令要求50名军官自愿继续前往达乌利亚（Dauria）。乌哈雷克上尉（Hptm. Uharek）的胆子很大！[⑩] 我立即报名。凌晨3点，在沙俄营地管理处集合，全体出发。向我近期的战友们告别。

10月28日，凌晨4点计算人数；乌哈雷克上尉忽然消失了，不辞而别；补上了一个人！我们与那些想要敲竹杠的车夫进行了一番讨价还价；迎着严寒，乘车到车站，风尘仆仆。天亮时，我们被塞进三个运牲畜的车厢里。一直坐在侧道上，直到傍晚。我们看到两名奥匈帝国士兵的尸体从另一趟经过的列车上被抬下。东行的难民列车无穷无尽；偶尔有载着军需物资的列车向西行进。收到3卢布。

10月29日，我们最终在夜间离开。这个运输车辆相对较小，因此更舒适些……路上途经的村庄不再荒无人烟；有些丘陵，树木繁茂，景色还不错。现在天气稍有些回暖，仍接近零度。没有勤务兵。

11月1日上午，战俘运输队抵达伊尔库茨克（Irkutsk），第二天继续沿贝加尔湖行驶。

---

1 1914年秋天，俄罗斯军队进入东普鲁士省的波美拉尼亚，并将数千名平民绑架为俄罗斯俘虏。

11 月 3 日，上午，路过了某师的军官战俘营……在波什塔（Potschta）[1]；晚上抵达赤塔（Tschita）；一名中尉试图从我们前面的车厢里逃脱。他的计划经过了深思熟虑，但在实施时，自乱阵脚，即刻便被发现了，并移交给了赤塔的保安部门。我们继续在名副其实的西伯利亚大草原上行进；整天都看不到一棵树，只有单峰骆驼！第二天晚上我们抵达达乌利亚，但一直待在车里（见图 55）。

图 55 别罗索夫卡战俘营

艰苦而乏味的战俘营生活

达乌利亚[⑪]是沙俄远东地区的一个小营地，从 1915 年

---

1 一切都表明盖苓指的是别罗索夫卡（Berosovka）营地，该营地位于伊尔库茨克和赤塔之间的铁路线上，盖苓还保留了一张照片。

11 月 3 日到 1918 年 3 月的两年半时间里，盖苓一直住在这里。我们只能猜测盖苓为什么会在第一时间主动要求从克拉斯诺亚尔斯克转移到达乌利亚战俘营。毫无疑问，他知道在 1914~1915 年的冬天，克拉斯诺亚尔斯克发生过一场毁灭性的斑疹伤寒疫情，也大概了解到这场疫情使战俘营的犯人死亡了 50% 左右。因此，接下来的那年冬天恐怕也会出现类似情况。此外，盖苓也迅速想到，自 1915 年初以来，克拉斯诺亚尔斯克战俘营一直是西伯利亚最大的战俘营，约有 13800 名俘虏，环境极其混乱。

由于达乌利亚的军官房间没有家具，所以他们到达营地后必须自己弄到家具：

　　11 月 5 日，清晨，我们被押送至铁轨旁的营地。大约有 200 名军官已经在这里待了 1 年左右。这里设施非常完备。普通士兵有 8000 人左右，其中很多是德国人。终于不再是匈牙利人掌控一切的局面。我们被分配到一个新的侧楼，但如今还不太完善。我们暂时睡在地板上，直到几天后家具等物件才会送达，同时暂时被安排进其他的用餐小组！

　　11 月 6 日，我们得到了床架和床板；不久还会有更多的东西送来。我们可以在营地里自由活动。天气不错，但温度很低（零下 10℃）。一位来自因斯布鲁克的雕塑家（米勒格，Millegger[1]）为这里丧生的约 200 名奥匈帝国军人（包括 1 名军官）建造了一座纪念碑。我向家里寄了明信片，附有最新地址。

11 月 7 日，我们继续忙着修整房间，筹备共同使用的餐饮设备。但仍有些沙俄军官待在我们的几个房间里，厨房里有他们的物品，他们并不急着搬走。晚上总会发生许多骚乱。他们及其勤务兵经常喝醉，并把东西弄得乱七八糟。酒水都是从中国东北边境偷运而来。天气持续晴朗；气温在零下 10℃到零下 15℃。

11 月 10 日，我们搬进了一个新房间。我遇到了葛里斯曼中尉（Oblt. Grießmann），他曾是伊布斯的一名科学老师，后来在布鲁克（Bruck）教书，我和格蕾塔与他有过交集！

11 月 11 日，我和西格尔中尉共用一个房间，我们正在制作家具，搭建临时搁板和衣架；房间变得适宜居住。天气晴朗，万里无云，白天刮着柔和的冷风。我们有时散步一小时，有时在楼房背风处享受阳光。气温仍然远远低于零度，一切都冻得如岩石一般坚硬；早晨的温度通常在零下 20℃到零下 25℃。

11 月 12 日，经过多次大扫除，我们清理掉了虱子，

---

1 盖苓在 1916 年 6 月初和 6 月 16 日再次提到了这位雕塑家。然而，他随后写下了米勒格（Millegger）。可能是雕塑家卡尔·穆勒格（Karl Mühlegger），他同样被囚禁在西伯利亚，并于 1923 年在蒂罗尔州的圣约翰建立了一座战争纪念碑。

但发现跳蚤、臭虫和"俄国佬"[1]更喜欢骚扰作为新来者的我们。窗户只做了初步安装，因此我们必须用胶水将边框周围的裂缝全部粘紧，但冷风依然还能刮到房间里来。

虽然营地不大，但盖苓发现达乌利亚的营区活动丰富多彩。有运动队、合唱团、管弦乐队和戏剧社。军官们举办了各种音乐和戏剧表演，很多是为了慈善目的，比如将所得款项捐给医院。

11月21日，下午，军官合唱团、独唱歌手、小提琴手和吉他演奏者进行慈善表演，为营地医院募捐。医院什么都短缺，甚至缺少最基本的医疗用品。演出相当精彩，由葛里斯曼中尉组织安排。经历过去数个月野蛮而贫瘠的生活后，这音乐使我备受感动。总收入大约为32卢布。

在达乌利亚，大多数军官也关注外语学习。盖苓跟沙俄人、法国人、英国人学习了语言，还有一位罗马尼亚人，但那人并不知道罗马尼亚参加了战争，因此返回祖国的可能性已经不大了。

1　即蟑螂。为了命名这些烦人的昆虫，战俘们经常使用不受欢迎的具有民族主义的有辱人格的族群名称。因此还会发现有这样的名字：法国佬、施瓦本佬、普鲁士佬。

营地生活的另一个重要固定项目是由军官提供的技术课程，帮助战俘们充分利用时间学习各种技能，以待他们恢复公民身份后谋生。对于很多因战争而失去教育机会的年轻战俘来说，这些课程为他们提供了日后获得学历的宝贵机会。仅举几个例子:(营地中)成立了法律、技术和商业"俱乐部"，军官们在这些俱乐部中举办各种讲座和专业讨论。我们从盖苓那里得知，他讲过"建筑课程"，尽管只在1917年9月的一篇日记中提到过一次这项活动，简明扼要地说:"讲座重新开始了，提供了冬季活动。"

1929年一位同胞写的"证明书"中透露了盖苓的教学活动究竟是怎样的:

证 明 书

中尉、建筑师罗尔夫·盖苓在西伯利亚达乌利亚战俘营期间，为了公众的利益，在讲授专业课程上非常积极。包括:

1915年至1918年，讲授几何学、画法几何、透视学、建筑结构、农业建筑技术和艺术史。

同时，他不辞辛劳地为一批未完成神学院学业的年轻牧师开设了有期末考试的特别课程，为在战俘营死亡的军官、医生和志愿护士设计了个人墓碑并指导了建造工作，还与金姆少尉（Lt. Kimm）共同维护墓地。

该建筑师勤勤恳恳、尽心尽力开展的自愿且无私的专业活动，取得了巨大成功，这是对所有战俘营军官、有志求学的年轻士兵的一种发自内心的善举，无数受益于此的人将永远铭感于心。

达乌利亚战俘营前高级军官塞莱斯汀·卡勒中校
（Oberstlt. Coelestin Kahler）
林茨（Linz），1929年11月20日

在达乌利亚营地，盖苓第一次记录了普通士兵的营区条件。相关规定原则上禁止军官与士兵有任何接触，不同的拘禁条件也意味着他们几乎碰不到面。盖苓仅仅是看到了许多从营地运到墓地的死者遗体，就了解到士兵们的艰辛。许多人因为没有能穿的衣服而被冻死，同样有许多人死于疾病或饥饿。

11月22日，我们住所周围每天都会抬过一具尸体，被送往不远处修建在荒凉山丘之上的公墓。这并不出人意料，普通士兵只能得到一丁点食物，也几乎没有衣服可穿。除非去服劳役，否则无法得到补给品，而老兵们身体已经垮掉，无法参加劳动。他们大多数人从未离开过自己洞穴般的营房，直到被送进医院停尸房。他们只能得到极少量的取暖煤炭，并且在不久前，连木柴也没有了。因为需要引火物，他们不得不在夜间从教堂建筑工地以及各种空置的棚屋里偷东西，这些地方的隔板也

因此逐渐不翼而飞。这种行为将受到严厉的处罚，许多战俘都在监狱里被关了 30 天，但他们要么选择挨冻，要么面临被关押的风险。

战争的前两年，沙俄并不缺粮。因此，原则上，战争开始时，当局为被俘人员规定的粮食配给，和沙俄士兵领取的一样多。但当德意志帝国因物资短缺而减少战俘的面包配给时，沙俄也削减了战俘的粮食配给。粮食价格的上涨也导致了口粮的减少。莱因哈德·纳赫蒂加尔（Reinhard Nachtigal）指出，运输瓶颈也是西伯利亚供应状况不稳定的一个决定性因素，仅仅运送战俘对单线铁路的运载能力就是种挑战。战俘营用品短缺的一个主要原因是行政部门腐败，特别是在远离首都和中央军事管理部门的地区：由于战俘营指挥官管理着用于在当地购买食品的资金，因此屡屡发生贪污案，薪酬微薄的战俘营指挥官通过这种方式为自己获取额外收入。[1]

不过，被俘军官们的处境要好得多，因为有津贴，所以他们在食物采购方面更加独立。他们可以到附近的杂货店里购买食品。但若津贴未及时发放，他们就会面临困境。不过，盖苓记录，头两年军官们没有出现严重的补给问题，商家甚至可以赊账——而士兵们只能吃到狗肉。

1　R. Nachtigal: Kriegsgefangenschaft an der Ostfront 1914–1918. Frankfurt am Main; Wien [u. a.] 2005.

11月24日，我们新来的47名军官已身无分文。在最近的一个津贴发放日来临时，我们正在途中，所以没有收到钱款。抵达这里后，他们声称没有相关津贴发放文件，鬼知道何时发。营地里原本的伙伴们筹集了200卢布，多亏了这些，我们的厨房才能勉强维持，并从商人那里大量赊账。

沙俄普遍禁酒，但恰恰是酒精，屡屡导致战俘与卫兵之间极不愉快的争执。达乌利亚离中国东北的边界非常近，走私团伙常从那里获得酒水。这些非法供应一次又一次导致沙俄士兵——所有级别的士兵——过量饮酒，再加上与圣彼得堡相距遥远，也助长了这种不当行为。应该指出的是，负责看管战俘的卫兵也是一有机会就喝酒。据盖苓说，这些"绅士们"，即他的战俘同伴们，从来没有出现过醉酒后的放纵行为，而看守们却常常如此，战俘们也因而多次受到伤害。

盖苓在达乌利亚的战俘生活非常单调乏味，这首先体现为他的日记出现长时间的中断。1916年1月，几乎整个下半月都没有记录。2月则突然更新了许多积极向上的日记条目，似乎又充满了希望，认为当下与家人的沟通也许容易些了，但这希望很快就破灭了，盖苓只好沉溺于学习和工作以逃避现实。

当下，营地里的日常生活依然平静而单调，盖苓越来越关注卫兵的醉酒情况和普通士兵的生存状态：

11月28日，下午，小提琴手—吉他手—合唱团代表蒂罗尔猎兵团举办音乐会。出席人数众多，演出异常精彩。我收到40多卢布。我们只有三名蒂罗尔猎兵团军官在场：罗萨内利上尉（Hptm. Rosanelli）、米勒格少尉和我。

12月2日，下午，葛里斯曼中尉和米勒格前来拜访我。米勒格在当地公墓为奥匈帝国死难者建造了一座纪念碑，然而，建成之后没几天就被沙俄人破坏了，其中一个人像的鼻子被他们割掉了（有传言说，这也可能是匈牙利人所为，因为他们对纪念碑上没有赞扬匈牙利人的献词而感到不满？！）。

12月3日，到目前为止，我每天至少在户外待上两个小时；通常是在废弃的操练场散步，同时大声练习罗马尼亚语。如果风太大，我就待在一个小棚屋的背风处。

12月4日，日间气温大幅度降低，平均零下30℃。白天寒风凛冽、冰冷刺骨；夜晚风轻树静。阳光持续整日，正好印证了"达乌利亚"这个名字的含义，即为阳光灿烂的地方。自我们抵达后，一个多小时内，太阳被云遮住不超过五次。下午，我去拜访了葛里斯曼中尉。

12月5日，上午，在大会堂内举行弥撒。军官合唱团演唱了舒伯特（Schubert）的弥撒曲。下午，德意志帝国和奥匈帝国的军队合唱团进行表演。后者演出尤为精彩；合唱团团长是来自特普利茨（Teplitz）的老师；

他们出色地演唱了一首军歌。次日上午，我们迎来了第一场真正的降雪；降雪达到 30 厘米，雪粉不断被风吹动，下午便被吹成高高的雪堆，同时也露出了大片空地。

12 月 6 日，我的室友西格尔早上心脏病发作，持续了一个多小时，看起来非常痛苦。可惜，他认为医生的嘱咐很愚蠢，他根本没有毅力戒掉有害健康的习惯，例如夜间喝浓茶以及连续吸烟。外面太冷了，即使在背风处，人们也无法坚持在户外待半个小时以上。有些同伴患上了"白鼻子"（weiße Nasen）⑫，必须长时间用雪揉搓。温度在零下 40℃左右。

12 月 8 日，下午在索布朗杰大厅（Sobranje-Saal）[1]有支队伍举办了即兴歌舞表演。这支队伍才华横溢：有 4 名美国姑娘，一对探戈舞者，一些民族舞者、波兰歌手和匈牙利演员，还有小提琴独奏曲、维也纳饮酒曲、表演乐队；有位男士的异装表演令人惊叹；演出后还有公开舞会。这段有趣的插曲调剂了我们乏味的生活。早上在外面待的时间比往常更久，结果我左边耳朵被冻僵了，完全没有知觉。

12 月 9 日，我们营地的卫兵一定从中国东北买到了新酒；他们闹腾了一整夜，令人极其不快，直到第二天

1　维也纳索布朗杰（Sobranje Wien）是一个维也纳律师协会，成立于 1883 年，有权为议院选举提名候选人。当时的发起者选择了保加利亚议会的名称，作为这个非正式机构的名称，该议会自 1879 年以来一直在直接普选的基础上进行选举。另外，"Sobranie"也是一个著名的俄国香烟品牌。选用该厅名称的背景无法确定。

上午还未停歇。斯塔西醉得很厉害，不仅把自己房间弄得杂乱不堪，由于他们就在我们隔壁，很可能还弄坏了我们厨房里的厨具。这些人酗酒似乎仅仅是因为喜欢酒精所带来的快感。

12 月 11 日，有位将军可能要来视察我们的营地。早上的确先来了一位所谓的"上厨"；他看起来十分友善，并承诺至少会替我们索要一些"近期的津贴"，因为我们已经两个月没有拿到津贴了。但很不幸，他喝得酩酊大醉，我们无法相信他的保证。

12 月 12 日，我们在一个兵营举行了新教徒晨祷。在场的每个人都唱了颂歌，牧师的演讲也直抵人心。这是一次令人感到慰藉和振奋的经历。

12 月 14 日，被俘普通士兵只发放给极少的食物，经常挨饿。我们尽可能提供帮助，但他们人数太多，我们的资助也只是杯水车薪。士兵们杀了许多流浪狗，引起了俄国人的注意。还有几头猪也不见了。最近几天，他们在流浪动物经常光顾的某个垃圾堆里捕到一头牛。这头牛在一处兵营里惨遭屠宰，作案者被当场抓获，带着3/4 的动物尸体作为证据，他们被一同带到了营长那里。

12 月 15 日，军营被仔细搜查；所有精心制造的工具都被没收了；所有酒也都被带走了。有名军官在某处发现了十瓶烧酒（士兵们将其加工成甜烧酒出售，以换取几戈比）。军官下令将酒没收，但斯塔西偷偷拿了三瓶还给士兵，以换取酬金。

12 月 16 日，1200 名新战俘抵达，其中大部分是匈牙利人和德国人！到目前为止，我们营地已容纳了 270 名军官和 8000 名普通士兵。

12 月 17 日，中午，卫兵们忽然将我们的区域包围，每个房间门口也都有一个卫兵把守。但斯塔西提前几分钟通知了我们，因此我像往常一样把几封珍贵的信藏好。一名军官逐个房间巡视，一名下级军官排查所有物品，包括床、烤炉等。但是他在我的房间甚至整片区域都没有发现任何有价值的东西。他们在其他营地没收了士兵们摘录的前线报告，以及所有酒。这次搜查中发生了许多滑稽的场面。一名下级军官走进房间查看时，桌子上正放着一大瓶烈酒。酒主人立即向这位斯塔西递上一杯，他喝下的同时示意他将瓶子藏起来，随后设法免除了对该房间的搜查。一位喝醉酒的上尉走进了另一个房间，他在衣箱里发现了几瓶新从赤塔运来的酒，却没理会，并下令让士兵前往下一个房间，说这里"未发现任何东西"。

12 月 19 日，下午有合唱及独唱表演。经过多次协商，我们获准使用营地里的俄国人桑拿浴室。每人每周一次。月底，我们的少校将费用支付给营地指挥官，共需 160 卢布；当场交付 100 卢布，剩余 60 卢布算作给少校的折扣，予以"免除"！经过一番讨价还价，以后每次洗浴收取 20 戈比。

12 月 20 日，最近一次"搜查"发生了"五花八门"

的故事。有天晚上，一名俄国卫兵走进房间，试图卖掉一瓶（被没收的）烈酒。他在买主犹豫不决时，变得非常焦虑，催促他们快点决定，因为在进行这笔交易时，一位平民同伙正拿着他的步枪在门口站岗。总体来说，这里的沙俄卫兵多是之前的后备军，本性较为善良、诚实、正直。几枚戈比便能从他们那里买到任何东西，甚至包括他们亲爱的祖国！

12月21日，任何现金交易都很困难。每个月的儒略历20号定为发放津贴的日子，钱通常会准时送到邮政局，但发放时间总会推迟，尽管我们需求迫切，但他们经常以各种托词延迟发放两周。普通战俘获得津贴的情况更加糟糕。

12月23日，晚上10点半，营房邮政局指挥官忽然召集我们去接收一笔50卢布的"近期津贴"，这笔钱被承诺很多次了，如今更加急需，厨房的所有物品均是从商人那赊购的。

12月24日，白天，空气中弥漫着显而易见的焦躁情绪，每个人都靠制造各种噪声熬过时间；然而到了晚上，越来越安静，晚饭后，异常寂静。只有匈牙利人的房间里传出往常的歌声，试图营造圣诞氛围，但比以往更显凄凉。今天这歌声似乎对我的室友西格尔冲击很大，他出门去找其他伙伴了。我独自留在房间，相当愉快地给妻子写信，这勾起了我对去年平安夜的回忆。我一直忙到凌晨3点，这个时候，家人们应该正围在圣诞树旁。

上帝保佑他们的聚会尽可能地欢乐、和谐。

盖苓的特点是，即使在所有战俘都满怀忧郁的圣诞节，他也试图克制任何情绪上的波动，尽量将自己与同伴们隔离。另一个细节也值得注意：像入伍时一样，盖苓这次也没有写下妻子的名字，而在记录与妻子的来往信件时，他一直用妻子的昵称"梅迪"。

12 月 26 日，"假期"奇迹般的美好；宁静祥和，阳光明媚，气温稍有回暖；大约零下 20℃。

12 月 27 日，最近运来的战俘看起来非常糟糕。他们多数衣衫褴褛，几乎所有人都营养不良、饥肠辘辘。抵达后的第二天，他们中有 300 人不得不转移至医务室。每天都有人离世，曾有一天同时抬出了 9 具尸体。那些真正被饿死的人的尸体非常骇人，简直是皮包骨头。更糟的是，其中许多人因患风湿而四肢变形，以至于棺材盖子都无法合上。他们被抬走的时候，顶部仅盖上一半。这几天，还出现一位天花患者，但似乎只是个别病例。

俄国人坚持不懈地禁酒，但对许多战俘很宽容，考虑到他们的悲惨生活，这些管控往往流于"形式"。俄国各地严格的禁酒令有些让人费解。尽管采取了多种措施，人们依然能从任何一个俄国士兵那里不限量地买酒，不论是烈酒还是白兰地。俄国士兵不愿让平民参与交易，自己则大量从中国东北走私货物，包括烟草、火柴等。

12月30日，无视官方禁酒令的醉汉不像平时那么多了。我们区域的卫兵似乎每隔一天便要喝醉一次，住在隔壁的斯塔西正是他们大胆的带头人。

12月31日，下午散步时，我前面的几个战俘见到一只漂亮的小狗，随后我听到一句话："那应该可以做成美味的烤肉吧！"

晚上我独自在房间里看书，直到午夜。之后，我给梅迪写了一张新年贺卡，并在睡前喝了一杯俄式红茶遥祝她健康。匈牙利人在楼下关着门的房间里举办了一场酒会，都喝得醉醺醺的，造成了很大的混乱。凌晨2点左右，我的室友回来了。

1916年

1月1日，祝福自己新年"好运连连"，希望过去一年所有被迫放弃的（目标）今年都能如期实现。

1月2日，下午营地举办了非常美妙的独唱与合唱义演，以欢迎最近新来的战俘们。总收入超过100卢布。现在我每天都在等待家里的消息。每天给梅迪和母亲写明信片，并通过不同的途径邮寄，一般都为平信。

1月9日至14日，俄国人正在庆祝他们的"圣诞节"，看守我们的卫兵们沉浸在无休止的狂饮中，喝得烂醉如泥。早上，他们"彻底喝高"了，大声喊叫；夜间，直到最后一人喝倒，一切才能安静下来。人们经常会看到

"醉酒者"身体僵直，手脚被拖着穿过雪地送往医务室，治疗酒精中毒。

最近送来了一小队战俘，只能安置在没有取暖设备的马厩里。环境极为可怕！每天都会抬出十多具尸体。情况还在不断恶化。今天同时埋葬了 62 具尸体。他们甚至连去年那样的简易棺材都没有，全部堆在手推车上。

天空中出现了一些奇怪天象。有一天见到了"冷十字架"（Kältekreuz），这只在极寒天气出现。仿佛看到两个太阳上下相交；有时甚至像看到四个太阳，呈正方形，虚拟与真实的太阳难以区分。战俘们还见到了许多其他天象。

1 月 15 日，期盼已久的消息终于来到；梅迪从布加勒斯特发来电报："我们都很好。"虽然非常简短，但我忍不住翻来覆去地看，喜不自胜。长时间的杳无音信令我相当忧虑。现在至少暂时放心了，随后寄来的信件应该会有更详细的消息。我以前几乎天天写信，现在更频繁。

最近，我借到了一本艺术史读本，虽然有些劣质，但沉浸于此也令人相当满足。我酝酿出自己的想法，写下批注，尝试做出这样那样的修改，（使这本书）感觉在很多方面都更完善了。

有证据表明，盖苓提到的"艺术史读本"是阿达尔伯特·马特哈伊（Adalbert Matthaei）的作品——《19 世纪德国建筑》

（*Deutsche Baukunst im 19. Jahrhundert*），1914 年在莱比
锡出版。例如，在这本书中，盖苓找到弗里德里希·奥斯滕
多夫（Friedrich Ostendorf）的一个村庄的新教教堂设计方
案，并对其进行了具体的建筑批判研究。他画的草图显示，
他对忠实地复制并不感兴趣，而是倾向于进行非常个性化的
改造，例如，他将入口区域的壁柱改为简单的凸出墙体，还
在这些墙体上以人物做装饰。此外，他还将高大细长的塔楼
改为低矮的塔楼，并做出了一个鼓形结构的小圆顶。遗憾的
是我们无法猜透这个想法是由于纸上画不下，还是盖苓想尝
试圆顶结构的设计（见图 56、图 57）。

　　在对这本书的批注中，盖苓画了一个百货公司的设计
图，他的灵感显然来自柏林的韦特海姆百货公司（Warenhaus
Wertheim），上面提到的德国建筑读本中也有关于这座建筑

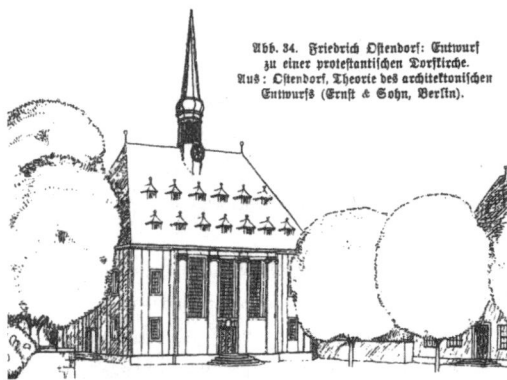

图 56　弗里德里希·奥斯滕多夫，新教乡村
　　　教堂，设计图

图 57　乡村教堂的修改稿

细节的说明。位于莱比锡大街（Leipzigerstraße）/ 沃斯大街（Voßstraße）交叉口的"韦特海姆百货公司"由阿尔弗莱德·梅塞尔（Alfred Messel）于 1896 年开始主持建造，历经几个阶段，于 1906 年完工。这家百货公司的建设确实具有开创性，因为以前的商店都设在公寓楼里，与相邻的住家房间只是略有不同。而韦特海姆百货公司在设计时，所有楼层都以商业为目的，这也是它因规模宏大而声名远播的另一重要原因。位于莱比锡大街上的这座建筑，高高的立面由多根柱子组成，这些柱子从底座贯通到房顶，一字排开，中间装有玻璃，使得所有楼层都有落地窗。这种消解墙面体块感[13]的原则以往只有在哥特式风格中才能看到，而梅塞尔精通哥特式大教堂这一经典建筑模式，并在设计中赋予其新的"价值"，即商品世界。随后，"购物大教堂"一词成为常见的流行语，不仅特指这家百货公司，越来越多其他的百货公司也通过建筑设计和内外装饰，将购物提升为一种庄严的、近乎仪式化的高贵行为。难能可贵的是，梅塞尔对哥特式风格的改造既引人注目，又充满趣味，他重新设计了哥特式窗饰和尖顶，并巧妙地将它们融入标志性纪念建筑的立面中。

　　虽然乍看盖苓设计的百货公司与新教教堂不同，几乎没有借鉴梅塞尔的作品，但他也将哥特式建筑原则应用于外墙的窗户，并像梅塞尔一样，在形式设计中融入了经过修改的哥特式设计语言（见图 58、图 59）。更值得注意的是，盖苓身为维也纳技术大学的学生和瓦格纳的门生，熟悉历史主义和现代主义之间的争论，这场争论导致人们认为哥特式风

图 58　阿尔弗莱德·梅塞
　　　尔，韦特海姆百货
　　　公司，柏林

图 59　一间百货公司的设计图

格在世俗建筑中已经过时了，在保守的建筑界，新哥特式风格只提倡用于教堂建设。

　　盖苓在 1916 年至 1918 年为百货公司绘制的草图，并不是为了最终落地，而是对现代主义和历史主义之间的对立关系进行反思性的审视，这种关系也对后来的欧洲建筑产生了决定性的影响。当然这幅草图也可以看作盖苓作为建筑师训练自己造型能力的一次"练笔"，并为离开战俘营之后的日子做准备。

　　可惜盖苓只能短暂地投入学习，无法专心致志，因为正如日记所写，他经常被战俘营中不愉快的琐事困扰。

1 月 16 日，（我们）在索布朗杰大厅搭建舞台；俄国人的建筑委员会提供了木板，因为他们之后也会用到这舞台。精心布置。下午举办了第一场义演，所有收入捐给这里的医院，那里甚至缺少最基础的医疗用品。演出进行到一半时，出现过多的干扰因素（如酒精管控、营长搜身、发放津贴等），两名沙俄军官来到现场。其中一名军官是位相当粗鲁的西伯利亚人，他走上舞台，瞧着脚下的每块木板，好似从未见过这种东西一般。演出继续，军官们在一旁观看；随后来了一群沙俄士兵，表演就草草结束了，大厅在 10 分钟内被腾空。舞台上的军官炫耀着他出鞘的军刀，肆意破坏着任何能打碎或刺穿的物品。后来，他让卫兵们搬走了几把椅子，拿走了一些东西（铜铸的桌铃！）。随后他找到我们住所的斯塔西，用军刀和手枪的侧面抽打这位 45 岁的卫兵，直到这家伙的头肿得通红，鲜血四流，肿胀的眼睛几乎看不清东西，才停下来。第二天，我们楼里的两名斯塔西也因此要被关押五天。他们不久之后便又出现了，但调查将继续进行。沙俄军官经常以各种借口来搜查我们的房间。俄国士兵最终拆除了舞台，木材也被运走，不过其中一半木材被藏在我们的储藏室里。此种恶行的原因渐渐显露：一是沙俄军官因未被邀请观看演出而愤愤不平；二是沙俄军队可能在前线遇到了阻碍，或是其他一些政治麻烦，他们经常为此将情绪发泄在战俘身上。战俘们会以此记录这些事件："恶有恶报！"

盖苓提到的这些沙俄军队可能遭遇的"失败"，也许暗指"加利西亚新年战役"：1915 年 12 月中旬，俄国开始向切尔尼夫茨（Czernowitz）和德涅斯特河（Dnjestr）下游之间长达 130 公里的奥匈帝国前线推进。但在激战中，沙俄的进攻被德奥同盟击退，1916 年 1 月 15 日，俄国部队撤离。

这件事发生后的三个多星期，盖苓才继续写日记。

2 月 8 日，我们几名军官申请前往赤塔看牙医。今天早上 7 点半，我们接到通知，8 点必须从指挥官那里出发。在这样的环境中，最紧急的事也会拖延，原本能及时完成的到了最后关头才仓促行动。我们 7 个人乘坐二等车厢，有两个人押送。旅程很有意思，让人想起托尔斯泰（Tolstoi）描写的情景。车厢内所有同行者都已应征入伍，这点从他们身上原本破烂的衣服外面新换上的军装就能看出。我们车厢里有位醉汉倒在地上，身体僵硬不堪，周围是一摊呕吐物。每个过路人都不得不跨过他的双腿，到了晚上，他只能勉强撑起身体。我们车厢内还有一位旅客因醉酒产生幻觉；他性情温和却讨人嫌，因为身边的人需要不时阻止他踏出行驶中的火车。其他人也都喝得醉醺醺的，但这显然已是常态。官方的禁酒令也不过如此。24 小时之后，我们抵达了达乌利亚附近的赤塔。

2 月 9 日，我们于早上 8 点抵达，被押送至沙俄医院。等了几个小时后，一位医生通知我们这里没有牙医，但无论如何，我们也不能离开这栋楼。他不知道该拿我们怎么办。于是我们又被押送至当地指挥官那里，在又一次漫长等待之后，直到 12 点半我们才被送到那里奥匈帝国军官的住所。他们大多数是匈牙利人以及普热梅希尔人 [1]。

2 月 10 日，市指挥官给予承诺，准许我们去看女牙医，他的一个亲戚！然而，因为她没有资质制作假牙，我们坚持要去看另一位女牙医。雅致的房间以及充满人情味的环境让人有一种陌生感。这位牙医工作能力似乎很好，同时也因其他原因受到了我们当地同僚们的推崇。据说，她颇为同情被剥夺权利的战俘军官，并且对当地妇女的处境也十分关心。待在这里的日子过得很快，我忙着为达乌利亚的同伴跑腿办事。城市很大，但不太干净。这里有几家大百货公司，尽管商品稀少价格昂贵，但足以令我欣喜。大多数商品为德国制造，一旦售罄，无法再次补货。大部分人都很善良，但有些人仍然憎恨我们。他们禁止我们进入药房与药店；因为担心我们会抢占俄国本地人的药物。时隔许久，我再次享受到温暖的盆浴。

2 月 15 日，因为达乌利亚的邮件也会经过这里，我便去了趟邮局。果然，我找到了今年的第一封家信。有母亲寄自 1915 年 12 月 6 日和 9 日的两张明信片。我终

1　1915 年 3 月 22 日在普热梅希尔要塞被俘的军官的称号。

于知晓家中一切安好。

2月17日，凌晨4点，我们就得起床前往车站，行程10分钟左右，而火车上午9点半才到。旅途相当愉快；车厢里只有我们7名军官与4名押送者。我们遇到了几列载有战争物资的火车；来自美国的货物应该已经开始运输[1]。

2月18日，早上7点，我们抵达达乌利亚。红十字会的一位丹麦医生与我们同时到达。这样，那些穷困潦倒的普通战俘们至少能收到一些衣物了。我终于又回到达乌利亚的房间，重新开始之前的建筑学研究，过去几天里，我落下了许多内容。来自维也纳的韦斯博士（Dr. Weiß）在这里染上伤寒。

2月19日，我收到了几张母亲及托特先生（一位牧师朋友）的明信片，最后还收到了恩斯特寄来的挂号信。现在我终于知道为什么长时间没有消息了：梅迪和小家伙都生病了。她们两个还没有完全康复，真是不幸。我再次感到沮丧。我热切盼望得到她们的消息，但好不容易得到的消息却使我现在相当难过。

2月20日，今天下午，我终于收到了梅迪的亲笔信（1916年1月27日的挂号信）。她已完全康复，身体恢复得不错；小家伙的状态也逐渐好转。音信全无4个

---

1 由于自有工厂的弹药供应极其不足，因此在1916年初俄国试图用来自美国和英国的供应来满足需求，但这些供应从未充分发挥作用。

月后，能从信中感受到她的活力，令我格外高兴。我希望能更频繁地收到她们的消息，也期待都是好消息。

2 月 21 日，我正在给梅迪写信，信中洋溢着喜悦。这种从痛苦到欢乐的猝然转变一定会令她惊讶。

瑞典红十字会已经抵达，正在分发捐赠的物品——有漂亮的毯子和靴子，以及装有防寒护肤品的盒子。三名奥地利人只发一个盒子，而两名德国人即可共享一个。尽管如此，德国人仍然不满，要求人手一盒。晚上，（他们）甚至抢劫其他奥匈帝国俘虏的物品，并殴打他们。有人受伤之后，俄国卫兵会前来维持秩序。在敌人面前有如此行径令人不齿，这种不良作风却难以改变。我们曾将自己的津贴均分给塔丘斯基的德国战俘们，使其与我们的津贴水平相当，也从未对他们冷眼相待。然而，德意志帝国的利己主义者时常会做出粗鲁的行为。

解释达乌利亚战俘营中的这一事件，需要还原当时的历史背景：瑞典、沙俄、德意志帝国和奥匈帝国红十字会以及土耳其红新月会的代表从 1915 年起达成了一系列协议，这些协议旨在大幅改善战俘营的状况。其中包括允许战俘领取书籍、军官长途散步，特别是对病人和残疾人提供照顾和帮助。在这方面最重要的措施之一是，建立代表团访问制度，即所谓的"修女访问"。因此，从 1915 年起，红十字会工作人员获准进入俄国包括西伯利亚的所有营地。这些代表团主要由瑞典红十字会派出，大多是在德意志帝国和奥匈帝国修女的陪同下，并在一名或多名沙俄军官的监督下，探访战俘营。在探访期间，战俘可以在没有监督的情况下与代表团交谈。在某些情况下，可以当场处理不公待遇，但严重的恶性事件要上报圣彼得堡。当然，"修女访问"主要前往关押德奥同盟士兵的战俘营，这有利于平衡报道，即全面公正客观地报道。例如，有人认为沙俄战俘受到的待遇很差，成千上万的战俘死于饥饿和流行病，而沙俄战俘营的德奥战俘生活条件要好得多，这种观点直到1916年代表们在俄国进行访问时才得以修正。

瑞典红十字会的代表团还受托发放"爱心礼物"，后来又受托交换残障战俘。这些"爱心礼物"弥足珍贵，特别是对战俘们来说，它们挽救了无数普通士兵的生命，这些人往往缺乏最基本的物资。据布兰德斯特伦统计，1915~1918年，瑞典红十字会一共派出1016辆装有衣服、鞋子、毛毯、药品、医疗器械、食品等的货物列车去往俄国包括西伯利亚在内的战俘营。

还有不容忽视的心理因素：一些战俘在条件恶劣的战俘营中煎熬多年，他们几乎从来没有收到来自亲属的信件和包裹，红十字会的帮助让他们获得精神安慰，他们将"爱心礼物"看作自己没有被祖国遗忘的证明。盖岑还强调，他在红十字会代表访问时得到十分正面的体验。然而，他的日记也表明，某些情况下，红十字会的访问并不能产生持久的效果。代表团离开后，沙俄卫兵往往采取镇压手段，试图限制甚至取消之前给予的优待，1916年6月25日的记录就证明了这一点。

2 月 28 日，我们的屋子着火了。因为施工质量差，天花板横梁与大厅的某个烟囱管道交叉了。近几天，我们常常闻到一股烧焦的味道。今天大清早，大厅起火了，火苗烧了我们住所的天花板。太刺激了！可以从烧坏的地方看到天空。我们想要到外面去，但没有梯子。梯子和手摇泵后来终于被运来了。不久之后，灭火的水也就位了。水被装进桶里，通过雪橇运过来。中午，大火熄灭了；接下来几天，仅有些微弱的余烬，冒着烟。屋顶及墙壁上仍满是冰。天花板上的大洞已经用旧木箱的盖子补上，但屋顶仍然敞开着。这就意味着我们必须待在零下 40 摄氏度的环境中！俄国卫兵对此满不在乎，他们正在寻找引起火灾的人，并准备将其与最年长的[14] 军官都关押起来。

我们住所周围的空地使用两根通电线缆进行封锁，已有两位骑马的俄国通信员撞上电线，最后那位信使仍处于昏迷状态。我们正被各种欺骗折磨，每天都会下达新命令，通知我们可以在哪里、在什么时候散步，但这些命令常常自相矛盾。只要我们战俘的监狱里出现空缺房间，他们就会找借口将其再次塞满。如果你有一点幽默感，你会发现俄国人的命令和举动看起来非常有趣。瑞典红十字会在我们大厅工作期间，经常有各种摩擦冲突发生。尽管始终有斯塔西在场监督，俄国人仍十分憎恶瑞典人与战俘有所联系。这种交往最终被完全禁止了。

3 月 19 日，我终于收到家里的消息，梅迪和母亲的信件同时送达。谢天谢地，迄今为止，一切都很好。不幸的是，可怜的老祖母去世了。我真想见她最后一面。

3月23日，收到母亲及格蕾塔寄来的明信片。几天前，一位德国红十字会的护士来到这里［伊克斯库尔伯爵夫人[1]（Gräfin Ixkühl）］。最近这类频繁的访问带来了许多益处，一切变得更有秩序了。沙俄卫兵突然清理了很多地方，粪便堆积如山的茅厕和粪坑终于得到清理，接连不断的敲诈勒索也终止了。昨天他们甚至分发了大量逾期的包裹，并两次向战俘们发放汇款！

3月28日，有传言说，大多数普通战俘将被转移至其他地方，可能会前往沙俄西部去协助收割粮食。许多普通战俘只得向我们借钱，因为预计未来那些由家里汇出的钱款届时送不到他们本人手里。很多军官都帮助了不止一个人；我借给三个蒂罗尔人38卢布。营地指挥官签署了保证书，确保以后汇款到达时还给我们这些借款者。

3月29日，奥匈帝国红十字会护士莱芙特拉伯爵夫人[2]（Gräfin Reverterra）前来看望我们。春分时节，经常刮强风；否则阳光会更加温暖。大约中午时分，冰雪

1　伊克斯库尔伯爵夫人是德国红十字会的上级。她与艾尔莎·布兰德斯特伦有部分合作。

2　莱芙特拉伯爵夫人出版了她在1915~1916年前往西伯利亚的旅途中写下的一篇非常感人的日记，描述了战俘营中的灾难性条件。"Als Österreichische Rotkreuzschwester in Russland. Tagebuch von Gräfin Anna Revertera." In: Süddeutsche Monatshefte. Sept. 1923, S, 252 - 281。

融化了一些。

4 月 16 日，那些将去干农活的普通士兵还未离开，伤寒疫情不断反复，因此大家一直处于被监控状态。近几天下了暴风雪，白天阳光直射，积雪融化，但到了晚上，一切又冻得硬邦邦的。

4 月 25 日，复活节假期已过。早在节日之前，普通兵营就遭到"禁酒搜查"，尤其是针对沙俄卫兵。大量的酒被警察没收了，只提供给军官战俘。有谣言说，沙俄军官也留存了烈酒自用。总之，沙俄军官及普通士兵在假日期间都喝得酩酊大醉。几天前，俄国报纸上刊登了一篇文章，赞颂禁酒令这一国家举措，但昨天的报纸报道说，莫斯科如今的饮酒量远远高于战前水平。我们的普通士兵战俘目前被长期监禁；一个营房里面关着 500 人，他们只有在附近使用厕所时，才能出来透风。他们将在一周内被转移走，这么做应该是为了抑制伤寒病毒的进一步传播。

4 月 27 日，一名沙俄卫兵的腹部被德国士兵严重刺伤。关于转移至俄国西部的传闻不绝于耳，总让人们妄想和平即将到来。在过去几天，有几辆载着普通士兵战俘的车辆经过这里，据说是前往奔萨服劳役。傍晚及夜间，几英里外的大片草地着火，火光清晰可见。我收到梅迪寄来的明信片，这是第三次收到她的消息，可怜的小家伙必须动手术了。

5 月 3 日，最初几天，天气温暖；仅夜间仍会结霜。

一些小草渐渐冒出头。最近几天，又从中国东北运来一大批新酒，任何人无论想要多少都能买到。俄国警察正不限量地供应并售卖。当值时查没，不当值时倒卖。最近收到了一些家里的消息，以及格蕾塔自 1915 年 12 月 8 日寄出的包裹。

这之后，还有一个条目，既简短又震撼。

　　5 月 8 日　＋玛丽亚·玛格丽特＋

　　盖苓在这里之所以插入这一记录，是因为他在 6 月 17 日才接到女儿的死讯，相应的日记证明了这一点。从盖苓的妻子赫尔米娜细致入微的回忆和信件中可知盖苓女儿死亡的惨状，同时也能了解 1916 年战争在国内引发的不可思议的事件。

　　玛丽亚·玛格丽特，通常被称为"玛雅"，但总是被盖苓称为"小家伙"，她在 1914 年 2 月 4 日出生，是个健康的孩子。大约一年后，孩子突然发高烧，但医生只诊断为流感。稍有好转后，孩子再次发烧，身体极度虚弱，母亲又咨询了另一位医生，被诊断为肺炎。X 光检查发现她肺部靠近心脏的地方有脓液，可能要进行手术，于是进行了穿刺，但穿刺后没有发现脓液。出乎意料的是，玛雅竟然恢复了，只是不久后又变虚弱了。医生再次发现了疑似化脓的部位，并要求重新进行 X 光检查。

由于做母亲的赫尔米娜当时正因扁桃体炎而发烧，于是外祖母和舅舅恩斯特立即接过了带孩子去医院的任务。外祖母把孩子交给医生，医生把她放在X光仪器上，检查完，医生又将孩子递给外祖母。这时，站在身后的恩斯特走到母亲面前去接孩子。恰巧，天花板上垂下一根裸露的电线，缠到了他的头发上，他立刻摔倒在地，全身抽搐不已。玛雅亲眼看到了这可怕的一幕，悄悄地把脸转向了外祖母怀里。所有医护人员的注意力立刻集中在恩斯特身上。当他从休克中恢复以后，一直照顾他的医生转过身看向玛雅时，发现小姑娘已经死去了。赫尔米娜怀疑，为了避免在医院进行尸检，外祖母和孩子立即被送出去。几名医护人员帮恩斯特舒缓胳膊和腿部的痉挛，之后也被送出了医院。他们不得不抱着死去的小玛雅面对孩子的母亲。

在盖苓这一时期的日记中，没有表现出他面对这一噩耗时该有的哀叹或悲痛。虽然5月8日这一后来插入的条目占据了重要位置，但由于此时盖苓还未得知此事，在按时间顺序写的日记中，他似乎仍在不间断地记录着当时单调沉闷的战俘营生活：

6月6日，天气循环往复，偶尔某天温暖，随后便会有几天严寒加暴风雪。霜冻相当罕见，但低洼处仍有些结冰，冰雪只能融化地表30厘米或40厘米深的地方。能够看到一些燕子、猛禽、野鹅与野鸭。花朵稀稀落落，只有勿忘我和其他几种植物，且都是短茎物种，还有几种生长不良的黄花菜。最近营地里出现了许多狗，它们似乎很喜欢战俘；反之，它们看到俄国人便会进行攻击，非常奇怪。它们多次咬伤俄国卫兵，撕破卫兵们的大衣，因此，俄国人一再下令消灭它们。随后，有几只狗立即当场被绳子勒死丢弃。

　　我经常从梅迪那里收到消息，但小家伙的情况不太好，令人非常难过。如果天气允许，我尽可能地待在户外，并参与各个地方组织的活动；例如棒球、浮士德球⑮、足球、网球和保龄球。为了身体健康，也为了排解乡愁，我要把夏天过得尽量充实。不管最近前线传来什么好消息，我们都确信自己会在这里度过即将到来的漫长冬日。一段时间以来，已经有很多战俘列车返回欧洲；他们一定是去服劳役，这自然会引起各种臆想和猜测。我们营地如今正在召集这种劳动力，几列运输车已经离开。这时候，我们总会处于严密的戒备与监视之下。昨天，沙俄指挥官通知我们有一个人逃走了——第84步兵团的奥伯胡贝尔（Oberhuber），已经被布里亚特人（Buriatten）⑯杀害；这是真的吗？我为在这里逝世的医护人员以及志愿兵设计了墓碑。雕塑家米勒格正在制作石碑，我们希望能在几周后将其运到墓地（见图60）。下午，在两名押送人员及两名战俘的引导下，的确有一辆马车载着奥伯胡贝尔的尸体进入营地。他是在距离营地大约20俄里的地方被抓捕的。头部和胸部都已中枪，可能是用刀自卫时，被哥萨克射中。

图 60　达乌利亚战俘营墓园中的墓碑

6 月 17 日，中午恩斯特的信件送达，晚上收到了梅迪和父亲的信件。这三封信件都带来了同样不幸的消息：我们可怜的小女儿玛丽亚·玛格丽特去世了；而可怜的梅迪在经历长期焦虑之后，现在彻底孤身一人了。还有多久我才能亲自安慰她呢？

如前所述，盖苓在女儿逝世那天只写了一个名字。这个消息对他来说必定是个打击，因此，他的沉默只能进一步证明他无法以任何方式表达自己的感情——无论是在日记中，还是面对妻子或其他亲近的人时。战争和一年多的监禁并没有让盖苓更善于面对个人感情。正如当代资料显示，许多战俘不仅因战俘营的恶劣条件而遭受身体上的痛苦，更重要的是长期与家人分离或失联造成的心理创伤。

6 月 19 日，这段时间令人非常悲伤。尽管我们信心满满，坚信沙俄人很快会被再次击退，但前线加利西亚传来的消息仍然令人相当沮丧。

营地周围的情况日益恶化。我们只能在上校经营的杂货店里购物，别无他法，因此所有物品都变得异常昂贵。有次食糖供应短缺，接着又发生了持续时间最长的一次食盐匮乏。我们不得不使用芒硝（这是一种温和的通便剂），很多人都无法下咽。我们经常没有面粉。沙俄人以及战俘军官都有固定的肉食供应。但前者自然能预先收到充足的份额并随意挑选，只给我们留下些残渣及骨头。我们的肉食供应只有几个种类，或者什么都没有。任何情况下，都没有蔬菜。

随着监禁时间的延长，盖苓还见证了被俘军官的腐败和残暴，他对那些有辱军人荣誉的行为尤为厌恶。盖苓现在几乎无法掩饰自己对所谓"绅士们"行为的不满，与日记中原本平实的风格相比，他在写这些时颇具讽刺和挖苦意味：

我们有些同僚的行为令人憎恶，他们的受贿腐败和自私自利比沙俄人更胜一筹。因为远离战场，他们想要通过阴谋诡计和虚张声势掌握权力。在他们尽可能谋取私利的同时，也将后备军官置于不利的境地。（这里）已经发生了许多令人不寒而栗的事件，情况似乎只会愈演愈烈。卡勒中校在担任指挥官时非常和善，有几个上尉对其"巴结讨好"，一心只求晋升，这样做违反了规定。

他们酗酒的不良示范以及厚颜无耻地占有红十字会包裹的故事可以写满几本书。

6 月 25 日，瑞典红十字会已于前天离开。他们一共来看望过我们四次，他们的出现曾经给我们带来一些安全感。不出所料，（沙俄人）今天对我们的住所严加搜查，所有金属物品（金、银、铝、铜等）、书籍和写有笔记的纸张都被没收了。每天的散步时间缩短至上午 9 点至下午 1 点，下午 6 点至晚上 8 点。我们的索布朗杰大厅也被卫兵包围，5 天内任何人不得进出。但我们自我安慰说，沙俄人通常在前线进展不顺利时，才会采取这种措施。他们夸夸其谈，声称在加利西亚取得了"巨大突破"，但显然最终没有成功。此外，原本预计抵达圣彼得堡的基钦纳勋爵（Lord Kitchener）[17]，如今已安息于波罗的海海底。

一个附有 29 张建筑草图的包裹经瑞典红十字会的哈尔斯特罗姆博士（Dr. Halström）寄到维也纳，他的地址是斯德哥尔摩 15 区。

盖苓用"沙俄人在加利西亚前线的突破"暗示了所谓的"布鲁西洛夫攻势"。1916 年，法国和意大利在德奥同盟联合进攻下陷入困境，他们请求沙俄盟友在东线发动救援攻势。阿列克谢·阿列克谢耶维奇·布鲁西洛夫将军（General Alexei Alexejewitsch Brussilow）于是策划了以他名字命名的进攻，从 6 月 4 日开始，一直持续到 1916 年 8 月。虽然这次进攻是沙俄在第一次世界大战中最大的军事胜利，但给双方都带来了巨大损失。奥匈帝国和德意志帝国约有 77 万人死亡、受伤或被俘，沙俄的伤亡数字约为 100 万人。国内的经济困难加剧了人民的怨恨，这两个因素最终导致沙俄于 1917 年 3 月崩溃。

"布鲁西洛夫攻势"的初步胜利最终说服罗马尼亚加入俄国一方。然而，这支装备很差的罗马尼亚军队从一开始就只能依靠沙俄支持，与德奥同盟甫一接战，即被打败。

盖苓的妻子在罗马尼亚参战前不久离开布加勒斯特到巴德伊舍（Bad Ischl）附近的戈伊森（Goisern）治病，局势变化给她带来了更多的不确定性。他们的公寓现在已经属于"敌人的地盘"，她和盖苓的处境越来越难以有所改善，重新回到以前在布加勒斯特的幸福生活变成一种奢望。

战俘营里的"工作狂"

盖苓在 6 月 25 日的日记中提到的"29 张建筑草图"，清晰表明了战争结束后其尽快恢复自己的建筑事业的愿望。不过，盖苓本人明确表达这一愿望仅有一次，其在 1916 年 3 月 17 日写给母亲的信中说，他正在"勤奋地创作建筑草图"，要求母亲寄给他新的建筑期刊，以便了解当前的行业发展情况。"我希望通过这种方式，从这段不愉快的时光中获得一些价值……况且，在这里得让自己忙起来，否则就会烦躁不安，这里已经有很多前车之鉴了。"面对狱友不断产生的心理问题，盖苓成功地采取一种策略，即通过给自己设定具体的任务来摆脱单调的监禁生活所造成的心理压力。盖苓给自己设定的目标，让他几乎成了一个"工作狂"。"我必须说，时间对我来说并不难熬，反而过得很快。我早上会在合适的时间起床，6 点或 6 点半，否则我根本无法有效利用时间，到了晚上我还会责备自己做得不够好。"

盖苓给瑞典红十字会的 29 张建筑草图最终送达目的地，连同其他以相同途径从西伯利亚送出的草图，现在都被他的儿子弗兰茨收藏在美国的私人档案馆里。值得一提的是，正如《新维也纳杂志》（*Neue Wiener Journal*）在 1917 年 3 月 4 日报道的那样，盖苓的一些速写甚至在维也纳卡恩特纳大街（Kärntner Ring）上的戴姆勒工厂（Daimler-Werke）举办的展览中展出。报道称，展览展出的是来自西伯利亚各战俘营的"奥匈帝国和德国战俘的艺术作品和手工艺品"。"收藏家为古斯塔夫·霍尔斯特伦博士（Dr. Gustav Hallström），瑞典爱心物资的护送者。"关于盖苓的参展作品，《新维也纳杂志》评论说："建筑师盖苓教授展出了非常有趣的建筑和纪念碑设计图，它们创作于西伯利亚。作品充满了原始的、创造性的想象力，证明了蛮荒的环境有多么激发灵感。"

现存的建筑草图是盖苓在监禁期间专注于建筑设计的重要证据，它们记录了他一直热衷于各种建筑项目。别墅、乡间住宅或特罗波乌（Troppau）的公务员宿舍（见彩图 12）以及百货商店和纪念碑的图纸，让人们看到这位年轻建筑师追求个性的设计。它们大部分是 1916~1918 年在达乌利亚战俘营创作的，也有一些草图是在安蒂皮察（Antipicha）战俘营（创作的），1918 年盖苓在那里被关押了约 7 个月，然后被转移到符拉迪沃斯托克（Wladiwostok，海参崴）。

为了能够绘制建筑图，盖苓克服了很多困难才采购到一些不太合适的纸张和绘画材料。有时他能够买到普通的练习册（见彩图 13），但多数时间只能使用附近镇上小店的黑色包装纸。

学生时代，盖苓学习了各种各样的建筑项目，在维也纳技术大学学习时接触到了历史上的各种风格，如巴洛克式、哥特式等。他一定对这些风格的建构和表达方式非常着迷，并日后将其融入自己的创作。此外，盖苓的素描作品反映了瓦格纳学派对他的影响。

如果研究和比较战争年代发表在各种专业杂志上的建筑设计，我们就会发现，20 世纪初，一切风格形式都是可行的。建筑师们似乎感觉到一个时代已结束，接下来他们想尝试从以往风格中所学到的所有技能和知识。一些建筑装饰新奇，结构浪漫；另一些建筑则开始显现出现代主义实用的功能性。从 20 世纪初开始，在围绕着何为"正确"风格而展开的情绪化建筑争论中，有一种观点越来越盛行，即认为"风格建筑"已经过时，或者说各种风格在当代已经不可能有所发展。"新的客观性"代替了历史上的繁复和"老调重弹"，这种新的客观性在很短的时间内，即在 20 世纪 20 年代和 30 年代达到了顶峰，它摒弃了一切装饰，在方方正正的、大多是平顶的建筑中找到了理想形态。

图 61 河边的城市

对盖苓来说，在战俘营中画的草图也标志着他告别了"风格建筑"，此后走上了新的道路。他的许多设计都是用铅笔随意涂抹的草图，但也有些是用墨水或颜料精心绘制的。盖苓的绘画天赋在学生时代就曾得到赞誉，如今也显现在所有作品中，比如素描作品《河边的城市》（见图 61）。

盖苓的造型天赋还体现在其精心设计的习作《房子和花园》上，这件作品可能一开始就打算被当作杂志的封面。世纪之交，受新艺术运动的影响，花园作为房屋的重要延伸已经成为一种建筑惯例。因此，前文提到的盖苓大学同学约瑟夫·弗兰克在 1925 年以同样的名字创立了一家著名的家具店"房子和花园"，这不仅仅是一个巧合。盖苓为所画草图选择的传统字体非常引人注目（见彩图 14），因为他在战前的设计中一直倾向于使用现代的、分离派的艺术字体。

在一些草图中，盖苓展示了某些建筑细节的变化。例如，他多次改变不同外立面和窗户的布局，或者对房屋同一个角落的布局做出不同尝试。他对不同的拱廊设计也很感兴趣。在一张草图中，盖苓构思了一些巨大的柱头，这些柱头显然需要通过钢筋混凝土浇筑成型。1911~1913 年，约瑟夫·普莱克尼克在 16 区的维也纳圣灵教堂中实践了这种以新形式"铸造"古典风格的想法，当时他将钢筋混凝土运用到一个全新的、令同时代许多人震撼的设计中。盖苓有可能在奥托·瓦格纳工作室遇到了年轻的同事普莱克尼克，后者也参与了电车项目。由于盖苓很早就对钢筋混凝土加工工艺表现出极大兴趣，同时普莱克尼克设计的教堂作为维也纳第一座用这种新技术建造的教堂，引起了人们的极大关注，因此，可以推测盖苓在战前就知道并参观过这座教堂（见图 62、图 63）。

　　不仅钢筋混凝土，裸露的砖块也让盖苓特别感兴趣。尤其是这两种材料的结合，更是占据了他整个建筑生涯，但 19 世纪末主要用于教堂和工厂建设的裸露砖块，在盖苓的建筑师同事那里已经逐渐失宠。在设计工人居住区时，盖苓曾设想将水泥和砖块结合起来（见彩图 15）。

图 62　钢筋混凝土柱头

图 63　约瑟夫·普莱克尼克，圣灵教堂，
　　　　1911~1913 年，教堂地下室

他只用裸露的砖块来建造这栋单层大房子[18]，还为其设计了配套的走廊。盖苓对细节的热爱，或者说他对绘画的热爱在这个屋顶上体现得淋漓尽致，如老虎窗顶上站着一只鸟（见彩图 16）。

盖苓为一家不知名的建筑公司"房屋建筑协会"（Societatea Anonima de Constructi）设计海报时，也许想到了岳父在布加勒斯特成功经营的砖厂，其在海报中清晰表现了历史悠久的砖块材料的重要性（见彩图 17）。

自从建筑师将传统风格运用到新的创作中，他们就开始挑战以不同风格"玩转"同一个建筑项目。19 世纪初的弗里德里希・辛克尔（Friedrich Schinkel）和 19 世纪下半叶的弗里德里希・施密特是这方面的佼佼者。盖苓也将这种方式运用到了"中央大楼"的多种设计草图中，大胆接受了融合各种风格的风险，显示出他属于折中主义的一代。他的一张草图上有一个"人"字形屋顶，这是故乡风格的变体，而其窗户设计则融入了哥特风格的元素。他的另一张小图则是一个看起来很现代的圆形建筑的变体，它有一个扁平的穹顶，但主体通过间隔的柱子的方式融入了古典风格。最后，还有一种变体，高高的穹顶上搭建了一个现代化的小圆顶，并配有柱式门廊，显然是为了让人们从四面八方都能看到。这个设计直接参考了巴洛克式的卡尔斯教堂（Karlskirche），特别是两根图拉真柱[19]的呈现让这种风格体现得淋漓尽致。在两根巨大的凯旋柱顶端，盖苓绘制了旗帜状烟雾图案——这种绘画技巧通常用于表达标志性的纪念场所。圆形穹顶的另一种变化给人的感觉是，一个经过改良的巴洛克式穹顶被切割下来，放在地面上。阶梯状的"扶垛"明显为中世纪建筑的施工技术（见图 64、图 65）。

早在 1915 年，奥匈帝国艺术和教育部就宣布了一项设计战争纪念碑的竞赛。最好的作品会在 1916 年《建筑》（*Der Architekt*）杂志的增刊上发表，战争纪念碑和英雄纪念碑的设计后来也多次出现在其他专业杂志上。盖苓曾多次研究过这个主题，上面提到的"卡尔斯教堂变体"似乎就是其中一

图 64　中央大楼的变化

图 65　圆形圆顶大厅

个成果。然而在另一张图纸上，他却在山坡上勾画了一个由群柱组成的开放式环形建筑。威严的入口上方描绘的双鹰似乎是一种讽刺：两只鹰互相搭起翅膀——这与常用的描绘方式截然不同（见图66）。

　　盖苓可能对二元君主国的胜利，或者说更普遍地对战争的意义产生了怀疑，在此期间，战争已经达到了难以想象的规模。不可知的个人处境导致了他近乎病态的"绘画狂热"，以此抵御战争带来的煎熬。对双头鹰的讽刺性描绘[20]，正是他通过绘画来克服日常恐惧的证明，另一幅素描中的讽刺细节也是如此。一眼看去，貌似雕塑的所有部分都是为了赞颂英雄的牺牲。有盾徽的基座是英雄或战士纪念碑的明显标志，基座上却是几个半人马，拿着有力的棍棒，似乎时刻准备着作战（见图67）[21]。然而，维也纳战俘作品展的（某位）评

图66　环形纪念碑

图 67 雕有半人马的纪念碑

论员几乎没有提到这个讽刺漫画的细节，他以赞赏的口吻指出，"野蛮的环境似乎对盖苓产生了刺激作用"（《新维也纳杂志》，第 4 页，1917 年 3 月刊）。

盖苓为弗朗茨·约瑟夫皇帝设计的另一座纪念碑，再次显示了他将哥特风格融入设计语言的偏好。该设计设想了一座高大的独立建筑，为了突出其巨大尺寸，盖苓还在旁边画了一名观众做参照，而在他的其他设计中没有这样做过。建筑物的主体呈现的主要是现代风格的大尖拱窗。有趣的是，在设计图的背景中，盖苓详细描绘了一座哥特式建筑，用以展示自己对中世纪建筑的确切了解。另外，盖苓还表现出自己是一个折中主义者，他用凿刻的支柱让建筑顶部圆润地过渡，这与哥特式风格完全相悖（见彩图 18）。

盖苓的建筑风格和设计结构十分多样，在其他一系列标志性纪念建筑设计中也有所体现。当盖苓还是战俘的时候，我们可以看到他已经设计出一座战争纪念碑。当时，他尤其专注于住宅建筑的设计，当然他画的草图并不算多。其中有些项目没有目标客户，另一些则预设了特定的客户群体，例如"公务员住宅"或为战友们而设计。在被俘期间，盖苓设计的小型别墅以及华丽的乡间住宅，几乎都是在城外选址建造的。这样一来，他在设计时就不需要考虑周边的现存建筑，他为自己设定的任务，是将建筑物融入一个看似未被破坏的景观中且不显得突兀。这种方法符合阿尔弗雷德·卢斯（Alfred Loos）和约瑟夫·霍夫曼等建筑师在城外建造别墅时所提出的建筑规范要求。

20 世纪初的房屋设计美学典范强调与周围自然景观的和谐。例如，建筑建立在石头基座上，有百叶窗和陡峭的屋顶，木雕、木板或半木结构的部件被纳入立面设计。总之，这些元素都被归为"故乡风格"。建筑与风景融合得如画一般，这种特征最终与"亲近自然"画上等号，在更深层的意义上，其甚至等同于"安全感"。这种设计能够抵消工业化及社会动荡所造成的人际关系的疏离和冷漠感，因此富有田园诗意的设计风格进入了大城市。

盖苓也或多或少遵循着这些规则，并呈现出更加开阔的思路。无论他设计的独立住宅风格如何变化，它们都有一个共同点：充满了田园诗意的风格及其带来的安全感和家的温馨，这正是西伯利亚的战俘极度缺乏的。

其中有一栋独立带花园的别墅，屋顶耸立，上面有大小不一的窗户，基座极高。石砌体工艺[22]的基座和门洞，以及用小石块搭成的拱形窗，凸显了优美的居住环境。值得注意的是，虽然盖苓在这座建筑中省略了一切装饰，但他将上层部分窗户的窗楣设计成新艺术的装饰风格，这让人想起他在战争爆发前设计的建筑。那时，独特的窗棂划分有时会取代整个建筑的其他装饰物。盖苓似乎对这栋房子极为用心，根据日记记载，1915年6月18日至28日在基辅被囚禁时，他已经开始思考这个设计。被关押在达乌利亚期间，1916年4月左右他画了一幅草图，并精心设计了一个花园。在其他住宅设计中，盖苓没有这么用心过，几乎都只简单勾勒了周围的树木或灌木（见彩图19）。

　　在住宅"R"的案例中，盖苓仍然使用石砌体设计住宅楼的首层，还将这种材料延伸到上层的阳台护墙做点缀。螺旋立柱和入口处的装饰性点缀让房子有了活泼的意味（见图68）。

图 68　住宅"R"

其设计的施蒂利亚州（Steiermark）的乡间别墅"SZ"有一个围绕式阳台，并再次使用螺旋立柱支撑。耸立的屋顶包括一个木板檐口和另一个阳台。尽管该建筑似乎更像是位于高大针叶林中的森林木屋，但主卧、餐厅和起居室的平面图表明，盖苓设计的实为一座宏伟的上流社会乡间别墅。这座房子有趣的地方在于，盖苓的设计图选用了极端仰视角的"蛙眼透视法"[23]，这无疑是他在美术学院最后几年所受训练的结果，因为这是整个瓦格纳学派流行的表现形式（见彩图20）。盖苓喜欢把小房子建在有坡度的地面上，可能是为了让它们在乡村更引人注目；而把大型的乡村住宅建在城市的郊区，且大多建在平坦的建筑用地上。这些建筑更有典型性和现代性，例如"G"公寓。这是少数几个盖苓绘制了平面图的房屋之一。梯形的建筑表面和附设的音乐室表明，盖苓可能设想了明确的建造位置，或许是对现有房屋的改造。设置在角落的入口，以及上层紧挨的窗户，就是前文所述盖苓对建筑角落解决方案的变体。入口处天窗上的装饰性小格子与其他墙面上方正的大窗形成鲜明对比（见图69）。

盖苓设想的"花园住宅"的位置在"维也纳的郊区"，这项

图 69　公寓"G"

设计营造了城堡式的居住环境。圆形角楼、角落里的落地窗、弧形楼梯等童话特征，尤其是绘制精细的生机盎然的植物，同这座别墅一样，象征着盖苓对战前"理想世界"的向往（见彩图 21）。

盖苓设计多层建筑时较少做出变化。他喜欢在这些建筑外观上装饰骑兵雕像、半身像或高大的人像，就像他的老师奥托·瓦格纳设计的维也纳邮政储蓄银行一样。盖苓本人在战前的皮尔森啤酒厂酒店中就已经尝试过类似的设计（见图 70）。

然而，盖苓自己选择的主题并不止步于纪念碑和独立住宅。他还设计了数栋公寓住宅、一座博物馆和几座无法确定用途的建筑。在他的设计图中经常可以看到施工细节。但有时，可能是在手边的文献中找到了一些现有的建筑样本，他也会拿这些素材来练手。

图 70　带有骑士雕像的建筑

夹在"白军"和"红军"的火线之间

从盖苓创作素描作品的细心和毅力中，我们可以想象他因无法从事自己的职业而遭受的巨大痛苦。但是，在他的日记中，却没有任何一段文字表达了这方面的抱怨，也就是说，即使是对自己热爱的建筑师工作，他也不允许自己表现出焦虑，而是更务实地关注当下的事情。他虽然花了很长时间研究建筑，但只在日记中写下日常琐事，始终如一地记录着他无力改变的事件，这就是人们对其建筑研究过程知之甚少的原因。

7 月初，战俘们从索布朗杰搬到医院大楼。我们在索布朗杰搭建了菜园，即将迎来收获，还建造了一个冰窖，但沙俄军官将它们接管过去。我现在与西格尔中尉及休贝尔候补军官（Fähnrich Hübel）住在一个小房间里。我被任命为体育委员会会长；三个网球场已建成。我还为陵墓委员会服务，我提供设计，米勒格雕刻墓碑。进入盛夏，尽管下过几场雨，但还是很热。恩斯特寄来的第四笔钱款已经送达营地（每次 100 卢布），被分成两次转付。

8 月初，我们又落入俄国人新一轮的刁难中。日常散步的区域经过几次调整，最后面积变得只有原来一半大。所有称得上劳动力的被俘士兵都被调走了。因为不想承认自己营地死亡率过高，这位沙俄上校在上报时，显然夸大了符合要求的劳工人数。他昨天把我们所有的勤务兵和厨师集中起来，并在当晚将他们全部送走。现在连被俘的参谋官们也得自己承担日常杂务，如做饭、打扫房屋等，真是令人感到羞耻，但沙俄人似乎以如此对待我们为乐。我们仅剩下一名生病的勤务兵［皮肖夫（Pischoff），维也纳一家银行的雇员］，他是乘坐冬天那趟死亡列车来的，车里3/4的人最终都被送往了墓地；他挺过了疟疾和败血病。如今他的头发已经全部变白，走路也颇为艰难，但仍努力照顾我们。俄国人想将医院里染有肺结核的严重患者分配给我们作勤务兵，但我们的医生极力反对。

9月初，1916年8月27日至28日的夜间，瓦纳尔少尉（Lt. Wanner）及罗特少尉（Lt. Rotter）逃走了……沙俄人最近相当马虎，两天后才发现罗特也失踪了。他们随后进行细致的搜查，并对我们采取了诸多报复性措施，这引起巨大骚动。日常散步时间缩短到几个小时；指定区域再次缩减至原来的一半（自春天以来，周围带铁网的栅栏已四次收紧，面积也逐渐变得更小）。所有的运动场（包括当初花费巨大的三个网球场，自1916年8月18日起，那里的比赛从未间断）都关闭了。栅栏正好穿过漂亮的菜园，我们为了栽种蔬菜曾花费了许多人力和财力。这片菜园将被夷为平地，据说清除地面所有植被，是为了避免有人隐藏其中。因此，现在剩下的唯一自由空间位于营房、化粪池、厕所和垃圾坑之间。

（他们）每天都会进行两次严格的点名；号兵忙着发出无人能理解的信号。所有体育和游艺设备，以及乐器都被暂时扣押。几个月前被没收的书籍和学习辅导材料至今也未退还。而我们奥匈帝国的指挥官内部也产生了混乱。匈牙利军官不想服从奥地利指挥官的指挥，他们一直希望有个单独住所，自己管理，以此来改善自己的住宿条件。如今眼看要实施了，但因为环境变得愈加拥挤，他们只得放弃了。大家都很不满意。

几天前，我们得知罗马尼亚已向同盟国宣战，并打听到这个行动带来的直接后果。我们对此感到震惊，但仍坚信奥匈帝国终将获胜。谢天谢地，我妻子已经前往奥地利（巴德伊舍附近的戈伊森）过夏天，免于遭受这些麻烦。我不知道我是否还能回到罗马尼亚。希望不会，梅迪目前已经适应了新环境。

这篇日记的最后几句话表明，尽管曾作为建筑师在那里取得了成功，并且作为雇员受到岳父的高度评价，但盖苓显然对他以前去布加勒斯特的决定感到懊悔。也许他对赫尔米娜的爱比他曾经说过的更多，盖苓也是为此才搬到了布加勒斯特，但在一个与军事和政治上已陷入困境的奥匈帝国反目成仇、兵戎相见的国家生活工作令他难以接受。盖苓在营地生活期间，每天都能看到欧洲大陆上各个民族、族群之间的怨恨和公开的敌意，即使同一民族不同国籍的人也越来越相互对立。

10 月 4 日，今天是皇帝命名日。1916 年 8 月 18 日已举行过弥撒（为了庆祝皇帝寿辰）。根据卡勒中校的指令，今天所有军官都需穿制服，还要共进午餐。我们所有人都照做了，只有西格尔中尉除外，在 8 月 18 日的庆祝活动上，我就留意过他。为了不遵守命令，他待在自己的房间，并且请病假躲避沙俄卫兵的晨间点名，他还拒绝与大家一起共进午餐。尽管一般情况下，他会去参加所有的教堂活动，但他仍会避开做弥撒。10 月 4 日，这种行为再次发生，举行弥撒时，他在沙俄军官的注视下走来走去，令我们感到非常丢脸。他还当自己是现役军官吗？！

因为沙俄人没能成功抓到两名逃犯，他们真是花招百出。如今我们兵营周围设有 3 米高的木栅栏，且转角处都安装着探照灯。更重要的是，每晚所有门口都有哨兵把守，他们不允许任何人离开大楼，甚至不能使用厕所。

10 月 10 日晚上，我的窗下发生了一起不幸事件。西格蒙德中尉（Oblt. Szigmond）喝得烂醉如泥，试图从大楼里逃脱，但被沙俄哨兵开枪击中，据说是因为他用石头威胁了哨兵。这个可怜的家伙当场倒下，两个同伴想要帮他，也被哨兵赶了回来。因无法得到任何帮助，他只能在原地耗着时间，奥地利医生也不得接近他。在对大楼搜查了一个小时之后，他被拖到停尸房，他的私人物品也立即消失不见了。尸体两天后下葬，准许 10 名军官参加，但因棺材还未做好，他们又都回来了。

10 月 14 日下午举行葬礼。沙俄指挥官普拉波罗齐克·赫雷尼金（Praporschik Werenikin）亲自带领队伍前往墓地，存心报复。尸体仍然躺在停尸房，几乎保持着原样——只是衣服少了一半。棺材终于到了。目前为止，所有的棺材都很简单，但做工还不错，然而他们给这位军官只准备了一个粗糙的大木箱。一些下级军官请求妥善处理尸体，并将其抬进坟墓，均被拒绝了。在墓地，那位沙俄军官对死者满怀恶意与蔑视，且幸灾乐祸，行为十分令人憎恶。举行葬礼时，他一边抽烟一边吹口哨，在人群周围走来走去。战地牧师布拉塔尼奇（Feldkurat Bratanic）神父曾两次温和地提醒他，但后来却被斥责了一番。七个月前因需要"加盖公章"而被没收的教科书和字典至今仍未归还于我。

10 月 15 日，9 月底村里出现了黑死病病例，随后普通士兵中也暴发了斑疹伤寒。但均为个别病例。沙俄卫兵不断耍新花招。购物仅限于上校开的杂货店，致使物品价格飞涨，例如，黄油每磅 1.2 卢布，食糖（每月定量提供 2 磅）等许多物品根本不向战俘出售。装有书籍的包裹不需要进行转交，但其他所有运送来的食品，包括罐头食品，都会被整个拆开、仔细盘查。不过，谢天谢地，邮政系统勉强还在正常运转。

11 月 27 日，今天收到消息说我们的皇帝已经逝世。长期以来，我们始终不相信，因为之前的新闻简报中也有类似毫无根据的说法，但这次似乎是真的。这里冬天的天气非常恶劣——零下 30℃。作为策划"煽动"的惩罚，卡勒中校和战地牧师将被派往其他地方，调离我们的营地。罗特他们在逃脱后的第二天就被人从中国东北接走，据说如今抵达了哈巴罗夫斯克（Chabarowsk，伯力）。（我）收到了来自梅迪及其他人的好消息！同时阅读了几本好书，如《暴风雪》（*Storm*），弗里德里希·胡赫（Friedrich Huch）的《皮特与福克斯》（*Pitt und Fox*）[1]——（主人公）在许多方面都与我相似。

12 月中旬，奥地利红十字会护士金斯基伯爵夫人（Gräfin Kinsky）与一位沙俄侯爵一起抵达。他们收到了许多抱怨，其中有些似乎起到了作用。我们随即获准佩戴黑色臂章，以悼念皇帝的逝世，并可参加纪念性弥撒，这在之前是不允许的。所有军官均听从少校的指令，穿着整齐、佩戴黑袖。西格尔中尉一如既往，拒绝参加这次活动，他的室友布洛赫少尉（Lt. Bloch）、昆兹候补军官（Fähnrich Kunz）和普里默（Fähnrich Primmer）也都未参与。然而，他出席了随后举行的集会，因为其没有请到病假。

1　F. Huch: Pitt und Fox. Die Liebeswege der Brüder Sietrup. München 1909.
弗里德里希·胡赫（1873~1913 年）被认为是世纪之交"颓废派诗歌"的代表人物。盖苓评论说，小说中包含"许多与自身相似的东西"，这一点很重要，因为他的日记中几乎没有任何自我反思的段落，因此几乎没有透露出他更深层次的思考和情感。书中的主人公皮特，可能看起来与盖苓自己有相似之处，皮特在寻找伴侣的过程中，透露出对过度亲密关系的恐惧，并一再回避过于亲密的关系。

我从红十字会护士那里提前得到 100 卢布。圣诞节期间（我）孤独且悲伤。1916 年 12 月 25 日，沙俄上校允许我们在会堂集会庆祝，显然是为了安抚我们的不满情绪，但因为长期以来遭受了太多恶意行为，我们真的无法相信他。过去六周（我）没有收到任何邮递物品，直到 27 日，格蕾塔寄来的装有盥洗用品的包裹才送达。空气中充满着和平的希望！

1917 年

从 1917 年开始，盖苓的日记寥寥无几，这可以理解为他身处单调生活中的无奈之举。二月革命和十月革命对俘虏的影响不大，而且俄国与德奥同盟的战争还没有结束，所以盖苓没有什么可记录的，尤其是看守的骚扰、口粮的短缺等问题，都像之前一样不断重复着。

沙俄在布鲁西洛夫攻势中取得的最大军事成功反而加快了沙皇帝国的陨落，这种矛盾的情况在盖苓的日记中没有得到反映。进攻中遭受的巨大损失使沙皇军队士气低落，国内民众的生活状况是灾难性的，最初的战争热情也难以为继。这两个因素也是 1917 年俄国两次革命的基础，而二月革命直接终结了沙皇的统治。

二月革命后，资产阶级临时政府和苏维埃两个政权并存，但是它们都未与交战国进行结束战争的和平谈判。十月革命后，在布尔什维克政府的领导下，1918 年 3 月 3 日《布列斯特－

立托夫斯克和约》（Frieden von Brest-Litowsk）签订，苏维埃政府领导下的俄国与德奥同盟之间的战争状态才告终结。

短期来看，这些重大地缘政治事件并没有给盖苓的生活带来太大改变。起初，巨大的动荡对西伯利亚战俘日常生活的影响微乎其微，这一点从盖苓稀疏的记录中可以看出来。直到1918年"红军"和"白军"的斗争全面爆发，战俘们才切身感受到西伯利亚地区所受到的政治事件的影响。

8月1日，单调的生活始终如一，和平的希望断断续续，不断地经历失望。卫兵的花招和恶行总是层出不穷。俄国革命至今没有对我们造成太大影响，只是士兵委员会㉔如今掌握着最高权力。他们和沙俄上校之间互相诋毁中伤，这无疑会对我们不利。在过去两个月里，我一直独享宿舍里的一个小厨房，那里还有不错的工作区。不过两个星期前，我们从宿舍搬到了大型兵营。每个营房内分配住宿了100名战俘军官，几乎没有任何活动空间。散步区域小得可怜，但我们仍然努力组织各种运动。食物供应明显不足。每人每月的定量口粮是一磅面粉和1/3磅猪油，每周一磅肉，面包的供应量尚可。但不幸的是，（我们）常常拿不到这些规定的份额，（他们的）借口是"没有食物了！"最严重的问题是饮用水紧缺，饮用有问题的水源很可能导致感染流行性肠道疾病。2月份，我们每天能以小组为单位散步两次，一次一小时。我们的同伴卡雷什蒂斯少尉（Lt. Karesztis）

于此月去世。同一天，我们安葬了这位亲爱的同伴和之前去世的图书管理员祖利克中尉（Oblt. Czullik）——葬礼催人泪下。邮递服务水平不高且数量稀少。但我前几天收到了梅迪的信件，信中她似乎恢复了往日的开朗愉悦，流露出自信和勇气。这对我来说便是最好的安慰。

9月初，有天晚上卫兵忽然对房屋进行搜查。他们从许多地方"拿走"了糖和冬季内衣。至今尚不清楚他们在搜查什么，但随后许多钱包和部分现金都不见了。算上来自赤塔、安蒂皮察和特罗伊科萨夫斯克（Troizkossawsk）的新军官，我们现在已有762名军官战俘。星期天，我们举办音乐会、歌舞表演和戏剧表演。定期讲座也正在重新开办，这便是我们的冬季活动。

9月8日，弗利茨·塞瓦尔德（Fritz Seewaldt）寄来一张明信片，带来了路易斯的死讯，这是6月初的事！（路易斯是盖苓妻子的另一个哥哥，曾服役于罗马尼亚军队，因霍乱病逝）

9月14日，我最近接收邮件的运气太好了，收到了家里寄来的两封信件和三张明信片，还附有两张小照片。过了几天，又有三辆列车抵达，我们营地的总人数达到了1200人。

1918年

十月革命胜利后，接下来是1918年残酷的国内战争：

一边是为共产主义布尔什维克而战的"红军",另一边主要是由反共的保皇派组成的"白军",主要从南方的哥萨克中招募而来。但从盖芩的日记中可以看出,也有哥萨克站在布尔什维克一边,这更加剧了混乱的局势。

在这些冲突过程中,战俘意识到自己处于动荡的状态。从盖芩的描述中我们可以看出,"白军"和"红军"之间这种激烈的斗争破坏了现有社会结构,连时间看似停滞的西伯利亚战俘营都被卷入其中,这个前帝国最遥远角落里的生活终被卷入新的政治浪潮中。

尽管在战争的最后几个月里,人们热切希望早日达成和平协议,但当时战俘们回家的唯一途径还是伤残军人交换。直到1918年3月的《布列斯特–立托夫斯克和约》签订后,德奥同盟和苏俄之间才签订了交换战俘的议定书。然而,由于涉及人员数量庞大,运输和后勤面临巨大挑战,正如莱因哈德·纳赫蒂加尔所述,苏俄政府在遣返方面的努力是受限的。"世界大战期间征召的1500万沙俄士兵于1916~1917年被遣散,加之军方领导长期以来不知道如何安置的数百万内战难民和其他国家的俘虏,因此,于1918~1920年陆续遣返战俘这一方案产生。"[1]

到1918年底,原沙俄欧洲部分的所有战俘都被送回国了。而在西伯利亚的约40万名战俘则受到"白军"和后来的捷

---

1 R. Nachtigal: Die Repatriierung der Mittelmächte-Gefangenen aus dem re-volutionären Russland. In: J. Oltmer (Hrsg.): Kriegsgefangene in Europa im Ersten Weltkrieg. Paderborn u.a. 2006, S. 241.

克斯洛伐克人的影响，受到严格且报复性的控制。因此，营地中的大部分俘虏在 1920 年苏维埃军队胜利后才最终得返祖国。

第一次世界大战开始时，捷克人与斯洛伐克人在法国、意大利和沙俄组建了军队，目的是摆脱奥匈帝国的统治，实现民族自由，并建立独立的主权国家。所谓的捷克斯洛伐克军团[25]在苏俄内战中发挥了特殊作用。这个军团由前捷克斯洛伐克战俘和叛逃者在沙皇统治时期成立。布尔什维克夺取政权后，捷克斯洛伐克军团与协约国签订一项协议，保证其成员的武装中立，并自由离开苏俄前往法国。在那里，捷克斯洛伐克军团将加入协约国一方作战。当发生匈牙利战俘事件[26]时，这支部队已经登上了伏尔加河中游和西伯利亚伊尔库茨克之间的列车。此前不久就任的布尔什维克政委列昂·托洛茨基（Leo Trotzki）停止撤军，并下令强行解除捷克斯洛伐克人的武装。捷克斯洛伐克部队进行了反抗，1918 年 5 月 25 日晚上，他们在苏俄领土中部进行了一场起义：捷克斯洛伐克人停止了所有的返乡行军，夺取当地苏维埃的政权，并控制了整个跨西伯利亚铁路。

盖苓和他的战友们发现自己多次卷入这些冲突中。战俘们被夹在不同战线之间，他们的个人处境也相应地变得充满意外。在大范围的混乱中，许多人为了能够回家而逃离营地。他们成群结队地涌入大城市，在战争的最后一年里，那里的居民忍饥挨饿，因此这些士兵的返乡之途也不得不经历重重苦难。在内战的这一阶段，战俘营卫生和医疗条件也持续恶化，许多战俘死于饥饿和疾病。

盖苓本来希望通过伤残战俘的交换逃离战俘生活，他在1918年2月21日给妻子赫尔米娜的信中写道："最后的消息使我们完全失去了战争能迅速结束的希望，但我们还没有完全放弃，如果没有别的办法，我们只能寄希望于交换部分战俘。我以前说过，已经有很多同僚参加所谓的伤残战俘交换了。这种途径是比较安全的。我的膝盖挫伤，加上战争造成的职业生涯损失，这些经历可能已经足够符合条件。如果有可能被交换回国的话，那可就太好了；看到一个又一个运气好的同伴回到家乡，我非常难过。"盖苓提到了一些已经回家的同伴的名字，他的妻子可以向他们询问情况。然而，这封信写于1918年2月，10月才寄到哥本哈根，最后送达维也纳时，盖苓所在的战俘营已处于捷克斯洛伐克人的严格管控之下。因此，正如1918年5月24日的日记所述，通过交换战俘的方式回国也不可能了。

盖苓的日记反映了这一时期的混乱状况，在某些日子里，他一天写了两个条目——这些条目内容上有重叠，并不是互补的——另一时期，整个星期都没有记录。尤其值得关注的是，从3月中旬到4月中旬，再到5月中旬，每段日记之间都有整整一个月的空白，其间被俘军官一定长期处于前途未卜的状态中。

1月3日，（这天有两条记录！）俄国人中爆发大骚乱；我们的卫兵部队现在宣布加入布尔什维克。满洲里[1]的哥萨克发来电报，要求我们的卫兵在两小时内放下武器。因此，他们在拿空弹药补给库的有用物品之后，丢掉步枪，带着私人行李匆匆赶往火车站。晚上，我们的三名战俘士兵在苏俄指挥部的金库和旗帜旁放哨！

1月3日，在对中国人的长期恐惧之下，所有俄国士兵都匆匆忙忙带着行李箱跑向车站或者其他可以逃走的地方。——哥萨克终于来了；几周后，对布尔什维克和红军的恐惧又开始了。能够离开的都去了中国东北。那些沙俄军官，包括我们的指挥官，晚上多次跑走，转天归于平静时，又回来了。

1月4日，一名哥萨克军官带着一小支巡逻队抵达，赶走了余下的所有布尔什维克卫兵。然而，若对攻开始，红军分队立即会从赤塔赶来。时局动荡；甚至有人担心会被中国人俘虏，因为某支中国军队[27]正在努力掌握整个中国东北的管理权。然而，最大的担忧还是来自红军。能跑的人都跑了。

1月25日，晚上，我的室友马尔卡特博士［Dr. Markart，来自梅拉诺（Merano）］因战俘交换动身回家。我前往车站为他送行，这个离别格外艰难。没有卫兵了！这段时间真是太愉快了！我们每天都可以自由散步；但有传言说哥萨克将接手看管；那意味着我们的喘息时刻接近尾声。果然，有一天，我们去附近的盐湖远足，回

1　满洲里，中俄边境城市。

来后遭到了一伙哥萨克人的殴打。

3月1日，（这天有两条记录）大约早上8点，有人在草原上看到了哥萨克巡逻队与红军发生交火。所有人都很恐慌，平民惊慌逃跑。早上，红军的炮火开始攻击火车站、村庄和我们的营地。营地正位于火力线之间。在这场混乱之中，负责管理营地的沙俄上校带着他的家人从家里逃出，藏进我们的营地里，他们在这里躲避了几天，直到最糟糕的局面结束。他家被洗劫一空，但战俘们设法找回了他家里剩下的家具和瓷器，并将其存放在我们的营房里。这批哥萨克人大多数曾是前沙皇军官和塞尔维亚的志愿军，中午交火期间，他们陆续穿过阅兵场，从营地撤退。我们大部分战俘透过营地的围墙和窗户关注着这场军事行动，但我们的两名勤务兵不幸受了重伤。不久，第一批红军便出现了，声称他们知道战俘们曾参与抵抗布尔什维克的行动。从这里到东方下一站塔拉苏（Tarasun）的铁路沿线仍有小规模冲突。所有上锁的房屋都遭到洗劫。达乌利亚忽然出现了各式各样价格合理的商品。据传哥萨克领导人谢苗诺夫（Semionow）[1]认为战俘参与了最近的战事，尤其是帮助布尔什维克侦察炮击目标。因此，他不打算放过任何战俘……又是巨大的骚乱，（大家都）努力逃离达乌利

---

1 格里戈里·米哈伊洛维奇·谢苗诺夫（Grigori Michailowitsch Semionow）是俄国内战期间的俄国将军和白军领袖。他得到了日本人的支持。

亚，我们终于获准离开。

3月1日，早上听到了枪声，所有人都惊慌逃跑。早上，大炮向城镇和营地开火，炮声不断。哥萨克人还带着一支塞尔维亚人的志愿军分队，他们从我们的营地撤退了。我们长时间处于两军交火的中间地带，但没有人关心。我们目睹了战斗（？）。交火中，管理战俘营的俄国上校和他的家人被带入我们的营房，因为人们很担心他。他的住处随即被闯入并洗劫一空。他和他的家人（妻子、儿子和三个女儿）一直躲在我们身边。几天后，我们与俄国人就他的安全和离开进行了交涉，我们还找回了他家里的家具残骸。几天后，一切都平静了下来。交火区域离我们的营房很近（5俄里），布尔什维克的纪律非常严明，比哥萨克好得多。我们正设法脱身，免得万一受阻时又落入白军手中。——所有布尔什维克人都非常正直，没有以任何方式打扰我们。我们要拿到武器来保护自己，因为抢劫和谋杀，尤其是在铁路上，是家常便饭。——不幸的是，我已经几个月没有收到任何邮件了。

逃亡的战俘

最后，盖苓和他的战友从达乌利亚转到了安蒂皮察，这是一个再往西一点靠近赤塔的营地。他在那里度过了8个月的时间，在此期间，白军和红军之间再次发生战斗，因而战俘们普遍缺乏安全感。即便如此，我们依然能从盖苓的一些草图中看出他对建筑问题的关注。

　　3 月 13 日晚，我们终于获准离开达乌利亚，启程前往安蒂皮察，当地苏俄人大量买下我们的东西，比如家具、多余的厨房用具等。这趟旅程难受极了，一节车厢里挤着 28 名军官及其全部行李。一部分人一直待在木板床上，另一部分人则挤在中间炽热的炉子旁，他们紧靠热源那端的裤子或大衣都快被烧焦了，紧挨着外墙的后背则冻得僵硬。

　　3 月 15 日，（两条记录）两个不眠之夜过后，1918 年 3 月 15 日，我们终于在安蒂皮察下车了。历经各种苦难，我们最终住进了日俄战争期间的战俘营，条件相当好。我和一个俄国人［高尔察克（Koltschak）军队的一名军官？］[1] 住在一个小而漂亮的房间里。现在由红军全面负责（看管战俘），他们自然不同意给予战俘军官任何津贴，也不准我们享受高于普通士兵的特殊待遇。但赤塔设有一个红十字会救助站。

　　3 月 15 日，我们在安蒂皮察下车，长久以来我第

1　亚历山大·瓦西里耶维奇·高尔察克（Alexander W. Koltschak）于 1918 年 11 月以"西伯利亚政府"战争和海军部长的名义招募了一支军队，随后推翻了这个政府，并任命自己为"俄国最高执政者"，他的这一做法得到了协约国的承认和支持。他建立了独裁统治，在英国和法国的物质帮助下，最初在西伯利亚成功地领导了与红军的斗争。1919 年 4 月，高尔察克——布兰德斯特伦书中说他是"一个光荣的战士"（第 224 页）——与布尔什维克作战失败后被俘，于 1920 年被处决。

一次住到像样的住所中（前沙俄军官住所），两个人住一个小房间。总有新问题引起骚动。他们先是计划将我们安排进某一兵营；然后再将我们转移至佩捷施卡（Pjestschanka，赤塔东边的一个营地）㉘，但我们设法躲开了这两次转移。周围是美丽的树林和音果达河（Ingoda）。尽管天气依然很冷，但我们仍常常散步……有许多关于红军的传言，我们的人里有很多都加入了红军，特别是匈牙利人。

　　4月14日，早上，红军卫队包围了我们的营地，任何人都不准离开。中午时分，增援部队抵达，并在院子里架设了一挺机枪。随后，红军走进各个房间，以共产主义的名义，代表他们那些住院治疗的同志们没收物品。（战俘们的）衣物，特别宝贵的鞋子，几乎所有没穿在身上的东西都被拿走了；（而我）三套以上的衣服，120多卢布，还有糖、罐头等几乎所有东西也被拿走了。随即，他们宣布将有更多的列车抵达我们的营地，之后便离开了。果不其然，随后几天，这些列车便都到了。不过，除了不得佩戴军徽外，没有其他禁令，一些战俘军官将他们的军徽都摘了下来。局势变得越来越紧张，有人说营地周围加强了警戒。谢苗诺夫似乎正稳步向西推进，大家都担心他即将夺回赤塔。（红军）再次安排我们向更远些的西部转移，但有传言说那里曾爆发小规模冲突。

　　5月14日，匈牙利战俘加入了红军，如今负责看守我们。不准我们走出兵营周围的木栅栏，管制也日益严格。一位前鞋匠现在是我们的卫兵指挥官！食物供应越来越紧张。我们根本不可能私下购买东西；人们预计几个月内会出现饥荒。物价已经高出天际。所有人都想离开这里。回家的希望转瞬即逝，始终只是假象。

在所有的战俘营中，被俘士兵都建立了手工艺作坊，特别是鞋匠和裁缝作坊，他们用最原始的自制工具帮助同胞缝补衣物。盖苓提到的那个鞋匠在升任卫队指挥官之前，可能就在这些工坊中工作过。

西伯利亚遣返战俘的速度极其缓慢，不仅有后勤运输方面的原因，布尔什维克也想尽可能多地招揽战俘，将他们补充进自己的部队，或者利用他们的专业知识和劳动力，以便开发西伯利亚的矿产资源。因此，1918年初，他们在战俘中开始了密集的革命宣传。绝望的处境和对未来的不确定，使他们中的许多人接受了革命思想。然而，正如艾尔莎·布兰德斯特伦所指出的那样，参加红军的最强动机是改善个人物质条件。出于意识形态参加红军的人很少；据说只有匈牙利人和塞尔维亚人才会对征兵有特别的兴趣。

1918年5月，盖苓终于成功地被伤残军人委员会提名交换俘房。但即使是这一丝希望，也很快变成了苦涩的失望。

5月24日，伤残军人委员会抵达。我们营地的9名军官将被护送至赤塔。我有幸成为其中一员。我们原定于 6 月 6 日出发，但几天前一封电报说铁路沿线的交通中断，出行计划取消。捷克斯洛伐克的军用运输专列正向符拉迪沃斯托克（海参崴）行进，准备转移到法国西部前线，它们早应被红军解除武装，但仍在奋力抵抗。这导致周围几个城镇爆发了大量的小规模冲突，捷克斯洛伐克人控制了铁路沿线的某些车站。有人推测说，这可能是反革命活动的开始。当地红军中出现了巨大骚乱。最近，所有士兵、勤务兵等几乎都被迫加入了红军或某个组织，否则他们什么也得不到。战俘们得到保证，除非急需挽救革命，他们不必拿起武器。结果这种紧急情况即将来临，令他们瞠目结舌。非常不幸，在这种情况下，原计划的伤残者转移以及人们热议的全面撤离均被搁置，我们担心这将会被无限期推迟。

这时，按时间顺序排列的日记条目中断了，盖苓用一条醒目的线横贯整页，使之清晰可见。以下条目只是追溯性的，如插入"1920 年 1 月 27 日添加"的记录：

1918 年 8 月 28 日：红军离开了。大清早，红军的火线横穿我们的营地，并不费吹灰之力地向前推进。白军小心翼翼地紧跟其后。——商品的价格立即高涨！

9 月 2 日：第一支日本军事巡逻队出现[29]，我们立即尝试与其取得联系。

9 月 19 日，我与金姆少尉花费了两天半的时间为一名朝鲜的农场主挖土豆。我们每天能收到 5 卢布。之后该寻找其他的工作了；是在附近的树林里伐木，还是去车站帮货车卸货？

10 月 3 日，日本人将我们赶出兵营，我们无处可去！我们必须离开这里，但没有人知道要去往哪里——向西还是向东？

10 月 4 日，向东出发！我们 30 个人挤在一辆牛车里，踏上了去往特普鲁什基（Tepluschki）的漫长旅程。没有粮食，也没有钱。任何有价值的东西全部在车站里用来交换食物。谢天谢地，中国东北的东西便宜些，过了这么久，我们才第一次买到糖。

这段旅程应该是在中东铁路㉚上进行的，这条铁路是沙俄在 1897 年至 1903 年修建的，是跨西伯利亚铁路的南支线，连接赤塔和符拉迪沃斯托克（海参崴）。1905 年日俄战争中俄国战败，但这条铁路线仍然是沙俄的财产。

1918 年 10 月 16 日，列车抵达符拉迪沃斯托克（海参崴）附近的佩尔瓦贾·雷捷施卡（Perwaja Rjetschka）战俘营。在这最后一站的囚禁中，盖苓的处境发生了根本性的变化。现在，他的纸上谈兵——为各种各样虚构建筑合同绘制草图的工作结束，他可以再次展示他作为建筑师的实践技能。

10 月 17 日，大清早，尽管我们有 7 名押送者，但还是被一群塞尔维亚人抢劫了。因此，我们被转移到一个偏僻的营地佩尔瓦贾·雷捷施卡。我们被移交给捷克斯洛伐克人监管，并遭到了恶意对待。我们需要砍伐附近的橡树，用作厨房所需的燃料。每天都有另一批战俘军官与我们轮流执行任务，轮岗期间，必需的鞋子也借来借去。一名土耳其战俘被大树压死了。

11 月 21 日，我们的营地被移交给日本人监管。条件立即得到显著改善。营房正在进行维修；水井和澡堂也已完全恢复使用。为了便于供水，他们还修建了一条窄轨铁路。在实施这些项目的工程中，我做了许多设计和监理工作。

1917 年底，布尔什维克在俄国内战中控制了符拉迪沃斯托克（海参崴）及周边地区。1918 年 11 月，日本派出 7 万多名士兵支援白军，占领了符拉迪沃斯托克（海参崴）及太平洋沿岸部分地区。由此战俘营移交给日本人管理，这不仅带来了盖苓提到的战俘生活条件的改善，而且盖苓作为建筑师的技能也很快得到了地方当局的认可。在完成了几次令他们满意的营地改造任务后，盖苓还接到了在符拉迪沃斯托克（海参崴）市区的工作。从这时起，他就可以比较自由地活动了，只需时常向佩尔瓦贾·雷捷施卡战俘营报告即可。不过，盖苓在此期间的通信极为稀少，只有几张珍贵的照片记录了他的活动，战争结束后，一位前战俘营指挥官写了一封信，全面概括了盖苓这一时期的工作：

尊敬的先生

建筑师和工程师

罗尔夫·盖苓

维也纳，1929 年 11 月 26 日

作为符拉迪沃斯托克（海参崴）附近佩尔瓦贾·雷捷施卡战俘营的前指挥官，我认为我有责任对我们 9 年后的重逢表达特别的感想。尊敬的建筑师先生，再次以与我们共同经历了被俘的悲惨命运的所有奥地利、德意志帝国、匈牙利和土耳其的战友和士兵的名义，向您表示衷心的和最深切的感谢，感谢您为公众利益所做的独特的和杰出的工作。

在 1918~1920 年，您在我们痛苦的困境中所做的有益工作让我们所有人都难以忘怀，在此期间，您利用丰富的专业知识，修复和重新安装了被布尔什维克破坏的营地、医院建筑、洗浴场所和面包房，作为专家表现出色。

尽管西伯利亚非常寒冷，您仍然积极应对营地的缺水问题，为营地的供水建造了一座带有轻便铁轨的水井设施。

亲爱的建筑师，您通过不懈的努力和极大的热忱，将我和我们在日本司令部工作的医生反复提出的关于隔离结核病人和精神病人的建议付诸实践，为上述病人修复损毁建筑，让他们可以住在隔离病房里。

为了缓解战俘们被囚禁的痛苦，您在营区内将一座

被毁坏的建筑改造成剧院，幸而有您，所有战俘才能在其中度过许多欢乐时光。

在战地牧师斯潘鲍尔神父（Feldkurator Pater Spannbauer）的努力下，佩尔瓦贾·雷捷施卡的公墓建成并举行了落成典礼，在这里可以表达我们对已故战俘的敬意，公墓中竖立着一座朴素而庄重的纪念碑，其设计和筑造都是您一个人的功劳。

在您的努力下，不仅是这座纪念碑，还有众多的墓碑都令公墓更加美观。

亲爱的建筑师，所有战俘都对您表达最崇高的敬意和感激之情，这不仅是由于您上述尽心竭力的工作，而且还由于您主动为战俘同伴提供工作和赚钱机会，在您的指导下他们为符拉迪沃斯托克（海参崴）的日本司令部建造起各种建筑物，如弹药库和汽车修理厂。

您的卓越功绩还包括在符拉迪沃斯托克（海参崴）圆满完成了波兰教堂（Polnische Kirche）的建设。这一建筑由于革命的原因一直处于未完工状态，脚手架已经倒塌，您历尽艰辛完成了这项工作。

不论是在佩尔瓦贾·雷捷施卡战俘营，还是在符拉迪沃斯托克（海参崴），您的辛勤工作都值得充分肯定和赞赏，因为上述所有建筑工作都是在您的领导下在特别困难的情况下进行的。由于战争原因，所有这些项目都缺少许多常用的工具和辅助用具，而且许多建筑材料也找不到。

当时，我曾在营地指挥部嘉奖令中表达了对您杰出贡献的肯定，并代表所有战俘向您，亲爱的建筑师，表达衷心的感谢和充分赞赏。

不巧的是，这条嘉奖令当时没能引起您的注意，因为您当时正在营外的符拉迪沃斯托克（海参崴）日本司令部工作，后来您没有从那里再返回营地。

现在，我特别高兴能够借此机会，向亲爱的建筑师，以当时整个战俘营的名义表示衷心的感谢，充分肯定您对集体利益的不朽贡献，并保证当年的每一个战俘都将满怀感激地记住您。

我真诚地祝愿您日后幸福安康。我在此签名，以表达我最崇高的敬意，以及对忠诚的同伴们的衷心问候。

您真诚的

鲁道夫·皮萨奇上校（Oberst Rudolf Piszachich）[1]

在佩尔瓦贾·雷捷施卡战俘营的改造和扩建过程中，盖苓能够展示的并不是他的艺术和创新才能，而是他在空间规划和建筑理论方面的扎实基础。他的组织才能和艺术魄力历经多年监禁生活还能保存下来，这对他日后大有帮助。例如，从一张照片中我们能看到，盖苓将烧毁的营房改造成了一个尖顶建筑，以供那些在战争或被俘期间患上精神疾病的伙伴

---

1 盖苓遗物中未发表的文件。

使用（见图 71）。

在这一时期保留下来的为数不多的信件中，盖苓 1919
年 6 月给妻子写道："我们现在的生活相当不错，拥有了所
需的一切，唯独缺少自由，还有一样东西——回家。尤其是我，
我的表现很好，我在日本司令部服务，有一些专业工作，因
此经常可以走出可恨的铁丝网。就我的健康而言，但愿只生
这一次病：今年春天这里也暴发了西班牙流感，你似乎把它
叫作流感。我在修井的时候感冒了，那时我才想到这个问题。
和大家一样，我也马上去了隔离医院，但大量出汗之后，第
五天我就给别人腾地方了。"

这封信不仅证明盖苓在经历多年监禁之后，依然拥有出
色的身体素质，还指出了他具备在异国环境中建立专业人际
关系的独特能力，特别是他非凡的实用主义精神，使他即使

图 71　佩尔瓦贾·雷捷施卡战俘营中的营房

在囚禁中也能很快适应建筑师的职业。一张照片清楚地显示了他和俘虏中的一群志愿建筑工人在一起的场景，仅从他的衣着上就能看出——可能是在符拉迪沃斯托克（海参崴）买到的——即便是长期的监禁也无法击溃他坚定不移的自信，这是他的职业生涯坚实的基础（见图 72）。

盖苓久违的离群索居倾向又一次显露出来，他在同一封信中这样表述："我现在和一个来自喀琅施塔特的同伴合住，不用再和大部队住在一起，宿舍里设了一个盥洗室，就我们两个人使用。现在，谢天谢地，我又能获得片刻的安静和独处了，这是我一直需要的。"

这一时期的日记仍然非常零散，语言比以前更加简练，如下所示：

图 72 施工负责人盖苓（右一穿西装者）

1919 年

　　春天来临，我开始为私人合作方工作，如穆尔佐（Murzo）的波兰教堂等。还建造了日本的武器和火炮仓库。

　　关于上述盖苓建成的波兰教堂，只有一张建造时的照片（见图 73）。它似乎采用了新哥特风格的建筑设计，包括中央高大的殿堂，十字形的拱顶和侧面的圆柱。仅有的资料不能完整体现盖苓的设计理念。

　　盖苓日记 9 月 17 日的简洁条目可能也是指这个项目："教堂建设中两名工人跌落。"

　　9 月 1 日，我们举办了公墓落成典礼，志愿者们在夏天对公墓进行了细致修复。我受邀设计一座普通纪念碑以及三座单人墓碑［其中一座是为了来自土耳其的阿西姆中尉（Oblt. Assim）设计的，在医院时，他就在我身旁去世了］。今年春秋两季，我战胜了两次西班牙流感。

图 73　符拉迪沃斯托克（海参崴）的波兰教堂，建设中

上述作品是为佩尔瓦贾·雷捷施卡战俘营的墓地设计的。其中有一座"土耳其人的坟墓"，其墓碑通过对菲斯帽^③的抽象化运用，象征性地表达了献身精神（见图74）。

几年前，盖苓曾为这名战俘设计了"君士坦丁堡郊区住宅"，一座让人联想到半木结构的小建筑物。这名战俘是盖苓在达乌利亚战俘营时结识的朋友，后来在佩尔瓦贾·雷捷施卡战俘营死于肆虐的黄热病。此外，该建筑设计有类似于阿尔卑斯山的陡峭屋顶结构。这意味着如果设计稿成为现实，这座别墅无疑会在君士坦丁堡及其周边地区引起巨大轰动（见彩图22）。

盖苓受托为死去的战俘设计一座纪念碑，这标志着他在符拉迪沃斯托克（海参崴）短暂的建筑师生涯达到了高光时刻。尽管在之前几年里已经有人就这一主题进行了数次设计，

图74 土耳其中尉的坟墓

但他并没有采用之前的草图，而是选择了一种极其简化的建筑风格，设计了一个不规则的、近似榫接的块状结构。他把关押在这个营地的战俘所属国家的国徽作为唯一装饰物：奥地利的、德国的、匈牙利的和土耳其的。碑文"死亡的俘虏"（Captivis Defunctis）表明了这座纪念碑的主题。

一方面，盖苓通过将块状纪念碑进行分割，表达了战俘们来自不同国家的国际性；另一方面，紧缩在一起的独立块体，既象征着战俘间的亲密关系，也意味着对战俘的个人束缚（见图 75）。

这座纪念碑对难民营具有非凡的意义，很多高级别人员参加了落成典礼，由此可见一斑。正如盖苓所记录的，德国、奥地利、匈牙利和土耳其的军方代表团以及日本在符拉迪沃斯托克（海参崴）最高司令部的代表团均出席了这个仪式（见图 76）。

图 75　"死亡的俘虏"纪念碑

图 76 纪念碑落成典礼

建立纪念碑的消息远播西伯利亚以外，这也说明了它在当时的重要性。纪念碑的图纸甚至被印在了日本坂东战俘营的报纸《营房》（*Die Baracke*）上。

盖苓似乎认为纪念碑的完成和它的落成仪式是自己生命中一个转折点，现在他突然决定迈出具有高度冒险且同样意义深远的一步。1920 年 2 月 10 日，他在日记中写道："带着伪造的证件从符拉迪沃斯托克（海参崴）出发，穿越中国边境。日本军官愿意亲自为我的护照拍照！"难以置信，这短短的一句话竟标志着盖苓 5 年多的战俘生涯的结束，因为文字记录中没有任何重点，也没有任何能引起共鸣的情感。可以说，盖苓当时选择逃亡对他而言是合乎逻辑的，接下来笔者对此将加以简单说明。

盖苓是在正式获释前几个月才开始逃亡的，因此出现了这样一个问题：如果盖苓乘坐合法的交通工具返回祖国，他的下一步生活会是什么样子。早在1920年4月，前德奥同盟国就已经开始与苏俄谈判，要求从西伯利亚送还剩余的战俘。最后，于1920年7月7日，奥地利和苏俄政府之间达成了一项协议，约定将剩余的战俘运送回国——而在此前约5个月，盖苓用一本伪造的护照主动逃出了战俘营。

　　盖苓后来解释了他的护照是如何来的：他和两名同伴约定逃跑，其中一个是来自南蒂罗尔的木雕师，不知怎样搞到了一本意大利护照。这位木雕师以这本护照为模本，用自己的手艺轻而易举地制作了两本护照。护照上的照片由一位日本官员拍摄，盖苓同他结为好友。这位官员坚持要给盖苓拍张代表他军衔的佩剑照片。于是，这把剑被挂在盖苓身后的墙上作为背景。但是南蒂罗尔木雕师不得不设法让这把剑在照片上无法辨认（见图77）。

　　尽管日本军官在这个行动中的角色表明，盖苓的逃跑不全是秘密的，但这当然不可能得到日本官方的批准。无论如何，盖苓必须尽快离开苏俄。然而，这条路线并不是回乡之路，而是通往中国，在那里，盖苓最终到达他漫长人生旅途中的最后一站。

图77　假护照上的照片

注释

① 敞车是铁路货车的车种之一，其特色为无盖、四边用侧板围住，其中两边侧板有可翻开之侧门，以方便卸除货物。该车型主要用途为运煤或道碴等不畏风雨之散装物品。

② 这里的"日本人"应该是指沙俄帝国中的鞑靼人（Tartars）。其先民可追溯到公元 3~4 世纪来自中亚地区的突厥部落和当地的芬-乌戈尔人，属蒙古人种和欧罗巴人种的混合类型。有的长相类似于蒙古人、日本人等东亚民族，因此被盖苓误认为是日本人。

③ 根据《圣经·旧约·创世记》篇章记载，当时人类联合起来兴建希望能通往天堂的高塔；为了阻止人类的计划，上帝让人类说不同的语言，使人类相互之间不能沟通，计划因此失败，人类自此各奔东西。此事件，为世上出现不同语言和种族提供了解释。

④ 俄语词 старший（意为"年长的，高级的"）音译。

⑤ 儒略历（Julian calendar）是由罗马共和国独裁官儒略·凯撒采纳埃及亚历山大的数学家兼天文学家索西琴尼的计算后，于公元前 45 年 1 月 1 日起执行的取代旧罗马历法的一种历法。儒略历中，一年被划分为 12 个月，大小月交替；四年一闰，平年 365 日，闰年 366 日为在当年二月底增加一闰日，年平均长度为 365.25 日。俄国东正教教历是以儒略历为基准来编定的。

⑥ 立陶宛首都（立陶宛语：Vilnius）。

⑦ 也叫直接法（The Direct Method）。产生于 19 世纪 90 年代，是运用外语本身进行教学的方法，也叫自然法或口语法，代表人物是德国外语教学法专家贝立兹（M.D.Berlitz）和英国语言学家帕默（H.E.Palmer）。贝立兹主张在外语教学中创造与儿童习得母语的自然环境相仿的环境，并采用与儿童习得母语的自然方法相一致的方法。自然法是对儿童学习母语的自然过程的模仿，主张把外语和它所表达的事物直接联系起来，在教学中只用外语，排斥母语，通过各种直观手段直接学习，直接理解，直接运用。

⑧ 盖苓 10 月 3 日的日记里记录了妻舅恩斯特通过罗马尼亚商业银行汇给他 100 卢布。营地规定战俘每月收到的家庭汇款不得超过 75 卢布，所以 100 卢布分两次给到盖苓。

⑨ 第一次世界大战中，中国以"以工代兵"的形式参加了协约国作战，其中俄国在 1915~1917 年雇用了 5 万名中国劳工。因此，盖苓在此处车站见到的有可能是中国参战的劳工。也有另一种可能性，是盖苓分不清鞑靼人、蒙古人和中国人。

⑩ 指他后来逃跑了。

⑪ 达乌利亚（Dauria）是贝加尔湖以东地区，属于黑龙江流域，与我国内蒙古东部和东北地区接壤。

⑫ 可能是指在寒冷地区高发的雷诺综合征的一种表现。雷诺综合征是由于寒冷或情绪激动引发的手指（足趾）苍白、发紫然后变为潮红的一组综合征。

⑬ 体块感是一种建筑设计术语。目的是通过巧妙运用大体积的体块来创造富有层次感和立体感的空间，从而营造出独特的设计效果。

⑭ 原文如此。

⑮ 浮士德球（Faustball）是一项非常古老的运动，流行在中欧洲（特别是德语与意大利语系国家）以及美洲和非洲几个德裔语系移民的国家，该运动结合了排球与网球的技巧而受到欢迎。浮士德球是德文音直译，另一名称叫"草地排球"。

⑯ 布里亚特人是分布在俄罗斯、蒙古国和中国一些地方的蒙古族的一支，使用布里亚特语。俄罗斯境内的布里亚特人主要分布在俄罗斯联邦的布里亚特自治共和国，部分分布在赤塔、伊尔库茨克等地，是西伯利亚地区较大的少数民族之一。

⑰ 霍雷肖·赫伯特·基钦纳（Horatio Herbrt Kitchener，1850~1916）"一战"时任英国陆军大臣兼战争部长、元帅。战前因首次用马克沁机枪镇压苏丹起义、实行残酷手段结束布尔战争而被称作"布尔屠夫"。"一战"前其扩建出英国历史上最庞大的 300 万陆军。1916 年 6 月 5 日，为帮助陷入内乱的沙俄稳定国内局势，他搭乘"汉普郡"号巡洋舰去俄国访问，遭到德国潜艇攻击（一说是触发水雷），当即倾覆。全舰官兵和代表团一行共 700 多人，仅有十几人生还。基钦纳成为协约国方面在"一战"中阵亡的最高将领。

⑱ 欧洲的很多房屋以二层为一层，底层一般为储物空间。此处单层房屋实为二层。

⑲ 即图拉真纪功柱，位于意大利罗马奎利那尔山边的图拉真广场，为罗马帝国"最佳元首"图拉真所立，以纪念其征服达西亚、将罗马疆域扩张到历史上最大范围。

⑳ 双头鹰是包括哈布斯堡王朝在内的欧洲许多国家的国徽图案，本为双头一身，象征着奥地利和匈牙利两个王国的统一。盖苓在这里将双头鹰画成翅膀搭在一起的两只鹰，用来讽刺奥地利和匈牙利的貌合神离。

㉑ 西方神话中的半人马一般被描写为粗野、狂暴和不讲道理的野蛮形象。盖苓在此使用半人马这一意象来描绘"战争英雄"，表达了对战争的讽刺。

㉒ 石砌体是用石材和砂浆或用石材和混凝土砌筑成的整体材料，主要用作受压构件，可用作一般民用房屋的承重墙、柱和基础。

㉓ 又称"青蛙透视画法"，是一种用比正常观察位置更低的视角来观察事物的方法。优点在于使物体看上去高大挺拔，富有强大的视觉冲击力。

㉔ 士兵委员会最早是在苏俄红军早期设立的。十月革命前夕，为了争取旧军队转向革命阵营，布尔什维克党就在波罗的海舰队和西方面军中成立了大量的士兵委员会。

㉕ 捷克斯洛伐克军团于 1917 年 4~6 月在俄国组建，由第一次世界大战中被俄国俘虏的原奥匈帝国军队中的战俘以及侨居俄国的捷克斯洛伐克人组成（约 5 万人）。

㉖ 1918 年 5 月 14 日满载匈牙利战俘的一列苏俄火车与另一列捷克斯洛伐克军团的火车并排停靠在车里雅宾斯克。在此过程中，双方相互辱骂，匈牙利战俘先动手砸伤了捷克士兵，随后捷克斯洛伐克军团向匈牙利战俘发动反击，并对砸石头的匈牙利战俘动用私刑处死。

㉗ 指张作霖的奉系军阀队伍。因出身土匪，所以军队作风比较剽悍。

㉘ 此处应指佩尔瓦贾·雷捷施卡战俘营。

㉙ 为了干涉俄国十月社会主义革命及掠夺西伯利亚的丰富资源，日本政府于 1918 年 8 月 2 日宣布将同美、英、法等国一起向西伯利亚出兵。8 月 18 日，大谷喜久藏大将率领的 1.2 万名侵略军于海参崴（即符拉迪沃斯托克）登陆。以后又几次增兵，至 11 月末，在西伯利亚的日军已达 7.3 万人。日军在西伯利亚与白俄军和土匪相勾结，竭力破坏俄国社会主义革命，遭到苏俄人民的强烈反对。1922 年 6 月，日本被迫从西伯利亚撤军。

㉚ 以哈尔滨为中心，西至满洲里，东至绥芬河，南至大连，路线呈丁字形，全长约 2400 公里。初名"东清铁路"，民国后改称"中国东方铁路"，简称"中东铁路"。中东铁路是西伯利亚铁路的一部分，西由满洲里入境，中间经过海拉尔、扎兰屯、昂昂溪、齐齐哈尔、哈尔滨直至绥芬河出境，横穿当时的黑龙江、吉林两省。

㉛ 菲斯帽，即土耳其毡帽，是一种流行于奥斯曼帝国的传统服饰，呈筒状，顶部常有流苏。

第四章　在中国的辉煌建筑师生涯

回归建筑师职业

1920 年 2 月 10 日，盖苓从佩尔瓦贾·雷捷施卡战俘营逃离后，一路畅通无阻地来到符拉迪沃斯托克（海参崴）火车站。他当下的目的地是边境线对面的中国东北。他先是乘坐火车沿中东铁路向西越过国境线，然后在哈尔滨转乘下一列火车一路南下。在快到海边的地方，火车穿过了长城（山海关），随后抵达北戴河。盖苓在逃跑的 5 天后，终于下了火车。我们无从知道他为什么选择这个特殊的地方作为此行终点。显然，他的最终目的地应该是更南边的港口城市天津，盖苓后来在那里还找到一名奥地利领事——不过，他当时是否知道这一点，现在已经不得而知。

当时有很多与盖苓一样曾被俄国俘虏的战俘来到中国，有的是在越狱之后，有的是在获释之后；有些人仅停留了一段时间，有些则永远定居中国。对盖苓来说，海滨度假胜地北戴河和附近的通商口岸天津将成为他未来工作和生活的中心。

北戴河最初只是一个小渔村。19 世纪下半叶，越来越多的外国人前往中国，并开始在北京设立公使馆。外交使团很快发现了这个海滨小城的优势——它不仅气候宜人，还有美丽的沙滩。尤其是那些住在天津的欧洲人，他们几乎每年都到自己位于北戴河的别墅度过炎炎夏日，中国富豪们也渐渐喜欢上这个海滨避暑胜地。

不过，北戴河只是一个受欢迎的度假胜地，天津这座大城市才是欧洲殖民者们日常居住和工作的场所。

作为中国和欧洲殖民国家间的一个交汇点，天津有着悠久的历史。从 16 世纪欧洲商人首次出现在中国的海岸线开始，欧洲人和中原王朝就发展起密集的海上贸易。天津是中国最重要的贸易港口之一。该城位于北京东南约 120 公里处，海河流入渤海的入海口。茶叶和丝绸是中国对外出口的大宗商品，而欧洲几乎没有任何令中国人感兴趣的商品，因此白银单方面流入中国导致了欧洲白银的明显短缺。英国由于对茶叶的需求量特别大，经济上受到更大影响。为了逆转对华贸易逆差，英国转向鸦片贸易，从印度采购鸦片并出口到中国 [①]。这导致中国的白银外流，出现了贸易赤字。鸦片贸易给中国带来了极大的伤害，清政府决定禁绝鸦片贸易，由此引发两次鸦片战争。第二次鸦片战争结束后，清政府被迫做出以下让步：允许列强在以前对外国人封闭的北京城内设立公使馆；鸦片贸易合法化；开放了许多通商口岸；允许传教士在内地传教；最后，西方列强还获得在中国设立租界的权利，即为自己的同胞建立特权飞地。在天津，第一批租界是由英国、法国和美国建立的。德意志帝国在 1895 年获得租界。

1902 年美国租界被并入英国租界。

　　两次鸦片战争结束后签订的不平等条约极大地破坏了中国的经济，直接导致难以想象的大规模贫困，其后，一系列破坏性的自然灾害使情况进一步恶化。

　　19 世纪末爆发的义和团运动带有一定的宗教色彩，其排斥外国人、外国商品和宗教。在八国联军的镇压下，运动最终失败。奥匈帝国也参加了（镇压义和团的）联军，其海军的小型巡洋舰 "皇帝陛下赞塔号"（S.M.S.Zenta）当时正在日本海域航行。战斗主要发生在白河（海河）口的大沽炮台和京津地区。

　　在联军的保护下，原已在天津设立租界的英国、法国、德国、日本等国对租界进行了扩张，没有租界的沙俄、意大利、比利时等国趁机划定了租界。奥匈帝国也获得了该市的一个区域作为租界。清政府在 1901 年与其签订的条约中承认了哈布斯堡君主国在天津的租界（见彩图 23）。

　　按照霍特勒（Hörtler）[1]的说法，奥匈帝国 "获取"租界使用的是一种隐蔽的方式：利用傍晚昏暗的光线，用木板和旗帜非正式地划定边界，然后在第二天向中国人宣示既定事实。然而，奥匈帝国租界地的选择相当不成功：大约 3/4 的地区被本地居民的房屋所覆盖，几乎没有任何空间来建造住房、仓库和工厂等新建筑。

　　1　Günter Hörtler: Die österreichisch-ungarische Konzession in Tianjin. 2 Bde. Wien 1984.

与欧洲其他列强相比，奥匈帝国没有那么大的野心。当时的奥匈帝国缺乏资本，也没有强大的舰队。正如奥托卡尔·内梅切克（Ottokar Nemecek）在 1912 年的一篇文章中所抱怨的那样，君主制下的民众几乎不知道租界的存在。"（越是对商业和地理感兴趣的）各界人士，越是不知道也不了解租界的意义和发展潜力……我们的商人无视奥匈帝国政府的庇护以及为他们在天津从事贸易所提供的便利，对这一点，无论怎么批评都不过分。中国人在服装、家具等方面日益欧洲化，我们预计，他们对欧洲工业品的进口将大幅增加。"[1] 尽管如此，截至 1905 年底，只有大约 60 名奥匈帝国的臣民来到天津；与此同时，有 690 名英国人与 470 名德国人，冒险来到遥远的租界。于是，只有少数奥匈帝国的银行和公司在天津落户，中奥贸易自始至终都很有限。

列强以领事馆和驻军的形式对租界发挥重要影响。领事是租界的最高官员，不仅在内部和外部代表本国公民利益，还负责贸易事务，并与其他租界进行联络，建筑方案、警察议程的审核等也属于其职权范围。

西方列强的经济侵略使中国日益沦为半殖民地半封建社会性质的列强附庸国。其结果是，清王朝统治者的威信大大下降。终于，1912 年中华民国成立，孙中山成为临时大总统。然而，对于年轻共和国领导权的争夺继续困扰着这个国家。

1　O. Nemecek: Das österreichisch-ungarische Settlement in Tientsin. In: Jahresbericht der Neuen Wiener Handelsakademie. Wien 1912, S. 97–104. S. 97.

尽管内部动荡，也没有意愿和能力实际参加战争，中国还是在 1917 年宣布参加第一次世界大战。参战的初衷是北洋政府对日本日益增长的帝国主义势力的恐惧，希望得到协约国支持，以遏制日本对中国领土的觊觎。②协约国对此的回应是，中国只有向协约国的敌人奥匈帝国和德国宣战，才能获得帮助。宣战后，北洋政府采取"以工代兵"的方式参战，为协约国各国在军火、农业和其他部门提供劳工。因此，战争结束后，德国和奥匈帝国的租界被中国政府收回，并且在 1919 年签订的《圣日耳曼条约》（Vertrag von Saint-Germain）③中要求奥匈帝国解散并放弃 1901 年其与清政府签订的条约中规定的所有特权和利益。

　　盖苓抵达中国时，天津的奥匈租界仍然存在，不过权利已经受到严格限制。奥匈租界正式更名为"特别行政区二区（特二区）"，而德租界也更名为"特一区"，但基本上保留了其原有形态。盖苓初到中国，首先抵达的是海滨小镇北戴河。难以想象，他站在中国一个小火车站的站台上会作何感想。他似乎不打算立即回国，可能是因为没钱，所以他不得不先找工作。在这一时期为数不多的日记中，盖苓指出：他第一步做的是向一位中国警官求助。他说的可能是一种洋泾浜英语——由于与英国的密集贸易关系，这种英语在当时被广泛使用。在 1920 年，盖苓清醒地意识到，作为战败国公民，自己可能会遭遇不利处境。2 月 15 日，他在日记中写道："（在）北戴河，（我）没有遭到中国警察刁难，躲过了来自英国和法国的遣返威胁，安全地隐藏起来。"

在某种程度上，盖苓受益于鸦片战争后日益开放的中国社会环境。两次鸦片战争后，中国被迫向欧洲人打开市场，并寻求追赶西方式现代化的发展路径。这意味着，包括基础设施和城市市政建设在内的一系列改革措施得到了推进。不过，当时的中国缺乏合适的专家来进行现代化建设，因此外国建筑师备受欢迎。北戴河当时正在进行大规模市政建设，致力于从小型海滨度假胜地发展成为一个现代旅游城市。盖苓躬逢其时，在这里的工作成为他日后在中国事业发展的起点。

盖苓对北戴河这个曾经的小渔村的建设发挥了重要作用，后来备受追捧的豪华浴场就有盖苓的手笔，这在今天几乎是不可想象的。可能是通过乐于助人的中国警官的介绍，盖苓得到了新民公司（Shing Ming Co.）总建筑师兼施工经理的职位，负责设计和施工工作。其具体任务是：规划和建设道路网络、各种公共建筑、酒店、咖啡馆、澡堂、公园小桥等，以促进度假地的发展。盖苓几乎立即以巨大的热情投入工作中去，这令他着迷到不顾亲人对他的期待——他的妻子、母亲和姐姐多年来一直热切地盼望着全家团聚，而且岳父和妻舅也希望他成为公司的合伙人。但他浑然忘记了这一切，甚至没有回家的打算。反过来，他还要求妻子来中国团聚。起初，赫尔米娜（梅迪）对这一改变极为恼火。面对期待已久的夫妻重聚，她既热切盼望又不知所措，尤其是想到盖苓离家这些年，从盖苓的家人那里所获得的亲人间的归属感，令她犹豫不决。于是，她没有启程，反而敦促她的丈夫立即回国。虽然能够理解盖苓对刚刚开辟的事业的热情，也表示日后有可能会跟随他去中国，但她还是明确要求他立刻回国并希望他在回国后改变主意。

这样一来，盖苓的预想破灭了，希望赫尔米娜来华团聚以便他能在这里继续自己的职业理想这个想法没法实现。在一篇未注明日期的日记中，盖苓指出，他最终决定回到欧洲，"在我的来华邀请被梅迪拒绝后，她认为我必须马上回家"。

在书信往来的几个月里，盖苓参加了一个比赛，引起了人们的关注。一个偶然的机会，他在到达北戴河的头几天里遇到了德国建筑师卡尔·贝伦德（Karl Behrendt）。由于当时该地刚刚宣布了一个与度假地发展有关的"高级海滨酒店"竞赛项目，两位建筑师决定联袂提交一份项目策划书（见图78）。

盖苓在日记中写道："尽管德国人的作品被排除在外，

图 78　海滨酒店，竞赛设计图，与卡尔·贝伦德共同设计

但（我们）以中国公司的名义（参赛）。北戴河的酒店设计
图赢得了竞赛一等奖。由于法国公使的反对，合同无法执行。"
这当然是再一次受到了第一次世界大战的影响。战争结束后，
战胜国英国和法国抓住机会，尽可能消除德国在华重要经济
影响。德国人的财产被没收，许多德国侨民被遣返。一无所
有的侨民回到德国后找不到生计，于是很多被遣返的侨民在
20 世纪 20 年代又回到天津。第一次世界大战的"胜利者"
与"失败者"之间的关系经过多年才恢复正常。即使出于政
治原因令盖苓没有得到这个酒店项目的合约，但它无疑成为
这位年轻建筑师成功进入建筑业的一块敲门砖。

　　然而，在为新民公司工作了几个月之后，"由于'不合
理的合同'而产生了分歧"，他终止了雇佣合约，公司最终
被清算。他从合同义务中解脱出来，现在或许是启程回家的
正确时机。但盖苓并没有利用他与公司谈判结束前留在中国
的时间来准备他的旅程，而是与两个德国合伙人一起成立了
自己的公司。其中一个合作伙伴是贝伦德——那个和他一起
参加北戴河温泉酒店竞赛的建筑师。然而，不仅是他第一个
雇佣合同的终止谈判，新公司的成立也花了很长时间，正如
盖苓在日记中指出的："漫长的谈判和等待，直到（新民）
公司被清算。同时，（我）计划与魏迪锡（E. Wittig）先生
和贝伦德先生一起成立一个新的建筑公司。这家新公司——
润富建筑工程有限公司（中国）（Yuen Fu Building and
Engineering Co. Ltd. China）——的成立又需要很长的时间，
我回家的时间又要推迟很久了，本来只是为了接梅迪，这下

还要为公司在欧洲收集业务关系和信息做准备。"

　　此外，还有第三个原因推迟了盖苓的回家之旅：与北戴河的新项目有关，他正在为外国人和中国富豪建造一些别墅，这意味着有几个正在进行的建筑工程仍然需要他在场。在一些客户的推荐下，他随后又将自己的活动范围扩展到附近的港口城市天津，这个新兴城市提供的专业机会可能使他更加难以割舍新开发的事业。

　　在盖苓成功地解决了与新民公司所有悬而未决的问题后，他开启了自己的事业。当他有把握可以暂时离开新成立的公司时，回国的时机到了。盖苓于1920年9月申请了新护照，11月底作为仅有的8名乘客之一登上了荷兰货轮"康安（Kangean）号"（见图79）。

　　于是，距他在第一次世界大战期间那次返乡的5年之后，以及在他抵达北戴河的10个月后，盖苓终于能够再次见到他的祖国了。然而，盖苓并没有表现出任何兴奋情绪。像往常一样，他的日记条目仍然是不带感情色彩的，典型的实用主义态度，盖苓没有沉浸在返乡的思绪中，只是按顺序一丝不苟地记录他所经停的那些港口。

图 79　回欧洲探亲的护照

由于货轮在驶往目的地汉堡的途中要在不同的城镇装货，所以它停靠的一些港口不在直达汉堡的路线上，旅程也相应地耗费了更长时间。

盖苓此后不再写日记了，他在最后一篇日记中写道："12月16日，马尼拉。（我们）没有美国签证，但警察询问后仍允许我们上岸。非常有趣的是，和平协议签订后，人们的情绪在短时间内迅速发生变化。在马尼拉的美国人——曾经是最大的战争煽动者——现在温和而友好，他们希望德国人回来，并仇视英国人。美国人希望维持一些德国企业的运营，它们目前大多经营不善。菲律宾与日本剑拔弩张；冲突在所难免。"

从马尼拉出发，继续前往巴东港（Padang），当汽船越过赤道时，盖苓迈入了新的一年。之后通过苏伊士运河前往塞得港（Port Said）、直布罗陀海峡，大约两个月后，轮船于1921年2月2日在汉堡靠岸，盖苓从那里乘船前往的里雅斯特，在此中转后距离祖国越来越近了。盖苓没有坐火车去维也纳，也许是因为他在北京获得的护照上写着的行程终点是的里雅斯特，而且有可能他这本护照不允许进入德国。

盖苓的妻子赫尔米娜多年后回忆指出，收到丈夫将从中国抵达的里雅斯特的消息时，她正和婆婆一起住在维也纳。当天早些时候，她的父亲从布加勒斯特赶来，她随后在父亲陪同下前往的里雅斯特，去那里迎接丈夫。船只终于进入港口，但盖苓没有与其他乘客一同出现。他们白等了很久，之后收到一封电报。盖苓在电报中宣布他改变了计划，随后会有更详细的解释。原来，盖苓把船上的位置让给了一位先生，后者的妻子在奥地利病倒了。盖苓的到来是在三周后，没有另行通知家人。如赫尔米娜所回忆，这对年轻夫妇在第一次重逢时感到有些拘束。一方面，长期的分离自然造成了一种疏离感；另一方面，当赫尔米娜买完东西回到家时，发现丈夫正被婆婆和格蕾塔围着，这样一来，亲戚们好奇或同情的眼神让这对夫妇更加不自在。

虽然盖苓和赫尔米娜的家人已经知晓他在中国的计划，但他们显然都希望他会放弃。然而，盖苓没有改变对职业规划的调整。他的理由很充分：中国的现代化浪潮为他提供了广阔的事业发展空间，特别是西方建筑师在那里能够获得很多优先权，拥有良好的职业前景。相比之下，第一次世界大战导致维也纳和布加勒斯特的经济形势非常紧张，年轻建筑师几乎没有任何发展机会。另一个说服他岳父的重要理由是，因为战争和监禁造成的长时间离家，令妻子忍受了很多困难和焦虑，盖苓希望日后在中国为她提供舒适而无忧无虑的生活。

赫尔米娜意识到无法劝阻盖苓后，面临着一生中最困难的决定。一方面，她爱她的丈夫，自然无论他在哪里都想待在他身边。另一方面，放弃自己熟悉的环境，特别是放弃双方家庭带给她的安全感，这对她来说几乎是不可想象的。她的父母也十分惊愕。盖苓的岳父和战前曾与他工作过的恩斯特一直希望盖苓能回到布加勒斯特的家族建筑公司，尤其是三个妻舅中有两个没能从战争中回来。维也纳的家人对盖苓

的计划也很关心，并感到担忧。除了情感因素外，母亲还担
心失去儿子给予的经济支持。如前所述，盖苓的母亲孀居了
很长时间，养老基金出纳员的诈骗使她失去了经济来源。事
实上，她的儿子从未忘记赡养母亲，即使后来身处海外，在
最初经济状况不稳定时，盖苓也一直坚持定期汇款给母亲直
至她生命的最后一刻，他还多次向姐姐格蕾塔提供经济帮助。

从三年变成三十年

在劝说赫尔米娜来中国时，盖苓的做法非常聪明。他在
提出这个问题的第一封信中说，他将在中国停留一到两年的
时间。但来华 3 个月后，赫尔米娜写家信说，她预计会在这
里待上两到三年。由于公司需要打基础，赫尔米娜当时认为
大约需要三年。但我们知道，"它变成了 30 年！"

最初盖苓承诺只在中国短时间逗留，这是赫尔米娜同意
前往中国的决定性因素。正如后来的许多家信所描述的，赫
尔米娜来华后备受思乡之情所困扰，多年来一直紧紧抓住回
国这根稻草。在 1921 年 10 月 20 日写给婆婆的第一封信中，
她写道："时间总是过得很快，一年、两年、三年，分离就
会结束。我希望，到那时我们在某个地方和您有一个安定的
家，过上平静幸福的生活。现在是过渡时期，可能是最困难
的时期之一，我在这里意识到了这一点。"家乡的经济困难
使赫尔米娜认识到，丈夫来中国的决定是正确的。在 1922
年 2 月 3 日写给父母的信中，赫尔米娜回答道："亲爱的父

亲，您的上一封信在很大程度
上促使我明白，在远离家乡这
件事上，我谨慎的罗尔夫也许
并没有做错。"然而，在情感上，
她永远无法克服与家人分离的
痛苦（见图80）。

图80　启程离开欧洲前的年轻
夫妻

不管怎样，1921年春天，
盖苓催促赫尔米娜同自己尽快
回到中国。他不想离开新成立
的公司太久，而且他知道正在
进行的建筑项目也需要他。所
以赫尔米娜没有太多的时间来
适应新形势。

当盖苓为他的公司建立业务联系时，赫尔米娜主要忙于
准备行李，应对她所设想的中国气候。这对夫妇计划在天津
租一套公寓居住，中国北方的季节变化与中欧相似，但温度
非常极端。夏季，天气极度炎热干燥，偶尔会下一场大雨。
反复出现的沙尘暴和洪水使生活更加困难。到了冬季，天气
非常寒冷，建筑工程类事务不得不完全停止。总的来说，赫
尔米娜希望她和盖苓现有衣物在天津是合适的，但有几件特
别的衣服须在到达后采购。在炎热的季节，男人们主要穿短
袖衬衫和浅色棉质长裤或短裤，这些衣服在奥地利的盖苓衣
柜里不太可能找到。还得在天津买新的帽子。那里夏天阳光
非常强烈，每个人，无论男女老少，都必须戴上遮阳帽或当

地人用的伞形草编帽。而在冬天，风雪冰冷刺骨，戴着带耳罩的毛皮帽子的人在中国北方很常见。

赫尔米娜后来了解到，天津英租界甚至有一两个优雅的时装屋，直接从纽约、伦敦和巴黎进口服装。然而，因为进口商品价格昂贵，大多数外国人的衣服是由当地裁缝制作的，仿照的是来自本国或最新时尚杂志里的样式。

还有一个问题是，这对夫妇需要为他们的新家购置些什么？由于在中国全部重新采购非常昂贵，而盖苓事业刚起步，需要格外节俭，因此有必要多多携带两人在未来几年中需要的东西。除了床单、桌布、碗碟等，他们还必须带上代表其社会地位的个人物品——甚至是奢侈品。赫尔米娜不得不艰难取舍，而盖苓在这方面显然没有帮上什么忙。后来，在 1921 年 10 月 20 日给婆婆的信中，赫尔米娜感叹她没有从家里带走更多东西，"我应该对这里的情况多了解一些，罗尔夫根本帮不上什么忙"。

最终，箱子还是打包好了，并且盖苓在欧洲的工作也完成了，这对年轻夫妇于 1921 年 7 月出发前往中国。然而，他们新生活的起点险象丛生。这次航行从威尼斯开始，驶往苏伊士运河。在最初的几个星期里，天气炎热，船上的一名军官甚至死于中暑。船到印度洋时，卷入一场季风风暴，据说连船长都没有经历过这样的风暴。所有的乘客都晕船了，盖苓在很长一段时间里都无法离开船舱，赫尔米娜反而无碍，一直在照顾她的丈夫。

最后，这对夫妇到达上海。盖苓原本计划乘火车前往天津，以便妻子能对这个国家有一个初步印象。不过，这对夫妇再次受到极端天气的影响：这里夏季的雨量异常大，铁路网和道路都被淹没，从上海到天津的旅程只能靠船。在酒店住了一夜后，夫妇俩再次登上一艘英国船，终于在1921年8月1日抵达天津。

盖苓和赫尔米娜原计划先住进一家酒店，然后再寻找一个合适的公寓。出人意料的是，他们到达天津时，盖苓的同事已经在他回国期间帮他们找到并租下了一套公寓。由于许多前战俘都从俄国来到天津，再加上越来越多被驱逐的德国侨民返回中国，当时住房非常紧张，很难找到一个大致符合欧洲人标准的公寓。因此，当夫妇俩满怀期待地登上了人力车来到住处时，公寓的情况却令他们十分失望，赫尔米娜在前面给婆婆的信中详细描述道："你能想象吗？盖苓从我们抵达的第二天起就沉浸在大量工作中，我独自一人坐在那里，周围只有四面墙。我想任何一个还算爱干净的欧洲人都会觉得环境令人感到沮丧……我们有一间卧室、餐厅和所谓的客厅，加上杂物间。但是每间屋子的状况如何呢？唉，别问了！首先，你得知道，这套公寓总是在出租，在我们之前租给了一家苏联人，如你所知，他们把一切都交给仆人打理。卧室里有一堆漆成黑色和棕色的家具，中间有一个黄色的抽屉柜和床，还有一个黑色的洗脸台。鸭绿色的墙壁，底下是深绿色的地脚线和黑色的门口，这（配色）在所有的房间里都有'迷人'的重复。墙上的旧版画、兔子、野鸭子（狩猎作品的图片），加上褪成暗红色的沾满灰尘的门帘，带大花图案的破旧的蕾丝边窗帘，简直就像公寓的门房。房子差到几乎没法住人，相比之下，前租客不着边际的品味都显得没有那么可笑了。到处都是泥土！一切都是什么样子啊！地板都裂开了，露出了底下的地毯！经过重重努力，我们终于使整个房子看上去多多少少有了点欧洲风格。"

　　由于两方面的原因：一方面在战争和囚禁期间学会了降低需求，另一方面每天工作 12~14 个小时、几乎不着家，盖苓对现在这种生活状况显得很满足。在赫尔米娜寄回的家信中，他加了几句话："我当然很重视梅迪，所以只在家吃饭，不过晚上常常要工作或外出。梅迪尽管如此孤独，还是坚持了下来。"盖苓的这两句话，由赫尔米娜说来就成了这样："我经常为盖苓担心，因为他工作得太辛苦了。我本来想踩一下刹车，但现在我已经完全理解了这（盖苓不稳定的经济状况）意味着什么。我对一切都保持沉默，各方面都需要谨慎对待……如果我插手他的工作，只会让他感到沮丧，给他带来更多的负担。因此，我必须自己想办法，尽可能帮罗尔夫分担肩上的重担。最好的办法就是，始终平静地面对他，让他感到真正的放松。如果他能在午餐时间陪我一个小时，我就会相当满意，然后整个下午愉快地做家务。" 这些语句展现了赫尔米娜为盖苓的事业发展付出了真诚的努力。但当谈到对所处城市的印象时，她才流露出真实的心境："天津是个臭臭的窝，根本没有任何自然美景——这里看不到一棵像样的树，灰尘遍布；白河，曾是我唯一的希望，其实是混杂着黄土的水流，轻轻地流淌着。大自然，对欧洲人来说，是许多刺激和娱乐的重要来源，在这里不得不完全舍弃。剩下的就是，对中国风土民俗等事物的兴趣。天津在这方面也很贫乏。这里没有什么可看的——中国城 ④ 可能非常大，但如果你去过几次，就会对它熟悉和厌倦了。它完全没有给我留下什么新的印象——与布加勒斯特的科连蒂纳区（Colentina）十分相似，只是我可以问心无愧地说，后者要干净得多。泥土、噪声、灰尘、未经铺砌的狭窄街道，这就是你不知道的真正的中国老城，只是人有些不同，但也没什么意思。男人通常没有辫子，女人也都是正常大小的脚。平时，尤其是节日里，除了怪异的头部装饰，中国人的服装算不上奇装异服。"从赫尔米娜的信中可以看出，她没有看到天津那些有趣的建筑和其他景点，因此她只希望丈夫有一天能和她一起去北京旅行。目前为止，逛中国城（即老城里）的商店仍然算是一种消遣，不过即便在那里，赫尔米娜也找不到什么"好的和结实的东西"。

　　令人惊讶的是，曾在维也纳跟随盖苓学习过建筑课程的赫尔米娜，未能以专业的眼光在中式建筑上有所收获。她的任何信件中都没有提及天津的传统建筑。她认为天津没有景点，事实相反，在老城区确实可以看到一些原始的中式建筑。然而，强烈的思乡之情蒙蔽了赫尔米娜的双眼，使她无法积极融入这座陌生城市中。正如她所指出的，她感到自己因思乡之情"瘫痪了"，无法"在纸上写出合理的句子"，以至于在抵达天津三个月后才写出第一封家信。

　　几个世纪以来，在整个中国，为皇帝和贵族建造的宫殿以及寺庙，其首要用途是举行重大典礼，随着时间的推移，其构建原则和某些特征几乎没有什么改变。多座建筑组成带有院子和连廊的规模宏大的建筑群，建筑的整体布局严格对称。它们大多是用木头建造的，饰以丰富的雕刻和绘画。屋顶特点是翘起的飞檐，其中一些在几层楼高的地方。中国对复杂建筑方法的详细分类，让人联想到古希腊、古罗马时期柱子的分类方式。⑤

在中国古城天津，17 世纪的大悲院、14 世纪的天后宫和建于 1436 年的文庙都是典型的中国式设计，尽管其规模比北京的宫殿群要小一些，仍可视为这个国家建筑艺术的范例。而老城里中国百姓的房屋却很简陋，没有任何装饰，地面上的建筑围成一个或多个院子。

鸦片战争后，天津的城市规模不断扩大，在接下来的几十年里，这个城市经历了令人惊叹的发展。随着港口的被迫开放和租界的建立，它成为中国北方最重要的贸易中心，进而成为重要的工业中心。统治者引进了大量新技术，经济成就显著。仅举几例：1867 年中国第一家现代化军事火药厂（天津机器局）建立，1878 年中国第一个邮局（大清邮局）建成，1879 年中国第一条电报线铺设，1884 年第一条长途电话线铺设，1885 年第一所军事学院建成（北洋武备学堂），1888 年第一支现代化海军（北洋水师）正式成军，1906 年第一条有轨电车系统在天津运营，若干座跨海河铁桥建成。第一次世界大战后，1922 年中国北方第一个自然历史博物馆（北疆博物院）成立。

自然，这些基础设施需要大量的建筑工作。然而，对木结构建筑每一处细节极具美感的精妙处理，这种高度发达的中国手工艺，在19世纪只能在有限的范围内应用。中国人缺乏对新的建筑功能、现代建筑方法以及钢铁和玻璃生产与使用方面的经验。随着西方商人和殖民者的到来，各个领域的专家都来到了天津，尤其是工程师和建筑师在这里发现了广阔的事业发展前景。这里不仅要为上述工厂、学校等机构建造合适的建筑，还要对租界区进行规划和开发，以满足外国侨民的需要。各租界纷纷成立市政管理机构，如工部局、法院、警察局（巡捕房）等，并沿着宽阔的柏油路，建造了教堂、学校、旅馆、银行、商店以及别墅和公寓楼，以达到新来者习以为常的欧洲标准。此外，越来越多的中国富人也喜欢上了华丽的别墅，那些涌入这个新兴城市的外来人口则需要建造多层住宅。值得注意的是，赫尔米娜所谓"没有一棵像样的树"[6]，实则在租界几乎所有街道都种满了树，建筑物大多在绿树掩映的小院里，英租界工部局大楼前面的"维多利亚公园"，就有草坪、灌木和树木。

很可能盖苓刚到天津时对这个城市了解不多。如前所述，1912年内梅切克指出，奥匈帝国租界在他的祖国尚且不为人知，盖苓在狱中是否了解关于这个城市的任何情况，更值得怀疑。赫尔米娜口中枯燥的天津生活——她对其生态环境的看法不无道理——对建筑师盖苓来说一定很有趣。因为他一定觉得自己是来到了熟悉的欧洲国家进行城市旅行。没有一个租界尝试以任何方式将这些建筑改造成"中国风格"。正

如 19 世纪下半叶欧洲在建造新建筑时使用传统风格已经成
为惯例一样，这一时期的复古主义风格也被引入天津。一般
来说，古典主义到新巴洛克式的方案占了上风，其中各种柱
子都得到大量应用。建筑尽可能地采纳各种"民族国家"符号。
如，在之前的德租界和奥匈帝国租界，盖苓可以见到中世纪
或故乡风格建筑的组合，在法国租界可以看到帝政风格[⑦]的
优雅建筑，在意大利租界可以看到典型的地中海风格的平顶
建筑，在英国租界则可以看到砖砌的不对称平房或新哥特式
庄园。然而，各国租界建筑的不同的外观可归结于相同的渴
望，即创造出尽可能具有代表性的本国建筑，因而这些设计
往往具有浓烈且浪漫的画风。各种建筑物通过整体结构的凸
起和凹进、屋顶造型的调整以及阳台、露台、角楼和圆顶的
使用而使其富有变化性，并采用不同风格的装饰物进行修饰。
来自欧洲的建筑师总在某种程度上感到有义务严格遵守原有
风格的规范，甚至在新的建筑项目中也是如此，而中国的建
筑师似乎并不遵守这种规范，或者以一种折中主义的方式进
行实践。来自过去所有时代的装饰图案经常被混合在一起，
加以高度个性化的修改，并以一种"恐惧留白"[⑧]的方式散
布在建筑群中。

　　美国前总统赫伯特·胡佛（Herbert Hoover）也曾注意
到租界建筑这种引人注目的风格多样性。年轻时，他被天津
经济的强劲发展所吸引，第一次世界大战前，作为一名采矿
工程师，他在该市居住了一段时间。在回忆录中，他准确地
描述了这个居住过的地方："天津是一个国际化城市，就像

一个微缩的世界，有各个民族、各种建筑风格和各种口味的美食。"[1]

一片光明的事业与各怀心思的合伙人

如前所述，1920 年盖苓短暂就职于新民公司几个月的时间。在此期间，他主要参与了北戴河浴场的开发。同年，他与德国建筑师魏迪锡和贝伦德一起成立了润富建筑工程有限公司（以下简称润富公司）。可以确定的是，他的第二位合伙人卡尔·贝伦德来自奥得河（Oder）畔的法兰克福，第一次世界大战期间被派往中国青岛负责防务工作。1897 年至 1914 年，青岛作为"德国胶州湾租借地"的首府处于德国的统治之下。第一次世界大战开始不久，该地区被日本人占领。直到 1922 年，这个前德国占领地才被移交给中国政府。贝伦德于 1914 年 11 月被日军俘虏，1919 年被释放，然后在山东铁路公司做了一段时间的技术员。他最晚于 1920 年来到天津，并在随后的几年里成为一名繁忙的建筑师。他的生卒年不详。目前已知的是，1939 年他仍与妻子宝拉（Paula）住在天津。

润富公司不仅设计新的建筑物，还承接建造施工任务，据说在其运营的第一年就完成了 60 个项目。这三个合伙人

1　Vgl.: G.H. Thomas: An American in China. www.willysthomas.net (Download am 17.9.2007).

似乎在公司内部相互独立，各自负责自己的项目并监督其执行。公司内还有一个木工车间。目前无法确定这个车间是作为公司的一部分还是由盖苓单独管理的，盖苓本人没有留下任何信息。无论如何，他的妻子在 1922 年 2 月给她父母的信中强调，价值 5 万元的木材"堆积如山"。1921 年 12 月公司聘请的一位木工大师成功地扩建了车间，不仅为各个建筑工地提供木料，还制作家具。

润富公司的活动范围并不局限于天津，而是逐渐扩大其业务范围。1921~1922 年，盖苓签订的第一个重要的外地合同，是在奉天（今沈阳）建造"东北大学"。

然而，公司业务刚刚走上正轨，政治环境却开始变得动荡，这严重影响了公司工作。盖苓在 1922 年 8 月 6 日给他母亲的信中说："我们的开端极好，但现在中国出现了政治动荡，已经持续了几个月，造成严重的财政危机，可能会持续很长一段时间。我们的业务萎缩，几乎没有新的订单。同时，我们的支出还是高于收入，因为我们必须维持全部专业设备运转良好，以备随时恢复业务。这样，我们失去了很多辛苦赚来的钱。"这种"政治动荡"可能是由所谓军阀混战造成的。军阀[1]是军事和行政领导人，他们在 20 世纪 20 年代至 1937 年，即中日战争全面爆发前，令整个中国陷入长时间的危机。他们在有限的区域内行使绝对的行政权力，并用军事手段来捍卫自己的权力和地盘，导致一再发生内战。北京作为北洋政

---

1 军阀一词由英语 warlord 译为汉语，而 warlord 最初源自德语 Kriegsherr。

府时期的中国首都，也处于这些敌对军阀的争夺之下，盖苓及其公司因此受到了这种动荡的影响。

在这种形势下，值得注意的是，盖苓受一位军阀委托，在天津建造了一座别墅。他发誓要保密，因为即使是对父亲的工作非常了解的儿子弗兰茨，都是在 2005 年访问天津时才发现这栋建筑，并有机会参观了里面的一个"安全屋"。军阀们可以在这栋建筑里举行秘密会议，必要时可以躲进避难所。从外观看，它像一个小宫殿，但内置各种机关。例如，"主入口"是一个带有前廊的开放式楼梯，但楼梯并不直接对应入户门，军阀们可从侧面的门偷偷进入或溜走。其中二楼一个盥洗室的墙上有一面真人大小的镜子，可以向外拉开，后面隐藏了一扇背面印有"韦特海姆·维也纳"（Wertheim Wien）公司标志的防弹装甲门。从这扇门进去，是一间安全屋。外面还有一个隐藏的楼梯通向地下室，用于逃生。⑨

动乱很快平息了，或者转移到了其他地区，润富公司的业务状况也相应得到改善。1922 年底，盖苓再次收到了一份来自天津以外的订单。他被委以重任，负责山东青岛煤矿的扩建工作，他要在那里证明自己工程方面的造诣，这些知识是他在维也纳技术大学深造时学到的。此外盖苓还得监督沈阳的大学建设过程，因此他经常出差，而且经常几个星期不在家，这让他的妻子很是苦恼。

然而，与两个商业合伙人的个人和财务纠纷使得盖苓于 1923 年夏天离开了润富公司，公司随后解散。对盖苓来说，这一转变是个沉重的打击。本来前途一片光明的公司，现在一地鸡毛，盖苓不得不另谋他职以维持生计。由于对未来的职业前景感到迷茫，盖苓甚至考虑过永远离开中国。赫尔米娜在1924年1月16日给她婆婆的信中提到，盖苓曾给恩斯特写过关于公司解散消息的信，并说他已经"确保了自己的独立，随时可以离开"。盖苓逃离符拉迪沃斯托克（海参崴）后不回布加勒斯特而是去他人的建筑事务所工作，恩斯特当时对此感到特别失望。因此，他在给盖苓的回信中故意说，布加勒斯特的商业状况发展得相当令人满意，而且对"未来五年的建筑前景十分乐观"。然而，在战争时期，整个欧洲的经济形势极为困难，尤其是建筑活动几乎停滞不前。换句话说，很难想象在布加勒斯特的前景真的如此美好，也许这就是恩斯特没有向妹夫提出让其重新加入公司的原因。而且，赫尔米娜还怀疑，因为盖苓不想让自己看起来像个失败者，所以他在信中强调自己仍在负责东北大学的项目，这也许令她的哥哥认为天津的情况没有那么糟糕。"我不能说什么，"赫尔米娜在上述信件中写道，"但我知道，这里的奋斗是无比艰难的，盖苓在中国没有人脉——天津对他这样的建筑师来说根本不是什么有前途的地方，他不可能在这里得到进一步发展。另外，他也无法作为西方建筑师获得任何优势，都得靠实力说话"。赫尔米娜强调，回到布加勒斯特对她来说已经不那么重要了。"我已经无所谓了。但我感觉，中国人比罗马尼亚人更吝啬。"然而，在布加勒斯特，"盖苓离维也纳更近，有持续的艺术刺激，然后可以等待时机成熟重回维也纳——这毕竟是他心心念念的最终目标"。

很明显，回到祖国是这对年轻夫妇反复讨论的话题。一方面是由于赫尔米娜始终如一的思乡之情，另一方面则是盖苓的职业发展困境。然而，盖苓最终没有迈出这一步，而是决定留在天津，独立执业，重新开始。不过，为了成立新公司，他必须节省开支，也就是说，不可能租用办公场所。幸运的是，盖苓和赫尔米娜在 1922 年 9 月搬进了一所宽敞的房子，可以将一个房间布置成办公室。

目前我们没有找到润富公司解散的相关背景资料。盖苓的儿子弗兰茨后来了解到，公司解散的重要原因是各方对于公司管理产生意见分歧。盖苓的德国合作伙伴主要关注如何尽快盈利，而盖苓则希望为公司打下坚实的技术和财务基础。不过，这大概不是合伙人之间发生纠纷的最主要原因。尽管盖苓一再表示对公司的发展有信心，但众所周知，德国公司一直受到"一战"战胜国的打压和限制，1923~1924 年，有好几家德国公司宣告破产。

闷闷不乐的气氛在盖苓的办公室里蔓延了几个月。他儿子认为，德国人对奥地利小兄弟惯有的傲慢，也可能对此有所影响。早在 1923 年 6 月，赫尔米娜在给婆婆的一封信中提及她哥哥与一个同事之间发生的问题，由此谈道："这里的办公室也是如此，（盖苓）与合伙人不断发生矛盾，还有人挑拨离间。"

盖苓的母亲非常忧心儿子在事业上遇到的困难，赫尔米娜在 1924 年 1 月的信中答道："是的，你可能是对的——他在事业上没有什么好运气——不过，你最好不要再写类似的东西，好吗？盖苓自己不觉得有什么问题，但你的话可能给他带来焦虑，他的意志和干劲绝不能因此而消沉。"

后来，1924 年 3 月，赫尔米娜在信中讲述了自己对两个合伙人的印象："魏迪锡，这个出身高贵的牛皮大王……是个真正的德国人，很善于排挤别人。我无法用语言表达我对这个人及他的同伴有多么厌恶，我已经心力交瘁了。我不停在想，我的父亲和恩斯特一定对罗尔夫的选择颇有微词。"

尽管盖苓决定从此独立创业，而且在选择商业伙伴方面有不少教训，但他还是接纳年轻的建筑师费利克斯·斯考夫（Felix Skoff）作为公司副手。斯考夫来自奥地利，与妻子希尔德加德（Hildegard）一起移居到中国，于 1922 年在天津定居。盖苓的决定可能是出于纯粹的实用主义目的。在1927 年 10 月 16 日给姐姐的信中，他提到，为解决润富公司的清算问题，他前段时间曾宣布自己是斯考夫公司的雇员。需要注意的是，这是他 1927 年在法院做出仲裁决定后的反应，背后的计策如下："如你所知，我正与一家中国的银行就润富公司的清算进行诉讼。银行在第三次也是最后一次诉讼中胜诉，（法院）命令我们三个合伙人共同支付近 60000美元。就我而言，我已经与银行谈判了很长时间，希望以分期付款的方式解决这几千元的债务。我相信我会成功，但这需要时间。首先必须让他们相信，不这么做他们就什么都拿不到。所以我必须让我的经济状况看起来尽可能糟糕，这就是为什么我与斯考夫签订了一份形式上的就业协议，来证明我只有少量收入。"盖苓接着指出，由于这个案件，他暂时无法将为母亲过冬的钱存入银行账户并汇出，此外，"其他利息较高的货币交易"也变得不可能。考虑到当时中国和奥地利之间汇款困难，盖苓想出了一个十分聪明的办法来解决他的财务危机并保证资金安全，这一点很了不起。他决定将所有"货币存款、货币交易，如抵押贷款、采购或其他银行业务"放在奥地利的姐姐格蕾塔名下，并指示她向盖苓的朋友——奥地利名誉驻津领事保罗·鲍尔（Paul Bauer）签发一份总授权书，后者又给了盖苓一份次级授权书。这样一来，盖苓就能采取所有必要措施，而鲍尔的签名只是为了履行"正规流程"。盖苓非常慎重地选择了鲍尔来进行这番操作。即使鲍尔只以私人身份出现，但天津的每个人都认识这位领事，因此，正如盖苓所设想的那样，这保证了"绝对的财产安全"。

离开润富公司后，盖苓开启了一段非常忙碌的日子。事情终于取得进展，赫尔米娜在 1925 年 1 月 19 日提到，盖苓有"很多事情要做，也有一些值得做的订单"，"我对此由衷高兴。不过，我不能无视罗尔夫过度劳神耗力"。与副手的合作也相当愉快，并且分工明确：盖苓是主管建筑师，也是负责设计和规划的建筑设计师，而斯考夫主要负责结构工程方面。

盖苓在这一时期的最大成就是规划和建造了位于天津的德美医院（Deutsch-Amerikanisches Spital），该医院于 1926 年 11 月开业，盖苓在同月给他母亲的信中说，他还有其他项目正在进行中，然而这些项目给他带来的快乐却不多："不幸的是，很少有作品在艺术上令人满意，许多项目只是基于其他人的设计图进行建设。当业务发展到一定规模时，这虽然肯定会令人感到高兴，但我们不得不经常闭上艺术的双眼。"

盖苓不仅作为成功的建筑师和可靠的承包商受到高度评价，他的专业造诣也越来越受到认可。1929 年他被任命为工商大学的教授，便证明了这一点。该大学于 1921 年由法国耶稣会士创建，名称为"天津工商大学"（Institut des Hautes Etudes et Commerciales）。一年后，学校又增加了"工程学院"。1933 年，南京国民政府接管了这所大学，更名为"天津工商学院"。20 世纪 40 年代改建为"私立津沽大学"。

盖苓负责教授"建筑设计""建筑施工""建筑材料"三门课程。以西伯利亚战俘身份讲授了多年的"建筑课程"后，他现在作为一所著名大学的教授站在学生面前，一定感觉很好。不过，我们没有从盖苓那里找到关于这一荣誉的任何信息，赫尔米娜也从未提到过她丈夫的教学工作。可能盖苓对这一额外的责任领域并不十分热心，五年后，大学校长不得不遗憾地宣布盖苓结束了他的教授职位："我很遗憾，他忙于指导他的公司业务，不能继续在我们学校授课。"[1]

一段时间里，天津的政治局势非常稳定，其与年轻建筑师费利克斯·斯考夫的合作也进展顺利。克服了经济困难之后，盖苓于 1929 年夏天实现了所有家庭成员的夙愿：夫妇俩带着在天津出生的两个孩子回国，到维也纳和布加勒斯特

---

1 盖苓遗物中 1946 年 11 月 25 日的未发表信件。

探亲。不过，盖苓没有在任何一个地方停留太久，他利用这个机会与一些当地专业人士建立了私人关系。只要有可能，他就从奥地利进口各种项目所需的建筑材料。他不仅凭借可靠的工作作风赢得了建筑商的声誉，还通过优质的进口产品赢得了赞誉，当时中国制造的产品无法满足他的要求。在给维也纳联邦总理府的信中，奥地利名誉领事鲍尔博士强调：

"（盖苓先生）经常由于他的作品质量和可靠承诺，在与英国、美国、德国和中国公司的激烈竞争中赢得合同。通过他的工作和在专业领域得到的认可，盖苓先生为奥地利在海外赢得了重要的声誉。他的公司会在条件允许的情况下，进口奥地利工厂的建筑材料、建筑设备和安装工具来进行建筑施工，由此也使奥地利工业从中受益。"[1]

从欧洲回来后，盖苓个人经历了一次重大的变化，并再次面临职业困境。他意识到，不在天津的时候，伙伴严重滥用了他的信任。斯考夫未经协商便做出决定，某些行为违背了以前的既定协议。这一系列的违规行为最终发展到任意提高自己的工资。

事态的发展完全无法预料，这很令人费解。毕竟，盖苓和斯考夫在商业上建立了良好的关系，即使对别人总是非常挑剔的赫尔米娜也认为斯考夫是"一个非常好的雇员"。而且，这两对夫妇，或者说两位夫人，也建立了私人联系，当然赫尔米娜有所保留："斯考夫夫妇都很聪明，但同时，他

1　盖苓遗物中 1930 年 4 月 11 日的未发表信件。

们又很守旧，没有冒险精神，是一种奇怪的混搭。"（给盖苓母亲的信，1925 年 1 月 29 日）应盖苓的要求，斯考夫一家去欧洲旅行时，他母亲还在维也纳招待了他们夫妇。因此，问题就来了，当涉及合作伙伴时，盖苓是否真的对人性知之甚少，或者是否由于仅为雇佣关系而没有详加考察。不过，盖苓在被监禁期间的日记充分表明，他为人比较孤僻，自从在维也纳詹宁斯 & 施奈尔建筑公司的第一份雇佣合同迅速终止，盖苓就意识到他的职业前途是独立的。也许这也是盖苓在布加勒斯特为他的岳父和妻舅工作时从未真正感到舒服的原因。不管出于什么理由，盖苓深受打击，在 1931 年 4 月 12 日给姐姐格蕾塔的信中，他甚至显得很激动："……拆伙对我来说并不困难，因为斯考夫他只知道索取，不知道付出。最近他的肮脏和贪婪变得令人难以忍受，因为现在的生意已经不像以前那么好了。……设计草案等资产的划分十分困扰我。"

从那以后，盖苓在没有股东合伙的情况下继续经营他的公司。但从欧洲回来之后，他就已经意识到经济形势欠佳，他将面对不确定的职业前景。他在 1930 年 3 月 5 日写给母亲的信中说："生意越来越难做了，可能很多上了年纪的中国人都没经历过这样的时刻。"受到国内外多重压力的影响，尤其是美国大萧条的波及，通货膨胀率极高，生活成本大幅上升，私人建筑活动暂时陷入停顿。1931 年，当盖苓在天津近郊北仓赢得防洪系统和船闸项目的招标时，他感到非常高兴。在上文提到的 1931 年 4 月的信中，他告诉姐姐："那是我们与斯考夫成为竞争对手之后的第一次较量，且工程工作是他擅长的领域，我决心要向他展示我的全部优势，所以非常认真地对待这次招标，最终击败了他，这对他来说简直太尴尬了。我中了标，与一个中国人合作共同完成这个项目，目前工作已经进行了 6 个星期。"1931 年初，盖苓搬进了位于天津大沽路上的新办公室，这条街道是英租界最重要的商业街之一。

　　通货膨胀持续存在，尽管如此，盖苓在私人住宅方面的订单反而增加了。由于货币贬值，许多欧洲人和中国人都将资金投资于房地产。从 20 世纪 30 年代中期开始，盖苓收到了一系列建造别墅、普通住宅和商业建筑的合同。1935 年 11 月 19 日，他写信给姐姐，讲述他如何应对持续的通货膨胀："货币急剧贬值，并且由于一些政治事件，当地局势一定程度上处于危险边缘。我不得不尽快将存款变现，将资金投入房子和土地上。由于反应很及时，我只遭受了 1/4~1/3 的金钱损失。我在北戴河买了一块地皮，上面有四间摇摇欲坠的房屋。还在英租界买了一小块地，准备在这块地上建造有 10 套四室公寓的出租房屋（剑桥大楼）。（这栋大楼）施工速度很快，已经在盖第三层，今年应该会完工。在这里建房子很便宜。我希望银行利率至少能达到 10% 或 12%，这样投资才能得到很好的回报，不会受到或至少降低货币贬值的影响。"

　　盖苓所说的"政治事件"，主要是指日本军国主义在华北地区扩张势力。第一次世界大战后，日本在这方面有所收敛。但这种野心在世界性经济危机的蔓延中再次爆发，它意图通过进一步扩张领土来摆脱经济困境。因此，1931年9月18日，在盖苓设计大学的地方——沈阳，日本人宣称国民党政府策划了针对日方控制下南满铁路的炸弹袭击，于是发动了对中国东北军的进攻，进而占领了整个东北。然而，这次袭击实际上是日本人自己策划实施的，为自己的侵略行为制造借口。伪满洲国成立于1932年，名义上由中国清废帝溥仪担任"元首"，管理被占领土。此前他于1912年退位。

盖苓信中所认为的危险局势，主要是指日本唆使下的"华北五省自治"事件[⑩]。他认为，日本人在中国北方的影响力会大幅增加，"但我认为这不会对其他外国人不利，而是对中国人更不利"。他还乐观地认为，这种权力交接不会造成骚乱，"甚至都不会发生枪击事件"，很快就会结束。然而，盖苓意识到，这种改变将使中国货币贬值到日元的水平，即1银圆约等于1日元（此前是1银圆约等于2日元）。

因为担心情况反复变化，盖苓常常工作至深夜，甚至到凌晨2点或3点。为了完成设计图和计算工作，他好几个星期天都在办公室加班。1934年是他"创纪录的一年"。"我一直很忙碌，尤其是在春季的几个月里。梅迪给了我很大支持，使我可以每天心无旁骛工作到深夜。这样，即使在没有很多雇员的情况下，我也可以同时进行非常多的业务。"（1934年8月14日给格蕾塔的信）除了建筑业务形势良好，他还强调，他能够通过出租"剑桥大楼"中的公寓来获得额外的租金收入，这让他感到安心。

不久之后，在1934年10月14日，盖苓给他的母亲写信：

"我总是在北戴河做些小活儿，每两周必须去一次。我很高兴地跟你说，今年是我在这里经历过的最好的专注事业的年份之一。这是公司事务走上正轨的第一年，我可以完全专注于设计和施工。虽然，运气好的话开公司比建筑工作本身赚得更多，但设计和规划才是真正让我有成就感的地方。……一座拥有33套公寓的大型住宅楼于夏季竣工，现已全部入住。⑪另外，我还正为7位中国富豪建造大型独立别墅，这些在冬天之前应该都能完工并入住。⑫一些或大或小的项目仍在进行中。"

1936年，对于盖苓来说，在专业上也是非常成功的。他将积蓄用于投资，为"剑桥大楼"增建了一个翼楼。他还预计，在1937年，繁忙的建筑工作将继续下去，"不过很快就会放慢步伐，因为过去两到三年的建造量超出了需求"（1937年8月5日致格蕾塔的信）。

事实上，建筑事业依然发展良好。然而，盖苓不得不经常考虑建材价格的剧烈波动，所以每个新项目的造价都包含一些不确定因素。由于他更青睐来自奥地利的建材、设备，因此他还不得不应对材料交付问题，他后来写信给格蕾塔说："……尤其是，进口商品的价格正在大幅上涨。用于混凝土建筑的钢筋、钢管、钢板等的价格上涨了100%，还经常断货。"

从古典主义到经典现代主义风格

盖苓1920年来到天津时，大兴土木的建筑热潮还在持续中，人们对外国建筑师的需求仍然很高，他满心期望在此领域有所建树。从 19 世纪末开始主导城市景观设计规划的复古主义、古典主义风格此时仍然受到追捧，因此他的前合伙人卡尔·贝伦德在 20 世纪 30 年代建造了一系列建筑物，其表面的装饰图案均是在综合所有古典风格的基础上加以大量修改而来的。

因此，回顾 20 世纪 20 年代和 30 年代欧洲建筑的发展历程是很有意义的：古典主义或者说历史主义，即继承传统风格的理念，主导着 19 世纪和 20 世纪初的建筑设计；但最迟到第一次世界大战时，出现了新的尝试，其要求彻底摆脱历史风格并寻求新的表达形式。这一时期出现了现代主义风格，但业界对其并没有真正意义上的明确界定。不同的审美立场导致现代主义风格分化为不同的流派，但它们通常产生的影响较小，例如表现主义或构成主义。然而，瓦尔特·格罗皮乌斯（Walter Gropius）于 1919 年在德国魏玛（Weimar）创立的"包豪斯"（Bauhaus）学院则提出了一些新的理念，引领了 20 世纪二三十年代的建筑风潮。德国包豪斯风潮结束后，一部分青年设计师借助"新建筑""功能主义""新客观性""国际主义风格"等概念在美国获得进一步发展。总体而言，新的建筑设计理念包括三个基本要求：强调建筑的明确性、实用性和功能性；使用新技术和新材料；少即是多，去除所有不必要的装饰细节。

例如，维也纳 13 区的"制造联盟住宅区"就是尝试不同建筑设计风格的一个典型例子，它邀请了来自奥地利、法国、德国、荷兰和美国的建筑师——从一开始就避免了统一风格。建筑师包括阿道夫·卢斯、约瑟夫·霍夫曼、玛格丽特·舒特－里奥茨基（Margarete Schuette-Lihotzky）、恩斯特·普利施克（Ernst Plischke）、奥斯瓦尔德·海尔德尔（Oswald Haerdtl）、理查德·诺依特拉（Richard Neutra）、赫里特·里特费尔德（Gerrit Rietveld）和安德烈·卢埃特（Andre Lurcat），他们共同设计了70座样板房及部分内饰。这个案例的特殊之处在于，虽然每栋房屋的设计不同，但整个聚落体现了上述原则。

另外，在中国，建筑设计理念的发展则走上了不同的道路。从20世纪初开始，出现了将中国传统元素融入新建筑的个别尝试。然而，在大多数情况下，所谓"个别尝试"只是在根据西方模式设计的现代建筑上附带典型的中式屋顶——这种设计理念并不是那么新奇。1747年，一些作为传教士来到中国的耶稣会士在北京设计了"老夏宫"（即圆明园）的一个区域（该区域现今只剩一片断壁残垣）。负责人朱塞佩·卡斯蒂廖内（Giuseppe Castiglione）设计了一个花园，当时被称为"西洋花园"；他还建造了几座意大利洛可可风格的建筑，但屋顶是中式风格。

利用中式和欧式建筑元素创造新风格的尝试最终没有成功，欧洲古典风格的表现形式虽然受到中国建筑商的高度青睐，但中式元素被认为是老套的或过时的。在某种程度上，19世纪设计风格的多样性与欧洲现代建筑技术相结合，成了进步和现代性的代名词。不拘一格的、今天被称为"后现代"

的设计，与欧洲古典建筑群，在今天的城市景观设计中，并行不悖，仍然广受欢迎。例如，从 2004 年开始，上海附近的松江卫星城出现了一个街区 ⑬，其各个区域或多或少地模仿了欧洲小镇的各种建筑：有德国的、英国的、荷兰的或意大利的“街区”。2012 年，在广东省，一座小镇几乎完全复制了奥地利小镇哈施塔特（Hallstatt）的建筑 ⑭，哈施塔特是上奥地利州的世界遗产区，包括湖泊、教堂塔楼、乡村广场。

作为一名建筑师，盖苓是如何回应天津客户对他的期待呢？他曾经受过古典风格的学术训练，对于复古主义的建筑形式自然驾轻就熟。但从战俘时期的设计草图中可以看出他对各种风格构想的不断尝试。另外，他笃信现代建筑材料的优势，特别是在钢筋混凝土建筑中找到了现代表达的新式方法。早在 1912 年，他在维也纳附近的克洛斯特新堡建造诺曼恩赛艇俱乐部会所时，就已表明他抛弃了复古主义设计风格。

建筑艺术史学家自然而然会将一位建筑师的作品置于其所处的艺术史时代进行研究。这的确适用于研究过去的建筑师。以活跃于 1700 年左右的建筑师为例，毫无疑问他们属于巴洛克时代。然而，对于 19 世纪和 20 世纪的建筑，这种风格上的“分类”则非常困难，甚至几乎是不可能的。

19 世纪，工业革命带来了社会结构的剧变，这在很大程度上表现为原有价值观的崩塌。对于建筑来说，这促使人们回到过去的时代找到其“价值观”，并借用古典主义的各种风格在新建筑中表现出来。在教堂建筑上，我们可以找到典型的例子：在新建的教堂中，建筑师往往通过回归哥特式或罗马式风格再现中世纪的浓重宗教氛围。然而，与此同时，这种回归被视为一种价值缺失，即没有创新。回顾过去，人们认识到，第一个无法产生新风格的时代已经到来。即便是新艺术风格，最终也只体现在装饰元素上，而没有对建筑本身进行革新，它的流行时间也很短暂。盖苓开展建筑设计工作时，某些美学原则已经被建筑师和建筑理论家所固化，他们对探索"适宜的"或"独一无二的"风格毫无兴趣。

在下文中，我们将不会试图从风格流派的角度来看待盖苓的建筑作品，这对他来说失之偏颇。毫无疑问，像过去的所有建筑师一样，他从这里或那里借鉴了一些既有的形式，包括对古典和现代建筑的关注，这些都或多或少地对他的建筑设计产生影响。最重要的是，他会为每一个订单找到他所能想到的独有的解决方案，即深入理解客户需求的复杂性，然后满足它。

1933 年 3 月，盖苓在天津扶轮社发表的关于"客户从建筑师那里能或不能得到什么"的演讲 [1] 中提出，当代的建筑师必须满足客户极其多样化的要求，并且必须具有广博的知识。一方面，要考虑到各个建筑物的位置、资金问题、客户的意愿和当局的各项规定；另一方面，建筑师的设计方案必须始终追赶最新的技术水平。从这个意义上讲，建筑物的室

---

[1] 1933 年 3 月 31 日的《德华日报》（*Deutsch-Chinesische Nachrichten*）上的演讲摘要。

内设计也非常重要。以住宅建筑为例，建筑师不仅要设计居住空间本身，还必须将供暖、空调、电话、照明系统、电梯安装等合理地纳入设计中；既要形成一个功能良好、和谐一致的整体结果，也必须始终满足审美要求。

在盖苓参与的大约 250 个项目中，只有小部分留存下来。1976 年的一场大地震摧毁了海滨度假胜地北戴河的不少建筑，也对邻近的天津市造成了严重的影响：许多建筑物被毁，约 25000 人死亡。⑮

盖苓至今仍为人所知的作品，可分为四类：

- ・城市规划；
- ・公共建筑与商业建筑；
- ・别墅；
- ・公寓大楼。

北戴河的城市规划

盖苓在中国的第一项任务是规划和建设北戴河海滨度假胜地，由此开启了他的城市规划工作。中国士绅对北戴河进行了全面的规划和建设，包括新的路网、各种公共建筑、酒店、咖啡厅和公共浴室以及大量夏季游客所需的特色别墅。

盖苓的规划设计数量丰富，但保存下来的很少。据推测，盖苓为北戴河设计了莲花石公园，其形式和风格为 18 世纪发展起来的英式园林。通常，英式园林崇尚自然，但这往往需要大量的人为干预：堆土丘，挖池塘，引入蜿蜒的小河，在显眼的地方种植成片的树木和灌木丛。为呈现出理想化的景观，它将各种风格的小型景观有机组合在一起，构成了和谐优美、浪漫诗意的整体效果。这种类型的英式园林在当时获得极大的认可，并立即风靡欧洲大陆。维也纳附近的拉克森堡（Laxenburg）公园也是这样一个典范，它是哈布斯堡王朝最重要的避暑胜地，自 1780 年起被打造成为皇家园林。园中甚至还有一座中国亭，散发着异域风情。

图 81　钟亭，北戴河，1920 年

　　北戴河的海滩与林木葱郁的山丘天然融为一体，像大理石的花纹一般自然流畅，盖苓要做的只是将这个浪漫景观变得更加唯美。在莲花石公园中，盖苓设计了横跨溪流的优美拱桥。然后，就像在英国风景园林中总能找到一两样"古董"一样，盖苓还在莲花山上为"公益会"[⑯]设计了一座中式小钟亭（见图 81），四根柱子支撑起典型的有飞檐的顶子，里面的钟，如同北京城钟楼里的钟一样，边缘也被设计成了波浪式。

　　盖苓还为公园增加了一些优美的景观，如有名的霞飞馆（咖啡馆）（见图 82）。它的设计不仅出于美观，更具实际功能。虽然霞飞馆采用屋顶有典型弧形飞檐的中式亭阁设计

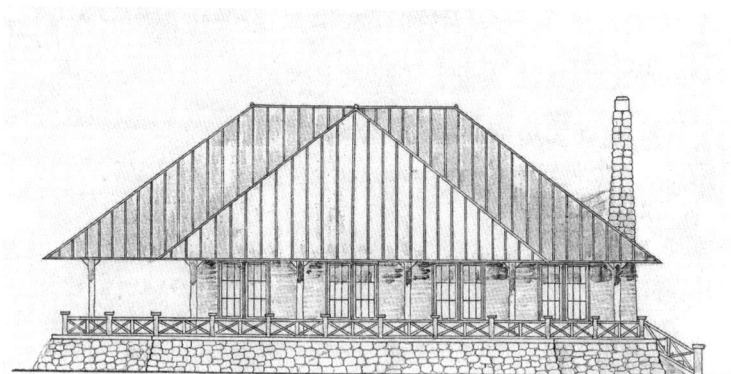

SOUTH—VIEW

图 82　霞飞馆，北戴河，1920 年

更能与景观融为一体，但盖苓的目标是使公园景观具有多样化的风格，因此他为霞飞馆设计了石砌体基座和木栅栏围绕的宽阔露台，这让人联想起阿尔卑斯山山麓的奥地利房舍。另外，盖苓还打破了阿尔卑斯山建筑的传统，采用大面积的现代窗户。霞飞馆主厅的大型开放式壁炉和石块砌成的高烟囱则参考了英国乡村房屋的传统样式。这位年轻建筑师在此初步展现了将传统与现代相融合的表达方式，这一点引人注目，并成为他日后许多项目中的经典风格。

美观与功能相结合的公共建筑与商业建筑

在北戴河为银行家吴鼎昌建造了私人别墅后[17]，盖苓受其委托又为天津的金城银行设计了图纸。此时距盖苓1920年逃离符拉迪沃斯托克（海参崴）并不是很久，这幅未执行设计图令人惊讶地联想起他在战俘营期间绘制的草图。它呈现出各种风格元素的组合。屋顶的表现主义设计风格引人注目，高大的坡顶与大面积山形墙[18]交相辉映。不过，总体而言，这个草图似乎不够成熟，让人感觉建筑师还不太清楚应该采取何种风格（见彩图24）。

　　盖苓接受的最重要的委托之一是设计建造位于沈阳的东北大学主楼（1922年）（见图83）。盖苓不得不在设计这座重要公共建筑时向流行品味低头，这一点在屋顶的设计中十分明显。尽管主楼没有采用传统样式，而是选择了现代方式制成的、坚固的落地式老虎窗，但屋顶中心巨大的山形墙和两侧较为平坦的圆顶结构，却尽显常见于19世纪欧洲标

图83　沈阳的东北大学，1922年

志性建筑的威严。该建筑采用现代简约式设计，许多大大的窗户强调了功能性。简单的壁柱样式使外立面突出，并赋予其韵律感。通向主入口的宽楼梯，以及圆顶侧立柱上的花瓶装饰，又为整体建筑赋予了传统气息。

从大堂的草图中可以看出，盖苓为这个重要的房间设计了一个简洁、古典又不失现代感的方案。台座上的人物雕塑使这个房间散发出尊贵庄严的气息。总体而言，通过这幢建筑，盖苓成功地将现代和传统元素融合成令人信服的统一体，同时满足了功能性要求（见图 84）。

1925 年，盖苓和他当时的合作伙伴斯考夫参加了大连火车总站（见图 85、图 86）的设计竞赛。在这个项目中，盖苓也不得不考虑中国人的品味。车站外墙的显著特征是一个大轮式窗[19]，时钟位于其中心位置。在这里，盖苓以现代方

图 84 沈阳的东北大学，大礼堂

图 85　大连火车总站，局部

式对轮式窗这个中世纪大教堂外墙上几乎不可或缺的元素做出了风格化调整，在传统主题和现代表达之间创造了有趣的对立关系。对于建筑物的其余部分，他没有使用中世纪风格，而是采用了巴洛克风格或装饰派艺术风格的图案，他的作品外立面上很少使用这些图案。该设计最后获得一等奖。然而，施工业务却委托给了另一位建筑师或另一家建筑公司。多年后，盖苓发现，他制定的许多细节都被纳入已经完工的车站

图 86　大连火车总站，设计图，1925 年

上。不幸的是，车站未能保存至今，因此今天不可能再对其进行比较分析。

在 1925 年 1 月给婆婆的信中，赫尔米娜写道："盖苓最近在北京待了 3 天……他与布鲁尔（Brüll）夫妇到那里考察了一家医院，他们在那里研究了各种设施。"事实上，1925 年，盖苓的朋友布鲁尔医生与几名德国医生和两名德国护士成立了一家德美医院，医院与一名中国医生合股作为股份公司投入运营。这家股份公司在美国注册，因此得名"德美医院"。盖苓不仅是布鲁尔医生的朋友，也是主要股东之一，因此医院的规划工作委托给了他。医生们给予专业建议，以便他按照最新式的医疗和技术标准建造医院和安装医疗设备（见图 87）。

图 87　天津德美医院，1925~1926 年

新建筑占地 1500 平方米，底层设有普通病房，分两个大厅，男女床位各 10 张。二楼有 10 间单人病房和 5 间双人病房。此外，还有手术室和各种治疗室（见图88）。

图 88　德美医院，手术室

盖苓是现代钢筋混凝土建筑的坚定支持者，这就需要生产预制件。这种施工方法在当时还比较新颖，其优势在于成本最小化。在中国北方，施工的冬歇期较长，而使用混凝土浇筑会大大缩短施工周期，因此在这里尤其具有优势。原则上，医院的规划需要严格考虑功能分区和组织流程，并通过房间布置来体现。为了最大限度利用混凝土预制件，盖苓将用于接待、检查、手术、住院治疗等不同功能的房间设计成一个个模块，这些模块可以根据需要在水平和垂直方向上成倍增加。为了实现他的想法，医院的建筑工地变成了"结构工程试验站"。不仅所有的混凝土梁和支撑都是在现场制作的，而且所有的混凝土预制件也都直接在工地上浇筑。

根据功能和资金状况，医院被设计成一栋带有大窗户的简单建筑，每一扇窗户都配备了颜色对比鲜明的（绿色？）百叶窗。巨大的屋顶露台十分醒目，病人可以在舒适的躺椅

图 89　德美医院，屋顶平台

上疗养（见图 89）。

　　1926 年 11 月，医院正式开业。这个项目对盖苓来说非常重要，他在 11 月 24 日的信中向母亲详细叙述道："10 天前，德美医院开业了，这对我和布鲁尔医生来说都是一次巨大成功，我们邀请了所有德国侨民和所有其他国家的领事来参观，大约有 300 名观众。总体来说，医院的病房、设备和陈设得到了参观者和所有报纸的认可，被认为是天津最现代化的医院。这是一项艰巨的工作，有许多难题需要解决，对我们这样资源有限的人来说更加困难。我们花了一年多的时间才完成；但一切都如愿以偿，没有人对这个建筑提出意见。"[1]

　　1　医院现已不再营业，大楼经过多次重建，后来被改作其他用途。

图 90 办公楼兼商店大楼，西门子公司，天津，约 1927 年

　　正如盖苓自己所说，此后他几乎没有做过什么"艺术上令人满意"的工作，主要忙于各项施工。终于在 1927 年，他接到了一份挑战其创新能力的工作。其任务是为德国西门子天津分公司建造一座办公兼商店大楼，并在一楼配备一个大型陈列室（见图 90）。这个由盖苓和他的老搭档费利克斯·斯考夫共同完成的设计，显示出盖苓乐于在不违背他对现代性信仰的前提下，接受传统元素。通过一系列的天窗，屋顶再次成为引人遐思之处。这幢建筑位于两条街道交会处，最令人瞩目的特征是大弧线造型。未经装饰的侧立面仅以大窗和简单平直的窗檐为特征，深具现代性。建筑的弧形部分的一层，则通过装饰元素形成了特色鲜明的入口；墙面上的三列窗户也是圆弧形，顶层窗户的栏杆装饰有几何图形，二层用檐口隔开，窗户之间的壁柱设有装饰性灯具。入口区域

图 91 办公楼兼商店大楼，西门子公司，陈列室

图 92 办公楼兼商店大楼，西门子公司，入口

通过两个拱形大窗户可以看到展厅内部，中间入口也是类似的设计（见图 91）。

盖苓擅长用柱式设计满足天津客户的期望。当时大多数建筑的整个外立面都在纵向和横向上被各种柱子所覆盖，为了引人注目，它们都设计有奢华而富有想象力的柱头。而盖苓恰恰相反，选择了古朴的多立克柱

式 ⑳，它简单到甚至不会违背他的现代性原则（见图 92）。

1930 年，上海的德国新教教堂宣布举办竞标活动，邀请了所有讲德语的远东建筑师和工程师参加。获得一等奖后，盖苓认为此时是在奥地利宣传自己是一名成功建筑师的好时机。1930 年 11 月 25 日，他向维也纳《新自由报》（*Neue Freie Presse*）的编辑发送了一份他对该项目的描述，并刊登如下消息："……这是一座有 400 个座位的教堂，紧邻现在的德国学校和德国社区的房屋，因此其必须与这些已有建筑的风格相适应。出于这个原因，以及技术方面的考虑——在上海极差的土地上打地基非常困难，建筑师选择了混凝土框架结构来支撑回廊和屋顶，尽可能减少自重。建筑物的外观清晰地表达了这种框架系统，并通过简单的结构来匹配邻近

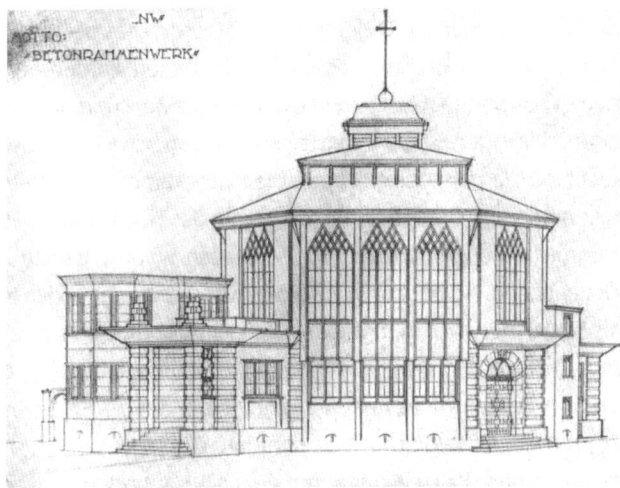

图 93 上海的德国新教教堂，竞标设计图，1930 年

的建筑。"为了强调这种建筑的特殊性，盖苓还在项目图纸上标注着"混凝土框架作品"。按照传统，图纸上本应标记建筑用途，因此这个称呼非常引人注目（见图 93）。

盖苓将教堂规划为一座中央建筑，三层帐篷式屋顶[21]，并附带一个平屋顶的多边形唱经楼。墙壁几乎完全由大窗户组成，这些窗户赋予建筑轻盈和通透的感觉。与大连火车站的轮式窗一样，盖苓在教堂的窗户上采用了欧洲近代早期流行的样式，不过以往风格的典型元素被加以修改，观众只觉得似曾相识。建筑师通过这种新的表达证明自己是属于现代的。据我们所知，盖苓在被俘期间设计哥特式百货商店时就曾尝试过这种方法。在新教教堂的案例中，他将窗户的"哥特式"窗饰更加彻底地重新诠释为几何形状。然而可惜的是，盖苓没有机会实践这项设计。

同年，盖苓接到了在天津附近建造防洪系统和船闸（1930~1931 年）的重要合同。天津位于覆盖了中国北方大部分地区的辽阔黄土地上。御用运河（京杭大运河）的一部分早在公元前 6 世纪就已建成。白河（海河）流经市区，在季风季节，由于土壤盐碱化程度严重，这里的土壤不透水，该市多次遭受严重洪水袭击。[1] 几个世纪以来，人们一直在努力抵御洪灾，并且卓有成效。防洪系统由水库、防洪屏障和船闸组成，第一座船闸建于公元 984 年。1930~1931 年新

---

1 盖苓之子弗兰茨讲述了这些洪水所造成的难以避免的次生灾害——由于中国没有公共墓地，死者被埋葬在自己祖先的土地上，到处是墓地。随着洪水的不断发生，棺材随之被冲得四处皆是。

工程招标时，盖苓成为
中标者。当时所有设施
都处于非常糟糕的状态。
一座大坝已经遭到破坏，
盖苓在工作期间不得不
解决溃坝问题。一位中
国工程师在整个施工过
程中一直陪在他身边，
他的专业知识为盖苓提
供了极大的帮助（见图
94）。

图 94　天津的防洪闸及船闸，罗尔夫和
　　　　中国籍总工程师，1930~1931 年

　　1931 年 4 月 12 日，
盖苓写信给姐姐，说道："从这里开车一小时即可到达建筑
工地。（工程的）建造成本将近 25 万墨西哥银圆[1]，有可能
面临巨额损失，没什么收益。此外，（这里）有很大可能暴
发洪水，但由此延迟完工的话，我将面临每天 500 银圆的巨
额罚款。你可能会问我为什么要承接这项工作：不仅仅是出
于野心。建筑行业目前无事可做，有事情做就不错了。考虑
到整个公司的设备和员工，没有什么比无事可做更糟糕的了。
此外，通过良好的组织运作，我能够与那些大型承包商一较
高下，这对我来说是一个提高知名度的好机会。"

1　民国时期大量流通外国银币。此外，众多国内外银行发行了自己的货币，
　　支付方式存在很大的不确定性。一般来说，墨西哥银圆，通常被称为鹰洋，
　　是通行货币之一（直到 1919 年）。

图 95 防洪闸及船闸，施工现场

　　不仅盖苓本人需要通过这个项目在本地专家中获得声誉，对这座城市来说，推进项目也是实现其基础设施现代化的一项重要举措，更能够证明城市的进步性。完成整个项目的施工，既需要高水平的技术知识，也需要很好的组织和协调才能，盖苓在几乎没有其他技术援助的情况下管理着巨大的建筑工地和大量的工人（见图 95）。

　　总之，这份合同伴随着很多麻烦，其间一直存在资金问题。正如盖苓在1931年12月给他姐姐的另一封信中所述："水闸的建设取得了很大的进展，我以适当方式要回了担保金，已经不再担负任何风险了。我必须主动出击，否则我担心会被没收担保金。你知道，尽管是委员会的工程师造成了延误，使我不得不拖到汛期施工，但我仍然被扣除了7000银圆作为延迟完工的罚款。他们甚至不愿将造成这种延误的洪水算作不可抗力。所以现在我必须为这笔钱和额外的赔款而战。我希望至少能拿回部分钱款。……如果最终什么也得不到，我将面临巨大损失，公司可能得关门。"

盖苓还在忙于船闸建设和账目工作时，又接到另一个委托，为山东青岛的一个煤矿新矿井规划输送系统和煤仓。几年前，他曾为该煤矿工作过，令客户十分满意。虽然这又是一个工程项目，但他非常乐于接受这份订单，因为当时的金融危机导致人们对新住房的需求减少。这个项目似乎是个大工程，他的公司在 1932 年的春夏两季忙得不可开交。

独具风格的私家别墅

盖苓在被俘时所画的素描足以表明，别墅是他"最喜欢的题材"。他设计了许多独立式住宅，样式各不相同，但主要采用故乡风格，这也是奥地利 20 世纪 30 年代以前相关类型建筑惯用的样式。

在 20 世纪 30 年代末期建造的天津的各个别墅项目上，盖苓追求两个不同的目标：一方面他要考虑中国客户对保守的、典型的欧洲设计的偏好，另一方面他与欧洲客户迈上经典现代主义道路，将故乡风格的浪漫主义抛在了脑后。

盖苓先是决定为家人在北戴河建造"盖苓别墅"（见图96），这样做完全是出于实际考虑。由于他在北戴河连续接到好几份订单，正如他在 1931 年 12 月写给姐姐的信中所说，

图 96　盖苓别墅，北戴河，1932 年

在北戴河建房居住，能够"节约用于这批建筑项目的时间和旅费"。他在 1932 年 3 月 15 日《德华日报》^㉒上登载了一则广告，介绍自己在工程现场开设了自己的建筑师工作室，雇用了"熟练的工匠、工头等"，并"经常开车去那里监工"。他和以前一样务实，利用这个机会不断争取更多的订单，他在这则广告中宣称其："在北戴河承接各种建筑、维修、油漆等工作。"与此同时，他将那间为短期施工（他只打算在那里办公到 6 月）而建造的办公室改造为自己的住房。此外，盖苓还将建造北仓水闸时剩下的木材用于建造自己的房子，因为如果卖掉这些木材，大约会亏损一半的钱。在上面提到的信中，他还写道："所以我只需要准备一点其他的材料，

工作量很小，这样至少我有了一所小房子，可以让梅迪住进去以节省租金，或者还可以租出去一部分，它应该足够两个家庭正常使用。我估计白银价格也许能涨回去，不过房子可以按照黄金价格出售，这样当前的全部白银差价就不会损失。如果现在将白银换成黄金，会损失 50%。"㉓

别墅为两层楼，四周的风景美丽如画，盖苓在后面为佣人们建造了一个单独的砖砌侧楼。盖苓为自己设计的房子是综合了传统与现代方式的典范。一方面，大胆的、直径为 9 米的露天平台采用了高度现代化的表达方式，充分利用了钢筋混凝土的特性。另一方面，别墅采用了让人联想到过去的元素，表达了盖苓与奥地利的深厚联系，如房子的底层是用粗糙的、长方形石块砌成的，支撑露台的柱子也使用了相同的材料，而且其中一部分以中世纪的方式砌成斜坡。另外，现代样式的大窗搭配传统百叶窗以及上方为弧形的玻璃门体现了装饰风格的多元性。尽管内部使用了钢筋混凝土结构，但从装饰性的抹灰墙面可以看出，这不是实用的经典现代主义产物。屋顶上的奥地利国旗透露出房主的出身信息，与房屋很相配。客厅天花板上是装饰性的传统木质横梁，墙壁上装饰着深色护墙板。而简朴的家具则展示了盖苓的另一面——始终厉行节俭（见图 97）。

从 1935 年起，盖苓专门承建私人住宅楼。根据他的信件内容，他承接了大量这类项目，总是几个项目在同时进行中，据说他还建造了整条街道两旁的房子。不过，只有少数房子留存至今；大多数要么被拆除，要么因重建而面目全非；

图 97　盖苓别墅，卧室

或者因为找不到关于这些建筑物的档案而难以确认。盖苓将部分房屋拍照记录下来。对比照片，其中一些房屋在 21 世纪的第一个十年才进行翻新，但多数房屋结构都发生了改变。

　　遗憾的是，没有任何建筑物的平面图保存下来。[24] 当看到盖苓为中国客户建造的别墅外观时，人们通常会觉得自己仿佛置身于世纪之交的维也纳别墅区。不过，客厅或沙龙中的开放式壁炉表明，盖苓也受到英国乡村别墅概念的启发。在其各个作品中，他将不同建筑材料进行组合，通过错落排列的建筑结构，包括陡峭的山形墙屋顶、延伸的山形墙、改良的半木结构山形墙、多边形露台等，展现出建筑物的外观变化，其始终坚持打造出一种浪漫如画的特色。尽管这些风格特征听起来很相似，但盖苓设计的房子绝非千篇一律，他能让每栋建筑别具一格。它们的共同点是没有任何装饰。不管是什么风格,盖苓的现代观点至少在对大窗户的运用上得以体现。

富有的实业家李勉之[25]在一块土地上为其子女建造了四栋别墅,就是上述特征的例证(见彩图25)。值得一提的是,吴适云(Wu Hsie Yin)[26]请盖苓建造了一座现代风格的公寓大楼用于出租,而其私人别墅显然更青睐传统的"别墅"风格(见图98)。

盖苓还为富豪吴颂平[27]打造了一座极具代表性的别墅(见图99)。它完全展现了上述设计特征。有趣的是花园一侧的入口,其由砖块和天然石材组合构成,立面也可以找到个别天然石材代替装饰。客厅里开放式壁炉的墙壁上也呈现了一种近似矫饰主义[28](manieristisch)的材料组合(见图100、图101)。

图98 吴适云公馆,天津

图 99　吴颂平公馆，天津

图 100　吴颂平公馆，花园入口

图 101　吴颂平公馆，客厅

　　盖苓的另一个重要的委托项目是章瑞庭的住宅。房子的设计理念表明客户似乎是一个军阀。[29] 因为这栋大楼里有会议室、餐厅、接待室等，还有一条通往街区尽头的秘密通道。盖苓还为入口正面的花厅设计了三扇彩色的大玻璃窗。窗户上镶嵌着新艺术风格的花卉图案彩色拼接玻璃，花厅中柱子上的柱头属于装饰艺术风格。值得注意的是壁灯，盖苓以维也纳的煤气灯为模板创作了这种壁灯，其浪漫怀旧的表达方式可能是为了迎合中国客户。然而，由于政治局势的原因，这些窗户并非像盖苓所打算的那样由维也纳的"盖苓玻璃画"工坊制造，而是由另一家荷兰公司制作（见彩图26）。

　　盖苓为在天津的欧洲客户建造的别墅则（与中国客户）完全不同。他为他们选择了一种相当实用的设计风格：本着经典现代主义精神，遵照简洁干练的美学原则，突出基本的几何形状。

　　这种新的建筑风格在盖苓为杨宁史（Jannings）[30] 所设计的别墅中得到了最清晰的表达。杨宁史是天津的贸易公司禅臣洋行（Siemssen & Co.）[31] 的董事和合伙人。这座建筑的立体结构形式明显参考了包豪斯建筑的风格——临街那侧建有一组几乎与建筑等高的圆柱形窗户。在此基础上，光滑的墙壁也被漆成白色，建筑主体有一个平屋顶（见图102）。

　　在建造杨宁史别墅的同时，盖苓为天津德孚洋行（Deutsche Farben Handelgesellschaft Waibel & Co.）[32] 的经理卡尔·施温德尔（Karl Schwender）和德国贸易公司美最时洋行（Melchers & Co.）[33] 的代表汉斯·德约考夫（Hans

图 102 杨宁史别墅，天津

Theuerkauf）在相距不远的地方建造了另两栋独具特色的别墅。施温德尔别墅和德约考夫别墅的设计理念非常相似。它们都是二层建筑，尽管盖苓再次采用了立方体的样式，但他通过使用看起来更温暖的砖块材料和坡度平缓的屋顶，在一定程度上缓和了建筑棱角分明的感觉。与杨宁史别墅一样，这两栋别墅的露台和阳台与周围的花园相得益彰。在这两栋别墅中，大窗户提供了良好的室内采光。吴颂平家的壁炉通过砖块材料和粗凿的石头组合增添了艺术情调，而施温德尔家的壁炉则通过将板砖铺成之字形，彰显出一种现代表现力。这两处壁炉的不同设计，充分显示出盖苓的创新能力（见图 103、图 104）。

　　以上三座德国商人的别墅日后见证了世界历史的进一步发

展：1945 年日本投降后，美国人没收了杨宁史、施温德尔和
德约考夫别墅及其内部所有家具，将它们用来安置美国军官。

　　盖苓设计的别墅建筑中另一个有趣的变种是，骨科医生
及天津骨科医院院长方先之[34]的别墅（见图 105）。与杨宁
史别墅一样，这座二层建筑被简化为基本的几何形状，特别

图 103　施温德尔别墅，天津

图 104　施温德尔别墅，壁炉

图 105　方先之别墅，天津

是使用了平屋顶，并且墙面被涂上白色的灰泥。但这个解决方案也许太激进了，因为在这栋别墅里，窗户的檐口过于狭窄，单排水平向琉缸砖㉟装饰条的颜色对比使外墙变得生动，琉缸砖装饰条的长度不一，分布也很随意。不幸的是，该建筑后来因改建和加盖屋顶，在外观上发生了重大变化。

时尚现代的公寓大楼

在建造公寓大楼时，盖苓不准备做出任何妥协。盖苓在1934年写的一句话表明，他的客户对现代设计并不总是无条件认可的。"一年来，领先的英国和美国建筑师终于开始采用现代建筑形式，这扩宽了我的业务范围。由于这些建筑师大多是古板笨拙的绅士，（在跟中国客户打交道时），即使我不是来自以上富裕国家（的建筑师），也能有很好的机会。我的客户当然大多是中国人，他们现在突然转向最现代的建筑方式。这种转变对他们来说很容易，他们没有对欧式建筑的执着要求。"（给母亲的信，1934年10月14日）

与为欧洲居民建造的、每一栋都以"民族国家"风格设计的公共建筑不同，公寓大楼通常由中国富豪投资兴建，因此不再充斥着复古主义主题了。它们的风格更为简单，功能更加强大，带有大窗户，通常还有阳台。真正的时尚潮流是使用清水砖墙面，其通常与抹灰混凝土或清水混凝土墙面相结合。㊱

在盖苓建造的诸多出租公寓项目中，只有三个被记录在案,它们的设计迥然不同。

盖苓设计的第一个公寓楼是剑桥大楼(Cambridge Flats),同时他也是大楼的业主(见图106)。它展现出一种不太明显的实用风格。中间的三列窗户从立面中脱颖而出,就像三层楼高的立柱一样。外墙涂抹的是白灰,而外立面的其他部分和底座则由砖块制成,以形成颜色对比。尺寸不

图106 剑桥大楼,天津,建设中,
1935~1936 年

一的窗户形状、平直的内阳台与外阳台共同让外立面变得更加生动,划分各楼层窗户的平直檐口也为立面增添了活力。1936 年,盖苓扩建了大楼,增加了一个侧翼。后来该建筑群进行了改造,无法再清楚地辨认出其原始设计。

盖苓以另一种不同的方式设计了赫拉克勒斯大楼(Herakles Building,意为大力神大厦),今名香港大楼,这是为中国客户吴适云建造的,他还为其建造了一座私人别墅(见图98)。这座大楼分为两个翼楼,其设计非常与众不同(见图107、图108)。这座位于街角的平顶建筑采用白色抹灰墙面,没有装饰的外墙被长长的带状阳台赋予了不同寻常的现代外观,其中一些带状封闭式阳台设置在凸出部

图 107　香港大楼，
　　　　天津

图 108　香港大楼，
　　　　侧视图

分的四角。多变独立的小圆窗使建筑更具个性。另外，建筑
物的第二侧翼仅在顶层外立面涂上白灰，而下面的楼层再次
由裸露的砖块材料制成。另有三个敞开式小阳台与相邻翼楼
形成鲜明对比。

　　民园大楼始建于 1937 年，是一座大型公寓楼，由几栋
设计相异的三层和四层建筑组成（见图 109）。盖苓充分挖
掘了功能设计的所有可能性。光滑的裸露砖墙与抹灰墙面

交替出现，由简单的混凝土表面和平顶组成的阳台强调了建筑物的块状特征，大窗户强调了功能性。没有任何装饰，甚至没有扁平的檐口，这样不会影响到立面的实用性。公寓建筑中的一栋楼体量特别大，为了抵消极其细长的立面所带来的单调感，盖苓将建筑分成三个区域，有长阳台和白色抹灰墙的中央区域与两个侧面区域形成对比，后者由裸露的砖块砌成，并由简单分割的窗户呈现出一种功能上的激进主义（Radikalitaet），让人联想到工厂建筑（见图 110）。住宅区由三室、四室或五室公寓组成，盖苓还负责向外招租。因此，从 1937 年 5 月起，他每隔两三天就在《德华日报》上刊登广告，这些公寓似乎在两个月内就被出租一空。

　　每座别墅的花园和围墙都引人注目。它们显示了盖苓对细节和材料的热爱，这在上文他对烟囱和壁炉的设计中得以体现。墙壁的设计多种多样，有时由混凝土块垒成，有时由

图 109　民园大楼，设计入口

图 110　民园大楼，天津，1937 年

不同的砖材砌成，砖块的可塑性强，铺设方式更为灵活，有时盖苓又会选择混凝土块和裸露砖块进行各种组合（见彩图27）。在别墅建筑中，盖苓还喜欢用石砌体立柱，并用精心制作的铁艺栅栏将它们连接起来。

尽管盖苓的作品只有一部分幸存下来，且这里讨论的许多建筑都因后来的改建和扩建而发生了极大改变，但现有作品仍然展示了一位才华横溢、锐意进取的建筑师形象。他知道如何巧妙地探索建筑的现代性，同时在必要时采用古典的形式语言，在他的作品中，美学设计技巧总是与施工便捷性以及适合的建材相得益彰。

封闭的社交圈与丰富的体育活动

盖苓携年轻的妻子来到中国，此前他已经有几个月的时间充分适应新环境了。尽管当时奥匈帝国和德国的租界在法律上已不复存在，并且几年后中国当局接管了这两个租界，但侨民的日常生活，包括他们的商业活动和社交聚会，都在这些特定的区域内照常进行。各国领事也继续各司其职。英租界在所有租界中尤为重要，不仅有许多商人定居于此，而且有众多十分活跃的俱乐部。若干年后，盖苓在这里开设了他的建筑事务所，但仍旧居住在原德租界的房子里。

来自欧洲的侨民结成了自己的社交圈，彼此间发展私人关系和进行商业往来。这些远离家乡的社交聚会自然是塑造身份的好机会，尤其是新来者，总是受到极大的关注。按照惯例，新来的移民要举办鸡尾酒会来庆祝，在这里这是极受欢迎的一种消遣活动。可以推测，由于盖苓繁忙的工作和孤僻的性格，他几乎没有在这上面花时间，也没有兴趣成为这些圈子的常客。因此，赫尔米娜同意暂时推迟举办鸡尾酒会，这对盖苓来说正中下怀。对赫尔米娜来说，推迟的主要原因是租来的公寓太难看，根本不符合她的生活方式和品位。而且，她很快意识到天津的德国人和奥地利人与她和盖苓不在一个社会阶层，正如她在 1921 年 10 月 20 日给婆婆的第一封信中所描述的那样："这里有足够的社交生活，但所有的娱乐都十分空洞。例如，女人们气喘吁吁地从一个茶会跑到另一个，八卦盛行——你在圈子里听不到一句真话，真是喋喋不休的八卦……吸烟，调情，跳舞，没完没了，讲八卦时他们更加全神贯注。他们的娱乐方式令人惊讶，晚上会跑到电影院或帝国咖啡馆[37]。在一些可怕的美国扬琴（杜西莫琴）音乐中跳舞。……我们只是看着，并且心中总是有一种无法言喻的恐惧——不能参与——否则你将无法挽回地迷失，沉沦于此。"但她随后强调："我们一点一点地创造了一个有品味和趣味的圈子，我们才能成为祖国的代表。"事实上，最终只有极少数人能够融入这对夫妇高标准的圈子。布鲁尔医生同样来自维也纳，其曾是战俘，后来不仅是值得信赖的全科医生，还成为他们富有幽默感的一生挚友。还有布鲁尔太太、奥地利名誉领事保罗·鲍尔和他的姑姑德璀琳夫人也成为盖芩夫妇的朋友。后来还有几位德国学校的老师也属于这个圈子。

虽然盖芩夫妇尽力避开天津的各种社交聚会，但赫尔米娜不能完全回避平时的茶话会。男人们大多忙于工作，喝茶的邀请对他们的妻子来说能让原本单调的生活泛起涟漪。因为每个侨民家里都有很多中国佣人，包括奶妈，所以有很多空闲时间，她们显然无事可做。赫尔米娜曾在一封信中说，从北戴河回来后，她不得不收发多达50份茶话会的邀请，她觉得这是很大的负担，尤其因为她打心底里鄙视她的谈话对象。

盖芩和赫尔米娜与同胞之间的交往因社会背景的不同而十分艰难，赫尔米娜更因与自己认知差异极大的中国人的来往而备受刺激，并不断受到陌生的风俗习惯带来的冲击。在这种情况下，她只能尽量避免参与其中。不过当润富公司重要的中国合作伙伴、富豪张先生[38]提出邀请时，赫尔米娜只能应邀出席。受邀的还有盖芩的那些商业伙伴及其夫人，他们一同前往一家最著名的中国饭店用餐，然后到剧院看戏。

1922年2月，赫尔米娜在给父母的信中写道："各方面都令人身心俱疲"。"首先,我的胃难以适应中国菜。"盖苓的终生崇拜者张先生带着他的两位夫人和女儿出现了,每位客人都由主家的一名女性特别照顾,赫尔米娜由主人的女儿负责招待[1],她"勇敢地不断从一堆盘子里给我夹菜"。根据赫尔米娜的描述,大约有一排服务员连续不断地奉上十几道开胃菜和大约二十道主菜。最后还有几道甜点。负责招待赫尔米娜的"女儿"保证她品尝了每一道菜,这确实让她发现了很多可口的食物,赫尔米娜承认,用燕窝和鱼翅做的汤尤其好喝,显然她对这些留下了美好的印象。同时,她批判道:"汤在桌子中间,每个人都用自己的勺子盛汤。简而言之,它味道绝美,但需要一个好肠胃。"

赫尔米娜向她的父母讲述了一个小插曲,后来每次回想起来她和盖苓都不由得发笑。由于饭后还有娱乐活动,理所当然需要先上厕所。于是女士们被领进了一个大房间,里面有几把扶手椅和镜子。赫尔米娜提到,当她意识到马桶像王座一样矗立在房间中央的一个凸起的平台上时,她感到震惊,从四面八方都可以看到,而且女主人们都没有离开房间。她们兴味盎然的参与让欧洲女性感到十分尴尬,每个人心里都清楚,"她们利用每一次机会研究欧洲女性是如何上厕所的"。但是,轮到中国太太们使用厕所时,客人们却被礼貌地护送出了房间。

1　在赫尔米娜的另一版回忆录中,张先生带来的是两个妻子和一个小妾,负责接待赫尔米娜的是大太太。

　　盖苓和赫尔米娜兴奋地期待着去看京剧。充满异域风情的中国文化又一次与这对欧洲夫妇的预期发生了全面碰撞。在维也纳，她不仅体验过熟悉的欧洲作曲家的音乐盛宴，还体验过维也纳国家歌剧院的富丽堂皇。维也纳国家歌剧院是环城大道上最重要的建筑之一，1861~1869 年由著名的环城大道设计师爱德华·范德努尔和奥古斯特·西卡德·冯·西卡斯堡建造，这座具有纪念意义的标志性建筑外部装饰着传统风格的各种主旨符号。内部各种奢华的装饰元素、金饰和彩画不仅出现在大演奏厅，前厅中也有。一个华丽的大楼梯正对入口，令来访者心情愉快，期待着享受一场艺术盛宴。

　　对比那座熟悉的维也纳国家歌剧院，赫尔米娜对天津剧院建筑的评价格外严厉，在上述信中将其描述为"由原木制成的朴素、简单、肮脏、烟雾缭绕的建筑，带有木质长椅和包厢"。这家广东会馆是当时天津唯一的剧院。[39]1907 年，广州商人以天津崛起为契机，兴建了这座能容纳 700~800 人的戏楼。正如宫殿和寺庙建筑群总是由几座建筑组合而成，戏楼位于一个更大的建筑群中。事实上，这座建筑以木结构为主，但绝不是赫尔米娜所描述的那种军营式建筑，而是天津最具代表性的建筑之一。与欧洲剧院一样，舞台的良好视野是设计时首先要注意的重要因素。通过在顶部使用长达 50 米的木梁，可以避免使用柱子支撑，妨碍视线，长方形的舞台向前延伸进大厅里，让坐在侧面的观众也能有很好的观看角度。大厅有两层，大量华丽的木雕使礼堂显得喜庆而庄严（见彩图 28）。建筑材料的选择再次体现出其与欧洲的认知差异。在中国，木材绝不是廉价材料，反而由于传承千年的传统和艺术可塑性，其比石材更受重视，装饰性的木雕也证明人们知道如何更好地利用这种材料。

出乎意料的是，赫尔米娜没有对这种建筑的特殊性做更多的分析，其对中国传统木结构建筑的杰出成就不屑一顾。即使是这种充满异国情调的氛围，显然也无法吸引她。遗憾的是，我们不知道作为建筑师的盖苓是如何评判这座剧院建筑的。[40]

根据赫尔米娜的描述，这对夫妇观看了一出典型的中国剧目。通常是一部英雄传奇，重要而娴熟的唱段获得了观众酣畅淋漓的"好！好！"的喝彩声认可。独唱的部分一半是念白，一半是假声。一支由中国小提琴（京胡）、某种筝（月琴）、某种双簧管式乐器（箫或唢呐）和一系列锣组成的小型管弦乐队演奏配乐。然而，无人重视管弦乐队与声部的协调，有时似乎是即兴发挥，而表演者则不管不顾地演唱他们的部分。所有的角色，包括女性的角色也由男性扮演。名角由他自己的仆人陪同，仆人也在舞台上，其主要任务是在特别艰难的声乐演唱之后给演员递一杯茶。

华丽的服装给赫尔米娜留下了深刻的印象。然而，几乎没有舞台布景。演出期间，根据需要，他们将椅子、桌子或其他简单的道具搬上舞台。例如，一条河用一块蓝布表示。演员更多的是通过富有表现力的肢体语言来诠释戏剧情节。

赫尔米娜在上述 1922 年 2 月的信中向她父母描述了一个奇怪的"次要情节"，这一定让盖苓和赫尔米娜同样因惊讶而印象深刻。她提到，演出过程中人们习惯用热的湿毛巾擦手和脸，就像饭后的习惯一样。"通常三个男仆分散站在大厅里，将一叠毛巾扔来扔去——最后递给观众，用完后再立刻从另一条路线抛回去，总是一个接一个。毛巾一直在空中嗖嗖作响。茶馆里也是这样。"习惯了安静的维也纳国家歌剧院氛围的盖苓和赫尔米娜，无疑不习惯剧场里这种不断的骚动和喧闹。表演持续了三个小时，赫尔米娜在详细的描写之后总结道："我们最终半死不活地回家了。"

与中国人的这种接触主要是出于商业目的。他们通常的社交活动仅限于自己的同胞或在津的其他欧洲侨民，因此主要发生在租界内。例如，学校会举办各种聚会和活动，尤其是在圣诞节等节日期间。许多俱乐部，例如"康科迪亚俱乐部"（Club Concordia，即德国俱乐部），经常举办各种活动。在"利顺德饭店"内，主要是英国人、德国人、意大利人和奥地利人聚在一起举办宴会、庆祝节日，并安排戏剧表演和音乐会——盖苓和赫尔米娜也会参加这些活动。盖苓曾提到，他参与了轻歌剧《歌剧院舞会》（Opernball）的部分演出，这是由他母亲的堂兄及其监护人理查德·赫伯格创作的。

各种体育俱乐部在社会生活中也发挥着重要作用。20世纪 20 年代中期，前战胜国和前战败国之间的关系基本实现正常化，各个俱乐部大体上对所有国家的侨民开放。盖苓年轻时对运动充满热情，即使在战俘营期间也依靠足球和网球运动保持健康，而在他到达中国初期，由于缺少时间，他只能暂时放弃所有体育运动。很快，他震惊地发现自己长出一个大肚腩，而且他的身体也不能保持最佳状态。于是，他决定在开始一天的工作之前尽可能多地打网球。1922 年 3 月，赫尔米娜满意地给盖苓的母亲写道："他的脂肪明显消失了，而且他也感到更加精神焕发。"不过，她又补充说，打网球对他来说没有什么乐趣，但这是唯一价格低廉又相对不算枯燥的运动。他还去游泳，可惜"在我们看来，这很糟糕——水质不是很好"。

这些运动都可以在天津乡谊俱乐部进行。乡谊俱乐部旁的天津赛马场中央可以在夏季踢足球，赛马场旁边的河道里冬季可以滑冰。溜冰场有个草席顶棚，据说是当时世界上最大的有顶棚的溜冰场。这个地方让盖苓重新找到了溜冰的感觉，在接下来的几年里，他经常去这个地方溜冰，提高了自己的冰上舞蹈和花样滑冰技巧。[41]

盖苓也是"天津赛艇俱乐部"（Tientsin Rowing Club）的常客，他在 20 世纪 30 年代还担任了该俱乐部的主席一职（见图 111）。在这里，他终于能够再次练习他心爱的划船运动，随即与团队在比赛中取得胜利。盖苓在给他姐姐的一封信中（可能是 1925 年 11 月）写道："自从我感觉到肚腩消失后，春天我又开始划船了。这是一个国际俱乐部，但（成员）主要是英国人，今年德国人自战后第一次重新加入。……秋天，我参加了八人制赛艇比赛，我们的德国八人队击败了英国队。"20 世纪 30 年代，《德华日报》多次报道德国队在各种赛艇会上取得胜利，并指出盖苓为参与者。

在夏季的几个月里，由于酷热，天津的社交生活完全陷

图 111　赛艇俱乐部主席盖苓，正在发表演讲

于停滞状态。男人们大多留在城里工作，而妇女们和孩子们通常在为期三个月的暑假里前往北戴河的别墅度假，那里美丽的大海和沙滩让他们流连忘返。此外，在附近的山上骑驴，对孩子们特别有吸引力。赫尔米娜几乎每年夏天都在这个海滨度假地度过，当盖苓决定不卖掉建于 1932 年的别墅后，一家人在这栋靠近海滩的属于自己的房子里度过了很多美好时光。然而，由于工作，盖苓通常只在北戴河待上几天。

忙于工作的建筑师与慈爱的父亲

由于盖苓和赫尔米娜很少与其他侨民接触，只保持最低

限度的社会交往，也没有多少亲属可以联络，所以他们两人
只有相互依赖对方的支持才能在异国他乡找到家的感觉。
1914 年，当盖苓不得不去军队服役时，这对夫妇结婚还不到
一年半时间，他们几乎没有机会同甘共苦。之后，经过长时
间的分离，他们需要在艰难的环境中建立起一段新的关系，
但两人面临着截然不同的状况。

　　盖苓的所有思想和行动都集中在他的建筑工作和公司业
务上，并且他也更愿意将大部分时间投入职业活动中；但赫
尔米娜本身就格外眷恋家庭生活，而不仅仅因为布加勒斯
特和维也纳的家庭所给予的安全感。盖苓对所有与工作无关
的事情都不感兴趣，给人的印象是，他对很多事情都不太了
解——考虑到他每天工作 12~14 个小时，这并不奇怪。

　　因此，赫尔米娜除了将注意力投在私人和社会问题上别
无选择，而她赫然发现自己置身于异国文化和与以前生活完
全不同的境遇中。远离家人，与一个从来没有时间陪伴她的
男人生活在一起，无法交到朋友，这些都使她极度思念故乡。
即便是有她和盖苓双方家人的支持，脆弱的精神和虚弱的身
体状态也困扰着她。这让她在陌生人眼中变成了一个神经过
度紧张的女人，而家庭医生布鲁尔博士只能通过给她服用溴
化剂来缓解她的神经衰弱。此外，她发现自己还受到各种身
体疾病的困扰，通常是心身疾病[42]，例如胃病、喉咙痛、风
湿病和皮肤病等，尤其是在夏天容易生疖子，每一种疾病发
生时症状都很严重。此外，她还饱受气候之苦，她曾强调，
神经紧张的人尤其难以忍受这种气候。

赫尔米娜作为家庭主妇并不忙碌，像所有租界里的侨民家庭一样，她有很多佣人，因此，为了至少在专业上接近丈夫，她提出想在盖苓的公司工作。毕竟，她在维也纳学习了几个学期的室内装饰课程，当过盖苓的学生，熟悉建筑业务。盖苓对这个想法不以为意，但还是给她找了份活儿，两人进行分工：他自己负责业务领域，而赫尔米娜负责写信与家人保持联系。这就解释了为什么这对夫妇在中国生活的许多细节只能透过赫尔米娜的信件和回忆录来探寻，当然这些都是她个人的解释和观点。定期写信的责任对她来说压力也很大，尽管她能够非常坦诚地向她的婆婆倾诉她的担忧，这些对她自己的母亲都没有说过。她不想因为自己的问题打扰丈夫，反而"一脸开朗"，以免阻碍丈夫的事业发展。她对丈夫坚定不移的忠诚体现在 1924 年 1 月的信中，她在信中回应了婆婆对她儿子的指责："我只能告诉你一件事，亲爱的妈妈，盖苓并不像你认为的那样，是你孩子中最自私的一个。……无奈的是，他在很多方面都保持了拘谨自持的天性——我很难插手其中——从长远来看，我无法猜测或预料到未来的一切——这非常困难。……不是说他不会向我倾诉，他确实和我讨论了一些事情，但实际上他仍然有所保留——无论是怕麻烦，还是因为他不喜欢谈话——或者就是天生的闷葫芦。"在某种程度上，她认为丈夫的沉默寡言意味着对她的忽视态度，赫尔米娜抱怨过很多次。尽管如此，她依然保证会尽力支持丈夫，即便有时她已经忍耐到极限，正如她在同一封信中抱怨的那样："有时很难，我从他那里得不到任何回应，日复一日没有丝毫的喜悦——没有多彩的生活，也没有快乐——而为了心情好一点儿，我总是要付出更多。"

盖苓也觉得生活条件难以忍受，便答应赫尔米娜最迟一年就再去寻找另一间公寓，于是他于1922年9月在原德租界租下了一座宽敞的房子。这对夫妇一到中国，盖苓就告诉他年轻的妻子，他们俩的生活必须非常节俭，因为他需要利用各种财务规划手段来建立自己的事业。为了省钱，这对夫妇为餐厅和卧室买了旧家具。1923年6月，赫尔米娜自豪地向婆婆写信说，客厅的家具是新做的，"盖苓设计了它，并征求了我的意见，尽管有许多分歧，但这个伟大的作品还是诞生了。我们很高兴，家具做得非常好。自从有了这个房间，我们也找到了一些家的感觉，度过了平和满足的时光，这对我们非常重要。房间里的家具是抛光的深棕色，并覆盖着中式绿色织物。它看起来非常温馨，还很雅致"（见图112）。

然而，在搬进这所房子大约一年半后，赫尔米娜清醒了过来，她通常不会说，也不想听关于丈夫的任何负面内容，但在1924年1月的信中，她痛苦地抱怨了丈夫的行为："到今

图112 客厅，陶瓷壁炉从奥地利进口

天我才弄清楚，两年前我们的生存条件是怎样的——年度账目非常出色。如果我当时就知道——我会坚持做些必要的事情——但我只知道合同中规定每个人都应该尽可能少地分得利润，我只能对付着过日子。"盖苓在其中扮演的是当时典型的丈夫角色，没有说清楚自己想要什么，而是想当然地认为妻子会做他所期望的事情。赫尔米娜写道："当我认为这个或那个很必要时——例如我们没有一张合适的床铺，盖苓就会说，'你是这样想的啊'。我只会一再将就，谁能那么聪明呢。"一年多过去了，赫尔米娜还是凑合睡在一张极不舒服的床上，盖苓则睡在旁边的一张行军床上。也没有衣柜，这对夫妇的东西只能放在手提箱和包装箱里。

正如赫尔米娜所写的，盖苓对赫尔米娜其他愿望的反应也"令人费解"，让她倍感无力。她在中国已经待了两年多，对天津深感失望，去不远的北京看看成了她的心愿。然而，"一旦提出这种想法，盖苓就会说，好，我们去吧，但可能要花费大约 100 元"——于是这趟旅行就泡汤了。

如果赫尔米娜知道在他们换公寓的时候，盖苓就已经开始投资房地产，她可能会更加郁闷。在随后的几年里，他通过各种交易有效规避了财务风险，同时他对储蓄的需求格外强烈，这一点几乎尽人皆知。即使生活条件有所改善，他的储蓄需求也像一根红绳一样勒紧了赫尔米娜的生活。不过，不得不说，盖苓对自己也极度节俭。

赫尔米娜欢天喜地地设计了房子旁边的小花园，盖苓起初也喜欢去那里，尤其是妻子夏天去北戴河时。但没过多久，这里也变得令人失望：花园因高温、沙尘暴和灰尘遭到严重破坏，最终面目全非。盖苓却在房子上建造了一个平顶露台，带有阳光屋顶和花箱。不过，这个地方几乎没人使用，最终成了宠物狗的游乐场。前院栽种的槐树，勉强长到二楼，家里的猫把它当成喜欢的攀爬架。这个露台对赫尔米娜来说完全不重要，她在信中从未提到过这个屋顶的扩建部分而是仍然详细描述那个小花园，就是证明。然而，她从未提及的宠物——一只狗和一只猫——是盖苓在家中亲密无间的伙伴。

盖苓对妻子的感情如何？赫尔米娜反复哀叹的"沉默寡言"暗示了盖苓的某种冷漠态度。然而，这种冷漠并不是因为缺乏爱意，而是因为盖苓不想让任何事情或任何人干扰他的职业发展。于是，盖苓依然采用在战争时期和俘虏岁月时有效的方法——避而不谈——来帮助自己解决难题。如果他详细解释工作状况，难免会引起赫尔米娜的情绪波动，显然这是盖苓想要极力避免的情况。

盖苓有时会在赫尔米娜写给他母亲的信中加上几行。他总是强调妻子非常或相当"乖巧"，这在1924年6月26日的一封比较长的信中有所体现："她（梅迪）真的很乖，而且在这段时间有了很大的进步。她只能依靠自己，起初对她来说真的很难，十分可怜，但她不得不克服这些。——现在，尽管神经极度虚弱，但她已经变得相当独立和自信，也非常勇敢地承受了所有的困难和艰辛。"盖苓的这些话让人感觉她并没有真正得到丈夫的重视，因为这些话给人的印象是，赫尔米娜是一名成长中的青少年而不是成年的妻子。当然，这种评价也可能来自赫尔米娜的实际表现——她的敏感神经和体弱多病。在 1923 年 6 月，赫尔米娜评价她丈夫的姐姐格蕾塔时写道："我在想写信有什么用。基本上，格蕾塔根本不需要我，她比我高明得多——而且她总是把我当作一个小女孩。"还有，对比她的家庭医生布鲁尔的妻子时，她也承认自己的弱点："布鲁尔夫人那么健康，思维也更加健全——我无法跟她相比——这让我有点儿难过。"

总的来说，这对夫妇的生活似乎在很大程度上是平行的，没有交点。盖苓全神贯注于工作，不得不一次又一次与专业问题作斗争，他在解决这些问题时，秉持着务实的态度，坚定地履行自己的承诺。然而，赫尔米娜在面对各种挑战时常常感到无助，并且大多以激动和情绪化的方式做出反应。当他能够从日常工作中抽出更多时间时，盖苓并没有去陪伴赫尔米娜，而是去溜冰场和赛艇俱乐部消磨时光，一直抱怨没有得到丈夫足够关心的她会作何感想呢？无论如何，让赫尔米娜惊讶的是，盖苓的另一面随着孩子们的出生才显露出来。

盖苓离开润富公司后，1924 年 8 月 4 日，他的女儿玛丽亚·芭芭拉（Maria Barbara）出生。起初，小女孩只叫"毛西"（Mausi，"小姑娘"的意思），由于年轻的父母一直都没能统一意见正式为她取名，所以这个小名一直伴随她一生。"替补女儿"的到来让盖苓喜出望外。1916 年小玛雅夭折时，他的行为只流露出众所周知的冷漠，直到现在人们才明白，他从未真正从此事中走出来。现在盖苓敞开心扉与女儿建立起亲密关系，却似乎依然拒绝与妻子亲近。他每天早早离开办公室回家，全身心地照顾女儿，到 1926 年 9 月儿子弗兰茨出生时，他已经成为一个颇具爱心的有趣的父亲，会花很多时间陪伴孩子们（见图 113）。

图 113　自豪的父亲与弗兰茨和毛西在一起，1928 年

赫尔米娜呢？她自然对孩子们的到来感到无比高兴，她在家信中详细描述了他们的成长过程。但总有一丝苦涩消减了她的喜悦。最重要的是，赫尔米娜感叹，无法把孩子们带给家人看，也不得不在没有亲属帮助的情况下抚养他们。为了省钱，她还不得不从天津那些她觉得社会地位优越的女人那里借婴儿衣服、摇篮等。在她看来，这种情况给她的家庭幸福蒙上了一层阴影。

此外，她也与佣人争吵不断，有时只是小冲突，有时会变成大麻烦。自从赫尔米娜来到中国后，她就一直在和中国佣人斗智斗勇。一方面，如赫尔米娜在几封信中所写的那样，佣人过去常常无视女主人的反复指示；另一方面，佣人也无法理解赫尔米娜关于清洁的想法。她曾在 1922 年 11 月给婆婆的一封信中简单地说："他们根本不了解你的风格，也不想了解，因为他们特别懒惰。"当然，现在孩子们都出生了，奶妈就成了佣人中最重要的人。当赫尔米娜有幸找到一位适

合她的中国奶妈时，另一个问题出现了。她在 1925 年 8 月
22 日写给婆婆的信里说，这个"阿嬷"就是"一只彻头彻尾
的母老虎"，家里所有的佣人都讨厌她。"这太累了，几乎
没有人受过良好的训练，需要我无限的耐心和时间，不知什
么时候她就会大吵大闹一番，然后人就跑了。最近也是这样，
但她（阿嬷）惹了一个不该惹的人，那个人把她打成了乌眼
青——她大叫着去了警察局，打她的人也被抓了起来，两人
都在警局待了一天。最后她回来时得意扬扬地说，她已经订
下了另一个佣人，原来的那个不许再留在家里，否则她就会
离开。面对这件事，我无能为力。"因为阿嬷"还算是有卫
生观念的"，赫尔米娜不想解雇她。作为之前那个佣人的替代，
奶妈把她的侄子带进了家里。由于他之前从未在欧洲家庭服
务过，自然要重新"培训"一番。管家本来应该负责这项任务，
但因为新佣人是由那个女人带来的，他拒绝了。显然，所有
佣人都和她结下了梁子。但不得不说，阿嬷对孩子们照顾得
很好，毛西和弗兰茨也对她特别有感情（见图 114）。

图 114 阿嬷与毛西
　　　和弗兰茨

在天津的租界和在奥地利一样，适龄儿童先上幼儿园，然后上小学，最后上高级中学。租界里有许多学校，由不同的国家或教会开办。"德国学校"与柏林教育部保持密切联系，与本国的课程安排基本一致，且特别重视德语教学。值得注意的是，没有一所外国学校将中国历史和语言纳入教学科目。即使是成年人也对学习汉语兴趣不大，盖苓是为数不多的一生都在学习汉语的外国人之一。不过，孩子们从小就听阿嬷讲解中国的风俗习惯，特别是中国的童话故事，这使他们初步掌握了汉语。因此，毛西和弗兰茨也能使用日常的汉语口语。

小弗兰茨顺利完成了学业，而毛西则让母亲很担心，主要是因为她注意力不集中，赫尔米娜觉得有必要陪伴女儿共同学习。1932年11月21日，盖苓幽默地评论了妻子的责任心："毛西有点迟钝，而且贪玩，所以可怜的梅迪每天下午都要和她一起学习，这对双方的神经都是一个很大的挑战。"（给格蕾塔的信）

孩子们上学后，盖苓也积极肩负起教育责任（见图115）。他的儿子弗兰茨回忆，盖苓主要在晚餐时间，就课堂上教授的各种科目与孩子们进行热烈讨论。他会花很多时间辅导孩子学习，还使用很多其他方式来丰富孩子们的教育内容。这样一来，孩子们接受了一流的、充足的教育：他们上英语和法语课，学会了弹钢琴，完成艺术课上对手工艺的挑战，还兼顾了体育活动和体能训练。盖苓亲自教孩子们花样滑冰，证明自己是一位有耐心的滑冰教练。多年来，与孩

图 115 盖苓和赫尔米娜与上学的孩子们

子们一起滑冰成为盖苓在冬季的一项固定运动。

20 世纪 20 年代和 30 年代初，天津的德国学校的学制只到 9 年级，暂时没有开设在毕业考试合格后才能升学的三年制高中课程。对于为孩子选择上高中的家长来说，当时基本上只有两条出路：要么把孩子送到欧洲的亲戚家，要么让孩子到上海的德国学校完成这些课程。

对盖苓和赫尔米娜来说，孩子们应该完成高中学业，这一点毋庸置疑，不过，他们又无法想象毛西和弗兰茨离家的情形。盖苓积极想办法解决此事：他成为德国学校的董事会成员，促成学校开设了高中教育的三个班级。盖苓的努力在

1944 年这所学校的首次高中毕业典礼时得到回报，除了自己的孩子，还有三个毕业班的学生。整个社区都在欢庆新"高中阶段"的第一批学生毕业。

永远的故乡——奥地利

与赫尔米娜不同，盖苓几乎从不直接表达他的恐惧、喜悦和希望等情绪，不过我们仍然可以揣测出他在新的生活环境中一定感到游刃有余。他在事业上取得了成功，通过体育活动融入了社交圈，并且如愿担任了奥地利驻津名誉领事，成为天津的名人。

尽管如此，盖苓在中国生活的这些年里，仍然与维也纳的家人和祖国非常亲近，家庭的关系和与故乡的联系对他来说非常重要。

所有家庭成员越来越渴望一次团聚，盖苓终于计划在 1929 年返回欧洲休假。然而，令赫尔米娜朝思暮想、盖苓也有时惦念的地方，并不是他们几个月后真正要去的地方。盖苓的祖国是奥匈帝国，一个面积约 70 万平方千米、人口约 5300 万的多民族国家。他 1913 年跟随妻子来到布加勒斯特，这里是当时赫尔米娜父母的祖国——罗马尼亚王国的首都，该国与特兰西瓦尼亚接壤，后者当时是哈布斯堡王朝的一部分。第一次世界大战中，罗马尼亚站在协约国一边，盖苓和赫尔米娜顿时成了两个敌对国家的公民。然而如今当他们计划归途时，等待他们的是与 1913 年截然不同的情况。一边是第一次世界大战后的"奥地利共和国"，根据《圣日耳曼条约》，面积和人口分别减少到约 8.4 万平方千米和 600 万居民；另一边，赫尔米娜的祖国已经成为"大罗马尼亚"，面积翻了一番，并且变成了一个多民族国家；匈牙利独立后夹在两国之间。由于第一次世界大战的破坏性影响，所有先前卷入战争的国家都陷入了难以想象的经济危机，而相当大的通货膨胀和极高的失业率为奥地利和罗马尼亚的政治动荡埋下了祸根，并最终导致第二次世界大战的爆发。

　　盖苓和赫尔米娜决定沿着西伯利亚铁路旅行。在苏俄内战期间这条线路曾被长期摧毁，20 世纪 20 年代中期才恢复，这不仅有利于邮政交通（不过邮政包裹运输直到 1937 年才恢复），也有利于客运，因为与乘船旅行相比，乘火车去欧洲旅行所用时间显著缩短。盖苓和赫尔米娜乘船从欧洲到中国时，旅途用了大约 4 个星期，而现在乘火车大约只需要 12 天。很难想象，盖苓在这趟火车之旅中会是什么样的心情——他在十多年前曾作为战俘乘坐运牲畜的车厢走了很远的路线，现在这条路却把他带往相反的方向，并且是作为一个自由人，带着妻子和孩子回家。我们更加无法推测，作为一个有宿命论倾向的实用主义者，他对不断涌现的回忆片段会有什么感受。不出所料的是，盖苓没有留下这方面的任何评论。我们唯一了解到的是，在沿途各站中，"并非所有土特产食品都像以前那样容易购买"（1930 年 3 月 5 日给母亲和格蕾塔的信）。

　　盖苓和赫尔米娜在奥地利逗留时，与盖苓的母亲、姐姐格蕾塔、哥哥雷米吉乌斯和朋友们相聚。之后，他们乘坐多瑙河汽船去布加勒斯特看望赫尔米娜的父母和兄弟恩斯特，两人饱览了久违的旖旎动人的沿岸景色。他们还在黑海度过了几个星期，赫尔米娜希望在那里用泥浆浴来增强自己的体质。盖苓的母亲和姐姐来到布加勒斯特过圣诞节，大家一起庆祝了节日。

　　盖苓进行了几次"特别旅行"，借此机会拜访了与他有合作关系的公司老板，并建立了新的业务联系。盖苓拜访了前达乌利亚营地的最高级别军官和佩尔瓦贾·雷捷施卡营地的前指挥官。他们主动写下了关于他在战俘营担任教师和建筑师工作的详细"证明书"，笔者在前文关于盖苓被俘章节中引用了这些内容。盖苓还得到了"城市电车管理局"（Direktion der städtischen Straßenbahnen）的"证明书"，证明他为当时的"维也纳公共交通公司"做过建筑设计工作。日后如果盖苓想要回到维也纳，在他的家乡做一名建筑师，这些证明书对他十分有益。当然，盖苓还利用在维也纳逗留的时间来了解建筑行业的最新情况。20 世纪二三十年代，根据社会住宅规划，维也纳建造了一系列"社区建筑"[43]，其中一些建筑设计师是盖苓以前的同学，如迈克尔·罗森纳（Michael Rosenauer）、约瑟夫·哈恩（Josef Hahn）和奥托·波拉克－赫尔维希（Otto Polak-Hellwig）等人。许多建筑物刚刚建成或正在施工中，如卡尔·恩的"卡尔·马克思大院"（Karl-Marx-hof），它长约一公里，是当时世界上最长的连续公寓楼。

盖苓还参观了诺曼恩赛艇俱乐部，可以想象他如何坐在大约 16 年前自己精心设计的俱乐部房间里，享受着他从前的赛艇伙伴的问候。

不用说，时隔这么久再见面，一家人都很高兴，毛西和弗兰茨受到了特别热烈的欢迎。也许他们曾讨论过这样的问题：盖苓是否应该将他的事业转移回布加勒斯特或维也纳？但欧洲的经济形势可能将任何此类想法扼杀在萌芽状态。几乎没有任何建筑合同，奥地利的许多建筑师只能靠设计家具和公寓配套设施来维持生计。另外，盖苓在天津成功的专业设计工作和他的建筑公司是重要的收入来源，他不愿轻易放弃。不过，鉴于他当下在奥地利逗留，回归欧洲的可能性无疑会是一个话题。无论如何，怎样为家庭的回归做好经济上的准备，在接下来的几年里成为盖苓越来越关注的问题，这一点将在下文中得到明确体现。

在欧洲待了 6 个月后，盖苓于 1930 年 2 月带着他的妻子和孩子踏上了返回中国的旅程。由于旅途中需要多次换乘，有时中转过程中需要等待几个小时，因此盖苓他们中途两次入住旅馆，乘坐几天的火车后，他的家人可以在那里放松几个小时，也很不错。这两次短暂逗留，他都自己去了溜冰场，享受"如镜般光滑、坚硬的天然冰"。人们不禁想起盖苓母亲的一封信，她在信中将她的儿子描述为一个利己主义者。赫尔米娜自出发后一直患有严重的肠炎，途中，苏联的火车司机甚至不得不两次打电报请医生，然后让医生在车站为她检查。孩子们在火车车厢里挤了几天后肯定需要大量的户外活动，而赫尔米娜则需要独自一人在酒店的床上静养，这种情况下，盖苓仍毫不犹豫地将刚满三岁和五岁的孩子留在酒店房间，自顾自地滑冰去了。

最终，一家人登上了回天津的火车，赫尔米娜一定又开始觉得跟"在家"一样了。在1930年3月的信中，盖苓写道："中国境内的火车令人不怎么愉快。肮脏的卧铺车厢没有暖气，我们不得不穿上皮草和大衣，把自己裹在格纹毛毯里过夜。"

盖苓在维也纳还见到了他的哥哥雷米吉乌斯。盖苓的母亲曾多次在信中说，雷米吉乌斯正处于经济困难中。一方面是由于当时的经济形势，考虑到这一点，是可以理解的；但另一方面，是由于雷米吉乌斯不善经营，正如对艺术家的刻板印象一样。盖苓不断从母亲或姐姐那里听说他哥哥缺钱，在雷米吉乌斯结婚并有了两个孩子需要照顾后，他们更加担心他的经济困境。如前所述，只要母亲还活着，盖苓就会确保她的经济来源。现在他觉得他对自己的哥哥也有责任，于是借给他一大笔钱。他在1939年3月21日给姐姐的信中表示，他从一开始就不指望哥哥的生活状况能因此彻底转变。两兄弟的性格差异在以下几行中显而易见："雷米的情况并没有像预期的那样发生变化，即使在他经济状况改善之后也是如此。我们必须接济他，亲爱的格蕾塔。……我会负责，有些事你暂时不用担心。借钱给他时，我已经准备好只让他还50%的钱。这并非出于责任感，更多的是考虑财产安全。不让他还钱的话，雷米和他的家人肯定不当回事，很可能重蹈覆辙。只要能收回一半的钱，我就会很满意。当然，我不会让他看出这一点的。我很快会写信给雷米……建议他分期还款并通过拍照等方式证明。不幸的是，我们了解雷米，如果不对他疾言厉色，即使在最好的情况下，他也只会得过且过。"

勇于承担责任无疑是盖苓最优秀的性格特征之一，这在他年轻时陪伴患有精神病的父亲去精神病院时就表现出来了。当然，后来他也认真地承担起一家之主的责任。有一个例子是，他在接受天津防洪系统和船闸的高风险合同时采取了预备措施。1931年4月12日，他写信给姐姐说："当然，这样的工作总是有很大的风险，所以我提前准备了一笔钱，以防万一失败，至少可以保证梅迪和孩子们回家的路费，以及一段时间内的生活费。（我）几个月前就准备好了支票，但很长一段时间我都下不了决心寄出，因为这样一份工作的周转资金永远不够。然而我不能冒险，所以现在把支票寄给你。我知道这样做会把一些利益拱手让人，但必须这样做。……这项工作必须尽快完成，两个月后我就会知道我是赢了还是输了。"

有一次，盖苓的事业心战胜了家庭责任感：他从姐姐那里得知，鉴于母亲的现状——她已经85岁了，可能很快就会去世，而距盖苓上次回欧洲度假已经过去五年了，母亲最大的愿望当然是再见儿子一面。然而，一番痛苦的思考抉择之后，盖苓并没有踏上归程。他觉得离开中国的这段时间，将失去一年的工作和相应的收入。他还担心，若缺席更长时间的话，会被他的竞争对手排挤出局，这似乎一直是他的首要顾虑。

由于盖苓的姐姐格蕾塔多年来一直和母亲生活在一起，因此赫尔米娜的信件经常寄给她们两个人，并一直保持着联系。但盖苓的母亲上了年纪后几乎不再写信了，直到1934年12月她去世后，赫尔米娜大大减少了通信次数。更令人惊讶的是，从这时开始，盖苓的通信不再像过去那样只写有限的几句话。盖苓和格蕾塔之间的通信内容主要是一些实际问题。尤其是当涉及一些盖苓无法处理的事情时，他就会向姐姐求助。首先盖苓转给他母亲的钱，由格蕾塔管理。其次就是请她处理在奥地利到期的各种款项，并帮忙解决他与维也纳各个公司的业务合作所发生的问题。最后，格蕾塔还负责帮盖苓售卖那些从中国弄来的古玩字画等，这些都是盖苓运到维也纳准备卖给朋友和熟人的。不知道是在什么时候，可能是在确认卖不出去之后，盖苓将其中一些藏品捐赠给了维也纳民间艺术博物馆（Wiener Völkerkundemuseum），有些至今仍然保存在那里。

盖苓不仅通过他的家庭与祖国联系在一起，而且对他来说，作为建筑师在奥地利不被遗忘并获得同行的认可同样重要。例如，他把项目的设计稿发给各个媒体，并附上说明，请它们发表。在欧洲逗留期间，他在奥地利工程师和建筑师协会举行了题为《关于当今中国的新旧建筑》的附有幻灯片的讲座，他是该协会的通讯会员，在中国期间订阅了该协会的专业期刊。在讲座中，他展示了自己在中国各地出差时所拍摄的建筑和风土人情的照片，当然还有他设计和建造的各个建筑物。

令盖苓非常高兴的是，他的努力取得了成果：1931 年，在第二十届维也纳国际春季博览会上，盖苓收到了贸易和运输部以及农林部颁发的感谢证书——主要是因为他帮助奥地利公司与中国之间建立起业务联系。为了对他的专业表示认可，1932 年他被授予"国家建筑鉴定议员"（Baurat h.c.）的荣誉称号。

与奥地利的深厚联系也反映在盖苓对孩子们的教育上，他渴望唤醒他们对祖国的了解和热爱，他们现在分别已经十岁和十二岁了。他让格蕾塔帮忙买了"五本关于奥地利的课外读物"，想在圣诞节送给孩子们（1936 年 12 月 11 日给格蕾塔的信）。他详细列出了这些书册的书目，如下：

《我的祖国，我的奥地利》（*Mein Vaterland, mein Österreich*）；

《哦，我的奥地利》（*O du mein Österreich*）；

《奥地利万岁》（*Hoch Österreich*）；

《我是奥地利人》（*Ich bin ein Österreicher*）；

《奥地利人有祖国》（*Der Österreicher hat ein Vaterland*）。

此外，盖苓还让姐姐把奥地利中学的课程大纲寄给他，拿来与天津德国学校的课程进行比较——毫无疑问，盖苓会要求校方做出相应的"改进"。

在天津，盖苓为了"提高人们对奥地利的兴趣，引导人们对奥地利的经济发展有更多了解"，即使在繁重的工作负荷之下，他仍计划在学校和协会举办讲座，由此可见盖苓非常重视在中国培养同胞对奥地利的热忱。同时，这些讲座也是向外国人宣传赴奥地利旅游的有力广告。于是盖苓在1936年11月向贸易和运输部的广告服务处提出，请给他寄送一些电影、图像和文本材料。正如他所写的，"因为所谓广告的影响力莫过于直接展示奥地利的秀丽景色和经济技术成就"。他不仅打算在天津举办，还打算到中国的其他城市，比如北京、南京、上海等地举办讲座，他甚至认为应该把广告打到日本。

1932年，盖苓与奥地利之间的联系终于得到官方认可，在领事鲍尔博士的举荐下，他被任命为奥地利驻天津副领事。在带来极大荣誉的同时，如他所强调的，这也意味着额外的工作量。当鲍尔领事于1937年离开天津时，盖苓被选为他的继任者。

最终，我们发现，至少从20世纪30年代开始，盖苓就在考虑返回奥地利的相关事项了。早在1932年，他已计划在维也纳或附近地区买房，因此寻求姐姐的帮助。1932年2月29日，格蕾塔祝贺她的兄弟成功完成了北仓水闸的建造。他回信说："能看到没有白费力气，我当然十分高兴；当我回国时，没有完全落在以前同事的后面，对我来说特别重要。"

然后，他更详细地谈到了回国的问题，与前面所说的几个月前开始在北戴河建造的避暑别墅有关："顺便说一句，亲爱的格蕾塔，只因我正在北戴河建造一座避暑别墅，你就得出了我在可预见的未来不打算回来的结论吗？这与此无关。"在后来 1933 年 8 月 3 日的一封信中，他具体说明了自己的想法："我总是想在奥地利风景优美的郊外有一个可以住一家人或两家人的房子，可能是在维也纳的西边郊区，也可能是位于市内安静宜人地段的有情调的住宅。……希望你能理解我的意思，我想最终有一个可以安身的小地方，并且要确保这笔投资是安全的。"盖苓说目前工作运转良好，他还不能离开中国，但他想暂时将自己买的房子出租或供母亲和姐姐居住。通过订阅《新自由报》，他可以随时了解自己祖国的情况。由此他知道，由于经济形势低迷，一些房主不得不出售房产以摆脱困境，也就是说，有越来越多的拍卖会出售价格相对低廉的房子。然而，事情一拖再拖，1935 年 11 月 19 日，盖苓在信中指出，由于"货币形势"，他决定"推迟几年购买房子"。

1937 年春天，盖苓又有了新的安排，其中包括在奥地利的投资计划，这意味着他想要回到祖国。第一次世界大战前，他的表兄奥托·利隆伯格在莱维科拥有一家疗养院，这个地方当时属于蒂罗尔州（Tirol）[44]，现在位于意大利。如前所述，盖苓年轻时曾在那里度过几次假，并为他的表兄给客人出版"旅行指南"。第一次世界大战后莱维科被划归意大利时，利隆伯格在蒂罗尔州的伊格尔斯（Igls）买下了一个水浴疗养院。然而，1936年春天，由于进行改造和扩建并新建了一家酒店，他陷入了经济困难，于是他向盖苓写信求助。利隆伯格甚至向盖苓提出要他买下这个疗养院或者对其进行投资。盖苓拒绝了。1936年6月21日，他写信给姐姐："我没有从奥托那里听到任何关于他的改造工作的消息，尽管我给他写了信。另外，卡尔·库德纳（Karl Kuderna，家人的朋友）写信给我，建议我不要这样做。他说阿尔卑斯山有一半的酒店都在出售，因为收入太低了。"大约一年后，利隆伯格仍然处于巨大的困难中，甚至要拍卖房产。于是，他再次求助于盖苓。这次盖苓提出了一个全面解决方案：他将接管疗养院，将其委托给格蕾塔负责监管，自己则计划搬到附近的因斯布鲁克。一来盖苓打算在那里继续他的事业，二来他的儿子弗兰茨能在那里上大学，获得学习机会。重要的是，盖苓要确保这项投资的安全。因此，他提出的条件是自己成为唯一的所有者，由他的表兄夫妇继续负责疗养院和酒店的管理，待格蕾塔退休后，再将管理权移交给格蕾塔。盖苓的表兄和格蕾塔对这项建议的反应不得而知。不管怎样，这个计划最后无疾而终，但也可能是由于随后的政治形势的影响。

　　在欧洲的经济危机达到顶峰时，盖苓却正全身心投入一系列项目中。他又常常工作到半夜，再次返乡的计划逐渐退居次席，不过他继续盘算着以"高利率"将钱转回奥地利。奥地利发生的那些事，对他来讲似乎都没有那么重要。他写道："当然，我有时会想到风车巷的盖苓家老宅，担心它因某种原因被出售。由于勒夫一家（Löws）[1]不是纯粹的雅利安血统，这很可能会发生。"信中提及老宅可能被迫出售的原因，盖苓似乎对此无动于衷，难道他真的不知道当时犹太人在维也纳的境况如何吗？

盖苓是在1938年12月写的这封信。1933年，当希特勒被任命为德国总理时，在奥地利，社团主义（ständestaatlich）[45]和法西斯思想盛行，（法西斯分子）开始有针对性地排斥犹太人，且往往采取的是暴力手段。1938年3月，奥地利被德意志帝国"吞并"之后，对犹太人的迫害愈演愈烈，随着1938年11月9日至10日的"帝国水晶之夜"（Reichskristallnacht）事件的发生[46]，在现称为"东部边境"的地区也开始了对犹太人的系统性迫害和残杀。

格蕾塔一直没有放弃寻找合适的房产，终于在1939年底找到了一处。这是一座小别墅，周围环绕着一个大果园，位于下奥地利州梅尔克（Melk）附近的宁静小镇埃默斯多夫（Emmersdorf）。值得注意的是，近20年来一心只想回家的赫尔米娜，显然不知道此事。因为这个计划拖了好几年，盖苓给姐姐写了好几封信。但赫尔米娜在自己的任何一封信中都没有谈及这个计划，盖苓也没有提及妻子对此的反应。原本盖苓希望，母亲去世后，至少姐姐还有机会住在这所房

1　当盖苓的父亲鲁道夫成为玻璃画工坊的艺术领袖时，埃里奥斯·勒夫（Alois Löw），作为卡尔·盖苓一个私生女的丈夫成了当地商业领袖。勒夫随后获得了风车巷22号（维也纳6区）的房子以及工坊。尽管盖苓家做出了许多努力，尤其是雷米吉乌斯·盖苓将这座房子变成了文物保护建筑，但它还是在1967年被拆除。工坊搬到了15区。

子里（见彩图 29）。

再次陷入战争的旋涡

人们从盖苓给姐姐格蕾塔的信中得到的印象是，在 20
世纪 30 年代，只有欧洲明显迈向第二次世界大战，而在中国，
商业生活仍照常进行，不过政治、军事的变化及其最终导致
的经济形势恶化还是直接影响了盖苓的生活。

1931 年日本军队发动九一八事变，并占领了中国东北，
对中国平民的袭击也在加剧。

1937 年 7 月 7 日发生了卢沟桥事变，日军借口搜查失踪
士兵对卢沟桥的中国守军发动进攻，自此日本全面发动侵华
战争。国共达成了抗击日本侵略者的第二次合作。

1937 年夏天，战火很快蔓延到了天津。恰逢盖苓和赫尔
米娜以及孩子们一起去北戴河度假，他乘坐末班火车回到天
津。预计北戴河的邮政通信会暂时出现问题，同时战争的消
息会立刻传到欧洲，因此盖苓于 1937 年 8 月 4 日写信给岳
父母，告知他们目前的情况。他强调，危急的日子已经过去，
但他很高兴家人们继续留在北戴河，"首先，现在北戴河是
华北所有外国人所在地中最安全的一个；其次，梅迪和孩子
们留在天津会非常不安。外国租界，即我们居住的特一区（旧
德租界）除了受到几枚陆军远程炮弹的袭击外，没有受到更
严重的威胁，但周边地区持续遭到轰炸，早上的空投炸弹，
以及遍地的大火确实会让赫尔米娜脆弱的神经感到恐惧不

安。我收留了奥地利总领事在家里过夜，还替中国朋友保管了大约 20 个箱子和……（原文此处缺少一行）。暂时不会有来自战争的危险，最多有些强盗和窃贼，已经好几天没有警察执勤了。然后是来自瘟疫的威胁，有 4 万多名难民流离失所，暂时待在街道、广场、花园和大型建筑物中。即使这样，那里也算秩序井然。有一个国际委员会在确保难民得到照顾，大多数人的房屋没有毁坏，他们正陆续被送回家。总之，我们这些在中国生活了很长时间的人都习惯了军阀混战带来的意外，不会把这些事看得太严重。租界所有入口处都有铁丝网路障、驻军和义勇队的哨所，交通管制和相应的许可证、难民潮等问题，所有这些都会以一种几乎可以说是缓慢有序的方式得到解决，一切如常"。盖苓继续强调，为了让岳父母放心，他本想发电报，但所有线路都被"愚蠢"的美国记者占据了。据说，这些记者的任务是每天发 4000~10000 字的报道，字数取决于报纸的财力。正如盖苓猜测，他们也写了很多废话充字数。

当然，因为暂时不允许中国工人进入租界，施工工作也停滞了一段时间。但是盖苓写信时，各个建筑工地已经重新开始工作了。他准备积极乐观地应对每一种突发情况。1937年 8 月 5 日他在写给姐姐的信中说，他并不担心这场战争会导致建筑活动崩溃，预计在日本人的统治下"他们很有可能垄断商业生活，并日渐压缩其他外国人的活动空间。好吧，幸运的是，在中国，事情普遍进展缓慢，人们已经学会适应各种情况。无论如何，我什么都不怕，当然，我必须更加谨慎，如果更艰苦的岁月到来，我需要做好准备"。

冷静是盖苓最显著的性格特征。这令人不禁想起几年前，即 1931 年 3 月 16 日，他的妻子在信中向婆婆抱怨毛西做功课时极不专心："我觉得她有点儿像盖苓，他有时候冷静得让你想跳起来。……但也许这恰恰是他的幸运之处，如果没有这种冷静，谁知道他还能否取得那么多成就。"

1938 年秋天，盖苓接到一系列新订单，为此他又不得不每天工作到深夜。他对自己的职业前景充满信心。1938 年 12 月，他提到，他开始建造六栋住宅楼，并且正在建造另外七栋房屋。他还被委托建造一个大型酒店的附属建筑和一栋小公寓。"我们目前没有受到周围战争的影响，你几乎注意不到天津发生的任何事件。"

盖苓亲历了 1937 年日本全面侵华战争的爆发，不过在天津他暂时没有受到战争的直接影响。然而，1938 年 3 月奥地利被希特勒独裁下的德国吞并后，盖苓夫妇在天津的生活条件也发生了根本变化。大概是缺乏足够的信息，盖苓似乎并不了解这一事件的全部含义，他仍然保持着令人振奋的乐观态度，正如他在 1938 年 5 月 18 日给格蕾塔的信中所显示的那样："我很高兴你的精神状态如此之好，我希望这种转变也将对你和雷米产生积极的影响。这里已经有所改变。奥地利领事馆早就移交给了德意志帝国，鲍尔领事已经回家了。我想我写信告诉过你，鲍尔不会回来了，因此我将在 5 月 1 日完全接管领事馆。我已经准备好了办公室和家具等。现在情况不同了，在兢兢业业地工作了 15 年之后，我真的很高兴能休息一下，有些闲暇时间。梅迪和我还不能完全适应现在的生活方式。我们加入了一个德意志社交圈，我们当然会意识到与其他人的差异。新朋友的问候和周围的一切对我们来说都很陌生，但时间长了就会习惯。"和所有奥地利人一样，盖苓也需要身为雅利安人种的证明，他让姐姐去取得相关文件并建议道："应该对我们杰出的祖先做进一步研究。……孩子们在学校已经被问到很多此类问题，他们的催促让我们感到苦恼。"

格蕾塔不仅为她的兄弟拿到了必要的文件，还收到了从维也纳技术大学按规定补发给盖苓的文凭。除这些文件以外，她还给盖苓寄来了"国家社会主义（即纳粹）德国技术人员联合会"（N. S. Bund Deutscher Techniker）的注册表格，那是一个隶属于纳粹党（NSDAP）的协会。事实上，不久之后，盖苓注册成为其中"土木建筑专家组"（Fachgruppe Bauwesen）成员。这样做并非出于意识形态的考虑，盖苓似乎是一个完全不关心政治的人。正如他在生活中遇到的其他情况一样，盖苓向来奉行实用主义态度——就如他曾经加入奥地利工程师和建筑师协会一样，他现在也自然而然加入了"德国技术人员联合会"。尤其在当时，建筑师或工程师加入所有重要的专业协会是惯例。

与盖苓同名的侄子罗尔夫，即哥哥雷米吉乌斯的儿子，1937 年完成了维也纳技术大学学业后，他在 12 月 1 日给姐姐的一封信中，强调了盖苓这个选择相当理性："在我看来，叔叔应该去德国当技术人员，相比我们如今困窘的祖国，他在那里肯定可以得到更多和学到更多的东西。毕竟，在未来几年里，我们与德国的关系必定会变得更加明确。这样，即使去德国，在奥地利也不会被视为叛徒。"

由于政局动荡，回国计划再次变得遥遥无期，但盖苓仍然对1938年的事业发展持乐观态度："由于政治动荡和由此引起的通货膨胀，今年的经营状况会比较糟糕，但这并没有让我气馁。我预计以后会进入一个上升期，现在我在这里已经有很高的知名度，亦能入乡随俗，如果没有把握找到一份好工作就离开这里回国，那简直是种罪过。如果一两年后国内建筑师持续短缺，那我当然会考虑一下。"（1938年12月给格蕾塔的信）

1939年夏天，赫尔米娜决定独自带孩子们返回欧洲。赫尔米娜和她父亲的关系一直很亲密，父亲也一直没有从与女儿分离的愁绪中走出来。很可能赫尔米娜当时从家里收到了父亲身体不适的消息，她记得盖苓最后一次见到他的母亲是在其去世前五年，并且当他得知母亲的生命即将终结时，也没有回维也纳。无论如何，赫尔米娜想在分别十年后再次见到父亲，因此决定先行前往布加勒斯特。之后，她想和孩子们以及格蕾塔在喀尔巴阡山脉度过一个假期，然后一起去盖苓在埃默斯多夫买的房子里住上一段时间。

盖苓对这次旅行有何看法不得而知。不过，鉴于他对子女有强烈的责任感，可以想象，孩子们——现在分别是13岁和15岁——几个月都不能上学的这种情况一定会让他感到不满。另外，即使当时他可能没有预见到整个欧洲已经变成了火药桶，但故乡的政治局势肯定也令他担心。

20 世纪 30 年代，在赫尔米娜的故乡罗马尼亚，短时间内政府频繁更迭，加上政府与希特勒支持的法西斯主义和极端民族主义政党"铁卫团"⁴⁷之间的冲突，不断在全国范围内引发骚乱，国家接近内战的边缘。1939 年 4 月，罗马尼亚与法国和英国签署了一项协议，保证其独立地位。1939 年 9 月，正是赫尔米娜和孩子们在布加勒斯特的那段时间，希特勒入侵波兰，第二次世界大战全面爆发，罗马尼亚接受了波兰流亡政府，波兰军队也撤退到罗马尼亚境内。然而，1940 年 11 月 23 日，罗马尼亚又加入了几个月前刚建立的德、意、日轴心国一边，对苏联开战。

在 1939 年夏天，没人能够清楚地预见到这种局面，尤其是当时盖苓和赫尔米娜还生活在遥远的中国，但当时已有很多的警告信号明示了此时不宜旅行：1938 年被德国"吞并"对奥地利产生了深远的影响，所有的国家和政府机构、警察和军队都被德国接管了。格蕾塔记录下第一波针对犹太居民的暴力行为，以及全国各地发生的抢劫、驱逐和财产没收等状况。

当然，几十年后人们才真正了解这些事件的规模和后果，而在天津的盖苓对希特勒领导下的政治动荡，肯定比欧洲人了解的要少得多。正因如此才能解释为什么他竟然让妻子一个人带孩子们去欧洲探亲。至少盖苓对中国的局势足够了解，他认为"在这些紧急时刻"最好不要离开办公室。而且他还有很多项目正在进行，不能随随便便中断，盖苓总是担心，一旦他离开了，就得不到新的订单。

在赫尔米娜与毛西和弗兰茨抵达欧洲后不久，第二次世界大战就于1939年9月1日爆发了，德国国防军在没有事先宣战的情况下入侵波兰。9月17日，苏联红军进攻波兰东部，试图撤退到罗马尼亚的波兰军队在伦贝格和拉瓦罗斯卡亚战役中溃败。盖苓在第一次世界大战的战斗行动中曾提到过这两个地方，如今那里再次成为军事冲突的焦点所在。

1939年夏天，天津的局势虽没有进一步恶化，但经历了一场"特大洪水"，以至于大部分市区积水深达2.5米。盖苓不得不停止一切工作。谈到这次洪水，盖苓还表示，他的妻子不应急于回天津，他在8月20日写信给姐姐："周边地区的水需要几个月的时间才能排干，不会有蔬菜供给，物价还会继续飞涨，这里也不利于健康。所以梅迪最好还是远离这里，至少不要无故赶着返回。"同时，由于中国东北局势的不确定性，他建议妻子回程应选择海路。另外，考虑到全球的政治局势，盖苓对赫尔米娜如何尽可能地利用汇率的建议似乎十分怪异。他认为货币兑换的情况具有"与洪水同样的灾难性"，因为目前英镑在中国非常值钱，他要求妻子在旅途中应节省她随身携带的英镑，"利用法律允许的每一次机会"使用德国马克消费，且这样能节省一半的费用。盖苓在信中总结道："今天是星期天，下午我想去被淹的建筑工地；必须得徒步涉水一公里——至少我得看看需要安排些什么。"

仅仅4天后，也就是8月24日，盖苓又给姐姐写信，再次强调他的妻子至少要等到 11 月再回天津。现在所有建设项目都因为洪水陷入停顿，盖苓认为到来年春天工作才能继续，他琢磨着是否到欧洲去接妻子和孩子。不过，他同时强调，要在几周后才能做出决定。二战爆发前一周，货币问题再次成为焦点。盖苓并不关心政治背景，只关心"当中国银圆急剧贬值时，我如何在经济上负担得起这次旅程"这个问题。

事实上，回国探亲的计划最终落空了。准确来说，正在消退的洪水破坏了这个计划。1939 年 9 月 14 日，盖苓再次写信给格蕾塔："我不得不把回家的所有喜悦全部埋葬。……首先，这里洪水消退的速度比我想象的要快得多……当然，所有建筑商都希望看到他们的工程能够尽快重新开始。……再说欧洲也爆发了战争。我的公司和几乎所有财产都在英租界。即使最初冻结我在英国银行存款的措施被撤销，你也不能相信东方的长久和平，我必须采取各种措施来尽可能地保护我的财产。"盖苓第一次考虑到时局的发展趋势。他现在认为，鉴于条件的变化，他的妻子应该尽快回来。"我担心罗马尼亚迟早会被卷入战争。苏联、保加利亚和匈牙利都正在等待各自能分得一杯羹的那天。"

然而，到 1939 年 10 月，赫尔米娜还待在罗马尼亚，盖苓坚持认为她至少应该尽快去维也纳或埃默斯多夫。在 10 月 26 日的一封信中，盖苓再次强调了他不能去奥地利是多么遗憾。"我不能离开的更重要的原因是，担心我的公司和财产。……由于战争状态，英国和法国有可能会没收德国人在特别行政区的财产，并拒绝德国人进入租界。无论如何，我必须尽我所能，并且随时准备在必要时将公司和仓库撤出英租界。但我也不想撤得太早，因为大部分工作都在这个地区。"很明显，盖苓对欧洲的情况没有准确的认知，例如他提到煤炭很难获得，希望姐姐"不必遭受这样的限制"。

直到很久以后，根据盖苓儿子弗兰茨提供的信息我们可以了解到，盖苓此次欧洲之行受阻未尝不是一种幸运：据说盖苓被列入了盖世太保的"黑名单"，这意味着他一旦进入其统治范围就会立即被逮捕。在德意志帝国吞并奥地利的过程中，他因没有全力服从天津的德国新当权者的命令而遭到指控。主要原因是，副领事的身份让盖苓觉得自己应作为奥地利总理府的下属履行义务，而不是德国方面的。

赫尔米娜和孩子们终于在 1939 年圣诞节前安全抵达中国。在他们离开期间，毛西和弗兰茨几乎没有遗漏任何课程，只是错过了学校发生的"精彩"事件：由于洪水来临，最初课程被暂停，后来老师和孩子们被分散到北京与北戴河的学校。由于盖苓和赫尔米娜从来不愿意让孩子们离开天津去上学，他们可能很高兴孩子们因回国探亲而不用面对这个问题。无论如何，盖苓已经计划好了，如果孩子们从欧洲回来时天津的学校仍然关闭，他将组织私人课程自己授课。

盖苓和家人在中国的未来生活即将受到政治和军事形势的决定性影响。抗日战争期间，美国一开始保持中立。随着战争形势的发展，美国越来越支持中国。1941 年 12 月 7 日，日本偷袭珍珠港的美国太平洋舰队最终导致美国正式参战，从而拉开了太平洋战争的序幕，这在第二次世界大战中具有转折性意义。12 月 8 日和 9 日，美国和中国分别向日本宣战。几天后，1940 年与日本缔结三国同盟条约的德国和意大利向美国宣战，这意味着美国也加入了欧洲战场。1943 年 1 月 9 日，南京伪国民政府向美英宣战。

1945 年 5 月 8 日德国投降，7 月 26 日，美国、英国和中国发表了《波茨坦公告》，敦促日本立即无条件投降。然而，日本没有理会这一最后通牒，美国遂于 8 月 6 日和 9 日分别在广岛、长崎投下了原子弹，苏联于 8 月 8 日宣布承认《波茨坦公告》并对日作战，100 多万苏联红军进入中国东北，向关东军大举进攻。8 月 9 日，中国共产党宣布对日本进行全面反攻，与盟国一起对日本进行最后的决战。面对这些事件，日本天皇终于在 8 月 15 日宣布无条件投降。1945 年 9 月 9 日在南京举行了第二次世界大战中国战区受降仪式。

尽管盖苓一直保持坚不可摧的乐观主义态度，他也不得不承认，20 世纪 40 年代的政治局势已经让他不再指望有新的建筑合同了。不过，盖苓确保多份收入来源的策略经受住了考验。他不仅可以依靠出租"剑桥大楼"公寓维持收入，几年前还成功开办了一家物业管理公司，并通过管理大约 100 套出租公寓获得了更多收益。像以前满怀热情推进建筑项目一样，他如今全身心投入这项业务中。正如盖苓强调的，这项业务给他带来了大量"回报丰厚的工作"。事实上，前几年已经愈演愈烈的通货膨胀，在 20 世纪 40 年代达到了难以想象的程度。食品价格几乎每天都在上涨，例如，1942 年，一磅黄油的价格从 12 元涨到 25 元，而在 1943 年 1 月一磅黄油的价格为 28 元，到年底则高达 36 元，最后在 1945 年更是涨到了惊人的 3600 元。

盖苓 1941 年 3 月向格蕾塔描述了自己当时经历的政治局势："你无法想象这里的一切是多么紧张。英国人和美国人几乎已经把所有的妇女和儿童都送走了，男人们都在奔波。人们在等待美国和日本之间战争的正式爆发。这样的事情应该暂时不会直接影响到我们，当然，我们谁也不知道未来会发生什么。"盖苓再次展现了他的天赋，即在任何情况下都能做出最好的安排："我们甚至在考虑，如果这里的粮食短缺变得更加严重，就搬到北戴河去，自己在那里种一些蔬菜和土豆。"

20 世纪 40 年代中期，盖苓最后一次担任建筑师。1945 年他的女儿玛丽亚（毛西）嫁给了德国参议教师⑱埃里希·塞法斯博士（Dr. Erich Seyfarth），他自 1943 年以来一直在德国学校教授德语和历史。盖苓决定，为这对年轻夫妇和自己的家人建造一座"私家别墅"。为了使这座房子成为他职业生涯的至高荣誉，他选用最优质的材料来建造结构、外观和内部装潢，这些材料都是他在战争爆发前从奥地利进口的，一直保存在他的仓库中。这座建筑的设计很有意思。专制国家普遍有选取新古典主义（Neoklassizismus）风格修建房屋的趋势，"国际化风格"（Internationale Stil）则在其他国家大行其道，其设计基于钢筋混凝土骨架结构和大玻璃表面。如前所述，盖苓的建筑明显表现出简化的、功能主义的倾向。值得注意的是，他在设计自己在天津的私家住宅时放弃了这些原则，或多或少地回到了他理想的别墅形象，他在被囚禁期间曾一次又一次地进行打磨修改。正如当年陡峭的带老虎窗的屋顶和石砌体等设计元素体现了对故乡的向往，现在这些元素在 1945 年左右建造的私家别墅中营造出了家的感觉（见图 116）。

这座房子在二战结束时完工，但立即被美国海军陆战队没收，附近的赛马场也被当作机场使用，后来事实证明没有

图 116 盖苓私家别墅，天津，约 1945 年

飞机在那里起降。无论如何，周围的房屋都必须拆除或至少要减少楼层数，以适应空中交通的规划。盖苓的别墅也被拆除了二楼和阁楼——这一举动相当于拆毁了整座建筑（见图117）。

图117　盖苓私家别墅被毁后

老年盖苓

1946年，国共内战再次爆发。对于支持国民党的美国和支持共产党的苏联来说，这场冲突具有重要的地缘政治意义。第二次世界大战结束后，中国共产党成功夺回了日本占领的许多地区，国民党的统治区域日趋萎缩。最终在1949年，蒋介石及其大约两百万追随者逃往台湾，1949年10月1日，中华人民共和国宣告成立。

在此之前的几个月，解放天津的平津战役开始，盖苓惊讶地发现自己处于危险境地。一段时间以来，他一直骑着一辆自己用零件组装的自行车去公司上班，早先他因为经济状况不得不卖掉自己的汽车。当他被警报声催促着匆匆赶回家时，毫无防备地发觉自己家正位于两军的交火线上。不过，原则上外国人不是攻击目标，盖苓靠着运气得以安全回家。这是天津（TIENTSIN）改名为天津（TIANJIN）前的最后一天。[49]

战斗结束后不久，盖苓被市政府邀请去附近一家造纸厂修理烟囱。多年来，他一直坚持体育活动，现在还能亲自爬上高高的烟囱，并免费提供维修建议。"老盖苓"在 65 岁高龄的情况下仍然恪尽职守，令人敬佩，甚至获得了"华北造纸公司天津总厂检修三号机纪念章"[1]。此后，盖苓向市政府申请建筑师执照，此前他认定自己将不得不永远关闭他的事务所。申请立即得到批准，但这一时期他有何建筑活动我们尚不清楚。

在所有现存的书面陈述中，没有一个人能深入体会盖苓的感受。他的妻子赫尔米娜说，他总是很"沉默"。在 1946年 5 月 20 日赫尔米娜给格蕾塔写的一封信里，这个在工作中总是那么坚强、乐观、自强不息、主宰一切的人，敞开了心扉，让我们了解了他当时的个人状况。已经 62 岁的盖苓充满温情地想起他在欧洲的亲戚和熟人，说道："我经常沉浸在美好的回忆中，很想亲自给每个人写信，但我又非常忙

1　来自盖苓遗物中没有发表的文稿。

碌，也力不从心。我们的老朋友布鲁尔博士也向我建议：放松和休息。但今天，这比以往任何时候都更不可能。这不是工作的问题，而是过去几年精神上的超负荷让我感觉到，休息也无济于事。在专业上，我几乎无事可做，也没有努力重新开始。但在 12 月，中国政府再次委托我作为'前领事'维护奥地利的利益，这在过去和现在都是一项艰巨的任务（见图 118）。奥地利人的求援声来自中国北方的各个城市，甚至来自东北。我们陷入了通货膨胀，这种通货膨胀很快就会到达第一次世界大战后的那种程度。我现在的收入只来自房租和管理费，而且低得离谱，只能勉强维持开支。所以我先卖掉了我的汽车、汽油储备等，现在又卖掉了建材仓库。"

图 118　行使领事职责时的盖苓

盖苓对老熟人的记忆再次浮现："很遗憾，我们没有得到来自这里所有老熟人的任何消息，我越来越想家了。"事实证明，这些年来他和妻子确实把自己与天津社会隔离开来，如赫尔米娜在一开始的信中所说："在这里，尽管住了很长时间，但我们几乎没有熟人，更多的都是一些为了凑合交往而绑在一起的人。作为唯一朋友的布鲁尔夫妇，他们现在也有了其他的兴趣，因为他们倾向于搬到美国，布鲁尔夫人的兄弟已经在那里待了很长时间，并且对奥地利不再抱有任何感情，不过奥地利仍然是我们的故乡。"盖苓也对这座城市里犹太移民的行为感到非常失望，他们中的许多人在1938年"水晶之夜"之后逃到了中国。然而，大多数人并不想留下来，而是想移民到以色列或美国。从一开始，布鲁尔一家就与这些移民有着特殊联系，因为布鲁尔的妻子本身就有犹太血统。"他（布鲁尔）在一场严重的疾病后变得很虚弱，现在他自然倾向于那些移民，他们试图以无法平息的仇恨让我们在这里的生活变得困难。尽管他们当中的大多数人得到了德国人，特别是奥地利人，甚至一些党内同志（即纳粹党成员）的支持和帮助，目的是让他们好过一些，让他们忘记那些可怕的经历。当年犹太难民接受了所有支援，而在那些帮助他们的人受到抹黑和迫害时，许多难民无动于衷。这里的条件极不理想，永恒的不确定性让人疲惫不堪。在这里，我们一直被迫接受这样一个事实，即一切都是由商业精神主导的，这根本不适合我们，然后（一切又）变成政治精神主导，这更不适合我们。所以我们越来越远离社交，如今自己过着相当封闭的生活。"在信的最后,他还简要介绍了妻子的近况。这几句话也清楚地表明了生活条件的变化:"她真是太勇敢了,今天她亲自去购物并做饭,这放在以前是不可能的。她变得更瘦了……但令人惊讶的是,她感觉比以前好多了,尽管受了这么多刺激,但她的精神状态很好。"

在天津社会中的自我封闭,导致盖苓和赫尔米娜几乎完全专注于家庭。赫尔米娜曾强调,他们只为孩子而活,在这样的背景下,在天津建造一所私家别墅,并跟孩子们生活在一起,对赫尔米娜和盖苓都具有重大意义。但这种向往的生活仅仅只是一个梦想,而且长大的孩子们不想继续待在中国,亲密的家庭关系开始解体。女儿即将随丈夫移居德国,开始新的生活。弗兰茨现在 20 岁,很明显应该完成技术学位,这也需要暂时离开中国,因为在中国没有合适的机会接受符合盖苓期望的高等教育。盖苓亲自为儿子安排了各种高质量的私人课程,学习各类技术科目,为他上大学做好准备。盖苓认为弗兰茨会在维也纳继续学业,为此他在上述 1946 年 5 月的信件中向格蕾塔询问:"我还想知道维也纳技术大学的情况如何,因为我们要为弗兰茨做进一步的安排。它是否仍在运营,是否合乎时代发展要求,我的意思是有与其他国家水平相当的教师和设施吗?弗兰茨非常刻苦,学习目标明确,但这些私人课程只是一种替代品,而且只涉及理论科目。毛西和她的丈夫埃里希可能很快就会回家了,他们现在在弗赖堡地区。埃里希来消息说,他父亲的房子和他的父母都没有出事,他很快会恢复在巴登州(Baden)⑩学校的工作。"他以一贯务实的态度继续说道："尽管要与我们分离，但这对他们更好。埃里希越晚回家，好工作就越少，这里的环境对他来说越来越糟，不会持久。"

然而，弗兰茨最终放弃了在维也纳完成学业的计划，这也意味着盖苓希望与儿子一起度过余生的愿望破灭了。尽管回维也纳的想法仍然模糊地存在，但从未真正实现，它始终是盖苓和赫尔米娜生活中的一个精神支柱。两年的私人课程后，弗兰茨1947年决定去美国加利福尼亚的斯坦福大学攻读工程学位。弗兰茨成功完成学业后，继续生活在美国。他从事工程技术工作，与一个奥地利人结婚，很多年后才来到维也纳和埃默斯多夫，但也只是临时探望家人。

另外，女儿玛丽亚·芭芭拉（毛西）与丈夫一直生活在德意志联邦共和国的弗赖堡，她的丈夫在那里找到了一份教师的工作，后来成为文法学校的校长。

孩子们离开中国后，盖苓和赫尔米娜仍然留在中国。他们搬到了一直租住的房子的二楼，减少了居住空间，还把之前从奥地利进口的陶瓷壁炉用一种新的更现代的方式加以改造用在了二楼（见图119）。在生活空间减少的同时，盖苓最终关闭了他的建筑公司并解雇了员工。一楼转租给了孩子们以前的钢琴老师夫妇。在盖苓家工作了25年的厨师和他的妻子，也是孩子们的阿嬷，如今也离开了，只有盖苓忠诚的仆人老王仍旧留在家里。

盖苓仍有出租剑桥公寓的收入可供支配，也继续担任其他房主的物业经理。然而，一些租户认为，公寓现在属于人

民大众，因此不必再支付租
金。盖苓总是以克制和理性
的方式进行谈判，但当新租
户拒绝付房租时，他会变得
失去耐心。因为经过数小时
的讨论、在新的租约即将签
署时，又有别的租户提出了
其他有利于自己的论点。现
在我们从一个新的角度认识
了盖苓。据说，当时他气得
浑身发抖，然后走进隔壁房
间去拿了一把椅子，怒气冲

图 119　盖苓与赫尔米娜，20 世纪
50 年代

冲地把椅子摔成了碎片。惊恐的房客认为盖苓已经疯了，赶
紧叫来医生，最后温顺地签署了合同，以免刺激盖苓，让他
更加气愤。

　　1952 年的一天，盖苓中风了，导致一侧轻微瘫痪。他很
快意识到，自己可能要在轮椅上度过余生，他为给妻子带来
的巨大负担而感到痛苦。几天后，他再次中风。仅仅几周后
的 1952 年 8 月 1 日，盖苓去世了，享年 68 岁。

　　盖苓死后的那个晚上，仆人王鹤（Wang He）在他床边
守灵。王先生从三十多年前就开始为盖苓服务，一生忠诚
不渝。赫尔米娜惊讶地问他，睡在有人死亡的房间里是否
害怕，尤其是当时中国人普遍迷信，很多人对尸体非常恐
惧和厌恶。按照惯例，通常会有很多人而不是一个人参加

守灵仪式。但王鹤回答说，他一生都受到"老先生"的善待，因此在死者面前完全不感到害怕，他最关心的，是向老盖苓致以最后的敬意。[1]

1　转录自盖苓遗物中带有赫尔米娜·盖苓回忆的磁带录音，未出版。

注释

① 为了平衡对华贸易逆差并倾销过剩的棉纺织品，英国东印度公司强迫印度农民改种罂粟，将印度变成世界上规模最大的鸦片生产地。英国东印度公司将英国的棉纺织品运到印度销售，然后装满印度种植的鸦片卖到中国，榨取白银，再用白银购买中国的茶、瓷器和丝绸，运回欧洲获取利润。所以，当时的鸦片贸易对于英国至关重要，不仅弥补了英国对中国的贸易逆差，而且还帮英国殖民者解决了将对印度人民的掠夺兑换为白银的问题。

② 北洋政府认为，如若加入一战，有三个好处：一是可以在战争胜利之后，顺势参与到世界主流事务中，从而提高中国的国家声誉和国际地位；二是可以免除向德奥支付的赔款，还可以与德奥重新签订相关条约，收回一些被夺走的领土和权益；三是可以在客观上加剧列强之间的争执与博弈，并充分利用列强之间的矛盾，遏制日本势力在华膨胀，为自身发展赢得时机。

③ 《圣日耳曼条约》，是第一次世界大战后，协约国集团与奥地利共和国于1919 年 9 月 10 日在圣日耳曼昂莱签署的条约。条约的生效，宣布奥匈帝国正式解散。包含大部分德语地区的奥地利承认匈牙利、捷克斯洛伐克、波兰和南斯拉夫王国独立；奥地利将卡尼奥拉和卡林西亚两省的部分地区以及奥地利滨海区和南蒂罗尔区割让给意大利；布科维纳、特兰西瓦尼亚划归罗马尼亚；奥地利废除普遍征兵制，军队不得超过 3 万人；非经国际联盟行政院同意，禁止奥、德合并；赔款数额延至 1922 年确定。

④ 指天津老城厢。

⑤ 作者对中式建筑的研究不是特别精通。此处只是大概的介绍。

⑥ 赫尔米娜所说"没有一棵像样的树"，是指在天津老城厢一带，不是指在租界区域。

⑦ 帝政风格又译"帝国风格"，是拿破仑帝国的官方艺术风格。帝政风格非常强调帝权象征，更多地表现在室内装饰和家具设计中，后来被扩展到公共建筑上。

⑧ 恐惧留白（Horror Vacui），或译为"空白恐惧"，来自拉丁语和希腊语，意思是用细节填充整个空间或艺术品的表面。

⑨ 此处别墅指天津市和平区花园路 9 号章瑞庭故居。译者带领弗兰茨·盖苓参观了这座房屋。

⑩ 1935 年，由日本特务机关幕后策划的独立于中华民国政府、投靠日本的运动，亦称"华北特殊化"。

⑪ 指津南里公寓。津南里公寓始建于 1933 年，由盖苓设计，是当时的中南银行为职工建设的集合式住宅。由三幢建筑形成组团，建筑均为三层混合结构楼房，设有地下室。

⑫ 此处所指这 7 位中国富豪应该是：徐世章（津浦铁路管理局局长、总统徐世昌

堂弟）、王仲山（北洋时期段祺瑞部队的军需官）、张鸣岐（清末两广总督、汉奸）、吴颂平（天津早期四大买办之一吴调卿之长子）、吴鼎昌（中国银行总裁、盐业银行总经理）、李勉之（实业家）、王锡彤（启新洋灰公司总代办）。

⑬ 指上海市松江区的泰晤士小镇。

⑭ 指广东省惠州市的五矿·哈施塔特旅游小镇。

⑮ 指 1976 年 7 月 28 日在中国河北省唐山市丰南一带发生的强度里氏 7.8 级地震及其余震波及天津，据《天津通志·大事记》和《天津通志·地震志》记载：全市死亡 24345 人，重伤 21497 人，有 67% 的房屋遭到不同程度的破坏。

⑯ 自光绪十九年（1893 年）开始，在金达的大力宣传下，北戴河在京津两地的外交人士和传教士中声名鹊起。光绪二十四年（1898 年），清政府辟北戴河为"允中外人士杂居"的避暑地后，外国人士皆可以在北戴河永租土地。聚居在北戴河的外国人纷纷组建自治团体，实质上是要造成一个新租借地。1916 年，曾任北洋政府交通总长、内务总长、代理国务总理的朱启钤到达北戴河，即发现各国外侨组织的团体严重侵害了北戴河的内政。遂于 1919 年 6 月 16 日联合段芝贵、周学熙等共 16 人向内务部和直隶省呈文，要求组织北戴河海滨公益会，并呈报拟具的章程。1919 年 8 月 10 日，北戴河海滨公益会在西山召开成立大会，推举朱启钤为会长。朱启钤任公益会会长十年，为北戴河的开发建设募集资金，同时筑路修桥，设立医院，兴办教育，开辟莲花石公园，兴建苗圃，整修古迹等，做出了极大贡献。

⑰ 吴鼎昌（1884~1950 年），著名实业家。历任中国银行正监督、中国银行总裁、天津金城银行董事长、盐业银行总经理、内政部次长兼天津造币厂厂长。盖苓所造吴家楼坐落于联峰山南麓，整个建筑下有地下室，地上建筑二层。别墅造型华美、结构严密，南门有一条直通大海的甬道，是北戴河当时最豪华的别墅。

⑱ 山形墙是一种低矮的三角形山墙，最初出现在古希腊和罗马的寺庙中。山形墙在文艺复兴时期被重新使用，后来在 19 世纪和 20 世纪的新古典主义房屋风格中被模仿。山形墙最常用于为建筑营造坚固、富丽堂皇、庄严的外观和感觉，例如用于银行、博物馆和政府建筑。

⑲ 轮式窗即玫瑰窗，指中世纪教堂正门上方的大圆形窗，内呈放射状，镶嵌着美丽的彩绘玻璃，因为玫瑰花形而得名。

⑳ 多立克柱式（Doric Order）是古典建筑的三种柱式中出现最早的一种（公元前 7 世纪），另外两种柱式是爱奥尼柱式和科林斯柱式，它们都源于古希腊。与其他两种柱式相比，多立克柱子比较粗壮，檐部比较重；柱头是简单而刚挺的倒立的圆锥台，外廓上举；柱身凹槽相交成锋利的棱角；柱子没有基础，雄强的柱身从台基上拔地而起。最早见于帕特农神庙、波塞冬神庙。

㉑ 又称帐篷顶，一种屋顶形式。其特点是几个（至少三个）屋顶表面相互倾斜并汇聚成一个顶点。方形底座的帐篷屋顶也被称为金字塔屋顶。

㉒ 《德华日报》由德国人巴特勒于 1930 年 10 月创办，报社地址在特别一区无

锡路 2 号，即原德租界内。编辑也是德国人，另有工作人员 7 名。报社内部，在营业方面设管理、发行、会计和庶务（总务）等部门，编辑方面设编译、新闻、探访（采访）等部门，印刷方面由北洋印字馆承印。该报每份 10 张或 12 张，发行量为 1000 份。各版的内容主要有：各国新闻，德国新闻，本埠新闻、各种广告、船舶消息、天气报告以及各类告示等。报社每月的经费为 3000 元，名义上是完全由私人经营，实则为德国驻津领事馆的喉舌。1936 年纳粹党上台后，改由纳粹党天津支部长魏策尔任经理。1939 年 9 月停刊。

㉓ 19 世纪后期，金币本位制已经在资本主义各国普遍采用，它已具有国际性。第一次世界大战以后，在 1924~1928 年，资本主义各国企图恢复金本位制。但是，由于金铸币流通的基础已经遭到削弱。当时除美国以外，其他大多数国家只能实行没有金币流通的金本位制，这就是金块本位制和金汇兑本位制。在中国货币史上，白银自汉代已逐渐成为货币金属，到明代白银已货币化。宣统二年（公元 1910 年）清政府颁行《币制条例》，正式采用银本位，以"元"为货币单位，名为大清银币。辛亥革命后，北洋政府于 1913 年公布《国币条例》，正式规定重量七钱二分、成色 89% 的银圆为我国的货币单位。19 世纪后期，世界白银产量猛增，使白银市面价格发生剧烈波动，呈长期下跌趋势。白银价格的起伏不定，加之体重价低不适合巨额支付，因而不同国家先后放弃银本位制。1933 年 4 月，国民政府发行全国统一的银币。1935 年国民政府又实行所谓币制改革，宣布废止银本位制。

盖苓在中国工作早期恰逢银圆不断贬值，中国乃至世界币制改革时期，而盖苓又需要将在中国以银圆计价的钱换算成以黄金为本位的欧洲货币汇回家奉养母亲，所以不得不随时关注币值变动。因银价不断下跌，当时盖苓把承揽工程赚来的钱盖成房子，一方面可以保值，另一方面将来可以直接将房子换成黄金，避免了白银和黄金之间差价变动给自己造成的财产损失。盖苓这里预计白银未来有可能会上涨，所以如果当时立刻把白银换成黄金的话，汇率上是吃亏的，不如盖成房子。

㉔ 事实上，盖苓及其绘制的一部分平面图保留在当地房管部门档案馆里，只是本书作者未曾见到。

㉕ 李勉之（1898~1976 年），字宝时，天津人。爱国商人，先后在华新纺织厂、中天电机厂等企业任要职。

㉖ 前文提到的实业家吴鼎昌的妻子，吴鼎昌会以妻子的名义进行投资，本文的公寓大楼指香港大楼。

㉗ 吴颂平，天津早期四大买办之一吴调卿之长子。1904 年毕业于北洋巡警学堂，捐得候补知府衔，后赴美学习军事，回国后任山西教育厅厅长。

㉘ 矫饰主义是指 1520 年至 1600 年在欧洲的绘画、雕塑、建筑上所呈现的一种极具特色的美术风格，其特征包含夸张、巧妙和充满目的性的复杂感。

㉙ 章瑞庭（1878~1944 年），天津近代著名实业家。早期靠为张作霖做军衣发家，开办有恒记德军衣庄、恒源纺织股份有限公司等。

㉚ 杨宁史，1886 年出生于瑞士阿尔本，中学毕业后在德国汉堡一家公司任职，1908 年到德国禅臣洋行从事贸易工作，1911 年奉派来华，在天津禅臣洋行任职，三年后升任经理，为总公司主要股东之一，其股份占全公司的 1/3。

㉛ 禅臣洋行（Siemssen & Co.）是由特奥多尔·希姆森（Theodor Siemssen，1816~1886 年）在汉堡创办专进行中国贸易的公司。1846 年在广州设立分行，1856 年在上海设立分行，后又在天津、汉口、青岛、北京、太原、沈阳、大连、哈尔滨等重要商埠开辟分行，成为与礼和、美最时、顺和等洋行齐名的大公司。天津禅臣洋行位于德租界威尔逊路（今解放北路）113 号，设有出口、进口、西药、机器、皮毛、保险等部，向包括德国在内的欧洲各国出口中国土产，将国外的五金、钢铁、杂货、化学原料、纸张等进口到中国，并经营各种机器设备、钢铁制品、运输工具、铁路器材及电力设备等。

㉜ 德孚洋行（Deutsche Farben Handelgesellschaft Waibel & Co., DEFAG）是德国最大的化学工业托拉斯——大德颜料厂（I. G. Farben Industrie Aktiengesellschaht，又称法本公司）在中国的总经销代理。1925 年德国 8 个颜料生产厂合并改组为大德颜料厂，这 8 家颜料厂的在华代理洋行的燃料业务部门亦进行合并，组成德孚洋行，统一经营。1927 年 3 月总行设于上海，在天津、汉口、广州、青岛、重庆、沈阳、济南、长沙等地设分行，在北京、太原、福州、大连、哈尔滨等地设有支行。在华北地区以天津德孚洋行为首。

㉝ 美最时洋行（Melchers & Co.）是德国一个历史悠久、规模较大的贸易公司。1806 年成立于不来梅（Bremen），为最早在北美洲从事进出口贸易的欧洲公司。其经营的重点后来逐步转向机械和工业产品，是世界知名的机械供应商之一。第二次鸦片战争后，开始拓展在华业务。1866 年美最时洋行在香港建立中国的首家分公司，1877 年在上海设分公司，至第一次世界大战之前的 1910 年，其在汉口、广州、天津、汕头、青岛等地都设立了分支机构，建立了出口商品加工厂、办公大楼、码头仓库以及宿舍，代理北德劳埃德轮船公司的远洋航运业务。天津美最时洋行是德商在天津较早开办的一家洋行，经营军火进口业务，与德华银行、礼和、世昌、西门子等洋行关系密切，同为德国商会成员，共同操纵、垄断市场。

㉞ 方先之（1906~1968 年），中国骨科先驱、中国骨科医学奠基人。1944 年创立天津骨科医院并担任首任院长。

㉟ 琉缸砖是一种少见的建筑材料，19 世纪初自英国进口在我国作为外檐墙体砌筑使用，其主要加工工艺为精选原材料经过模压，高温烧制而成，颜色主要为红、紫色，凭借不规则的清水立面显现出独具特色的凹凸质感，具有立体感强烈、材料密实度强、抗碱抗渗能力强等特点，受到国内建筑业一致好评，但目前在国内此种材料已无生产线生产。琉缸砖作为一种能够体现建筑文化和建筑特色的历史性建筑材料，在历史风貌建筑整修工作中有着极为重要的作用和意义。

㊱ 清水墙面是指墙面不刷面层［俗称没有"粉"（刮灰）的墙面］，其表面

只有块材本身的颜色。所谓抹灰混凝土是指在混凝土表面涂抹一层厚度为2mm到3mm的薄层砂浆，用来平整、修补混凝土表面，美化建筑物外观。清水混凝土，也就是说将混凝土浇制完成之后，不用再做任何的装饰。

㊲ 指平安电影院及其一层咖啡厅，其旧址上今为音乐厅。

㊳ “张先生”为“Tschang”的音译，也有可能是章。

㊴ 当时天津有许多大大小小的剧院，不止一家。作者在此描述的广东会馆只是其中一家，而且从赫尔米娜的信中无法确定他们去的是哪一家剧院，极有可能不是广东会馆。

㊵ 盖苓夫妇应邀观看京剧表演的剧院，有极大可能性不是在广东会馆。

㊶ 实际上有顶棚的冰场指的是今天的新华路体育场，赛马场的露天冰场没有顶棚。另外，赛马场中间是否可以踢足球也无法验证，其他体育场也有足球场地，人们不一定到赛马场中央去踢球。

㊷ 心身疾病是一种发生发展与心理社会因素密切相关，但以躯体症状表现为主的疾病。

㊸ 一战战败后，维也纳住房危机十分严重。1919年，社会民主党接管了维也纳市政府，并立即开始实施社会住宅项目。在1919~1934年，维也纳共建造了61175套社会住宅。

㊹ 蒂罗尔州为奥地利的一个州，分为北蒂罗尔及东蒂罗尔两部分，面积合计12647平方公里。历史上曾建蒂罗尔公国，1363年后为哈布斯堡王朝所有。1919年南部平原划归意大利，北部山区成立蒂罗尔州。

㊺ 社团主义在20世纪20年代的意大利即已形成，是以墨索里尼为首的法西斯党通过辛迪加组织控制社会，尤其是经济方面的一种政治体制。

㊻ 帝国水晶之夜又称“水晶之夜”“碎玻璃之夜”等，是指1938年11月9日至10日凌晨，希特勒青年团、盖世太保和党卫军袭击德国和奥地利的犹太人的事件。此事件标志着纳粹对犹太人有组织的屠杀的开始。

㊼ 全称“基督教徒与全国防卫同盟”，是活动于1927年至1941年罗马尼亚的法西斯组织。正式成立于1930年。创始人为反犹主义者阿·C. 库扎教授。铁卫团的意识形态包括民族主义、法西斯主义、反犹太主义、反共主义等。曾制造多起暴力恐怖事件，1941年1月被时任总理安东尼斯库消灭。

㊽ 在德国，参议教师Studienrat（缩写为StR）是一种高级公务员头衔，有官方津贴，通常在德国的高等中学担任教师，教学生到高级中学毕业。

㊾ Tientsin即天津，采用威妥玛式拼音法的英文旧称；威玛氏音标，在1958年中国推广汉语拼音方案前广泛被用于人名、地名注音，影响较大。1958年后，逐渐废止。

㊿ 指德国西南部的巴登－符腾堡州，弗赖堡为此州的直辖市。

后　记

　　三十多年前说服她移居中国的丈夫去世了，赫尔米娜终于要返回欧洲了。这意味着她不仅要清理公寓，还要独自搭乘一艘满载陌生人的船回家。出售家具的钱刚好够她在天津多待几天并支付旅费。她利用剩下的时间查看了盖苳在中国完成的大约 250 个项目的文件，这样她至少能够带走自己长期以来陪伴他工作的部分见证。然而，她无法带走全部项目的详细计划，只好将其中一部分捐给了耶稣会开办的天津工商大学以供学生学习之用，盖苳曾在该校担任多年的教授，其余的文件都被销毁。此后，经过院系调整，那部分资料不知所终，应该是保存在某些图书馆积满灰尘的架子上。

　　盖苳一生中始终想方设法让财产保值，他认为这十分有必要，而赫尔米娜在清理公寓时，为此大伤脑筋。赫尔米娜记得盖苳多年前买过钻石原石，而且藏得很隐蔽，但她忘记它们藏在哪里了。在公司家具将被搬走的前夜，赫尔米娜最后一次坐在客厅里，绞尽脑汁地想钻石可能在哪里。就在这时，盖苳从他祖父那里继承下来的落地钟响起了十一点的钟声。仿佛被魔法吸引一般，她打开了钟表门——装着钻石的袋子竟然就藏在这件传家宝里。然而，当她离开时，这袋钻石让她更加头疼。首先，赫尔米娜需要离境许可，为此她接受了数小时的盘问。然后她想起了丈夫因在造纸厂修理烟囱而获得的"奖状"。当她出示了这份文件后，很短的时间内，她就获得了出境许可。接下来的问题是如何将钻石带出境。赫尔米娜知道，外国人出境时行李会被仔细搜查。那么她应该如何以及在哪里藏匿这些宝石呢？突然，她想起了从天津著名的糖果和面包店"起士林与巴德西餐厅"（Cafe Kissling & Bader）的老板那里收到的告别礼物，一盒白兰地酒渍樱桃糖果。赫尔米娜巧妙地将单颗钻石塞在一颗颗糖果里，几天后到了出境检查站。她的"小手艺"的确瞒过了审核，却被后面的乘客看穿了，其小声叮嘱她下次选择不太显眼的糖果作为藏匿之处。

赫尔米娜乘船离开时，走的正是她年轻时驶向陌生中国的路线。奥地利已经发生了巨变，以至于她的回国之旅更像是去一个新的国度旅行，而不是回到她丈夫的祖国。冷战时期，她的祖国罗马尼亚和故乡布加勒斯特已经遥不可及地居于分隔欧洲的"铁幕"之后[①]，不仅许多家庭成员，还有许多昔日的朋友和熟人都已去世，或早已搬到其他地方以躲避恐怖的纳粹统治和战争的动荡。

1949 年格蕾塔去世后，埃默斯多夫的房子由一对朋友帮忙照管，赫尔米娜现在可以搬进去住。然而，二战结束后，美国、英国、法国和苏联这四大战胜国在奥地利成立了同盟委员会，将该国划分为四个占领区。埃默斯多夫别墅属于苏占区，赫尔米娜不想生活在那里。因此，她在蒂罗尔州的伊格尔斯度过了夏季，住在罗尔夫的表兄奥托·利隆伯格的酒店里。冬季，她住在弗赖堡，靠近女儿玛丽亚·芭芭拉和女婿。1955年《奥地利国家条约》（Österreichische Staatsvertrag）签署时，苏联占领军撤离，赫尔米娜移居到埃默斯多夫。一直没有孩子的玛丽亚·芭芭拉每年都会在母亲身边待上几个月，直到1994年丈夫去世后，她就永久住到了这里，并于2004年去世，享年80岁。

尽管赫尔米娜在中国一直病痛不断，但她最终证明自己其实与盖苓同样身强体健。直到1980年，赫尔米娜在93岁高龄时才去世。

盖苓在天津并没有被遗忘。大约在2000年，天津市政府开始了大规模的老建筑修缮工程。在此期间，盖苓设计的几座房屋得到整修。2002年"近代天津博物馆"成立时，盖苓获得了全面肯定和赞誉，在他儿子弗兰茨的积极支持下，该馆专门为他的作品设立了一个展览分区。因设计图大多遭到毁坏或丢失，展出的主要是作品的照片。

盖苓在奥匈帝国充满希望的职业生涯因第一次世界大战而中断，在沙俄被囚禁了5年，几乎被排除在任何建筑专业以外，但他在遥远的天津和中国北方其他城市为那里的发展做出了重要贡献。盖苓多年来留下的建筑作品的设计多样性令人印象深刻，今天的观众可以从"近代天津博物馆"的收藏和仍然屹立在城市各处的建筑物上很好地体会到这一点。尽管盖苓经常会借鉴古典式样，即在欧洲历史上所形成的风格，然而他更偏爱现代的建筑方法和最新的材料，尤其是钢筋混凝土所带来的表达方式。在 20 世纪 30 年代的欧洲，钢筋混凝土建筑的发展促进了"国际主义风格"的形成，体现出相对的单一性。相比之下，盖苓努力为每栋建筑赋予了个性。他建造的建筑数量之众、风格之多，以及他所具备的从城市规划到工程设计的多种技能，使他成为 20 世纪上半叶中国现代建筑领域最重要的代表人物之一。

　　在"近代天津博物馆"的展览中，由中国雕塑家刘鑫创作的建筑师盖苓的青铜胸像栩栩如生，引人注目（见彩图 30）。

注释：

① 1946 年 3 月 5 日，英国前首相温斯顿·丘吉尔在美国富尔顿城威斯敏斯特学院的演说中（铁幕演说），首先公开使用"铁幕"一词，攻击苏联和东欧社会主义国家"用铁幕笼罩起来"。此后，西方资本主义国家用"铁幕国家"来蔑称社会主义国家。

盖苓大事年表

1884 年 6 月 7 日	出生于维也纳。
1899 年	加入瓦豪当地狩猎俱乐部。
1901 年	将父亲送往精神病院。
1903 年	推测于此年在波斯尼亚－黑塞哥维那进行大范围徒步旅行。
1904 年	秋天进入维也纳技术大学学习，获得了"国王守护者奖学金"，同年父亲鲁道夫去世。
1906 年	通过第一次建筑师国家考试。
1906~1907 年	在维也纳的帝国第 6 师炮兵团完成为期一年的志愿兵服役。
1908 年	回到维也纳技术大学继续学业。
1908~1909 年秋	走遍南蒂罗尔，进行大量徒步旅行。
1909 年	通过了军官课程，被任命为预备役少尉；
秋天	进入维也纳美术学院学习，被奥托·瓦格纳大师班录取。
1910 年	通过第二次国家考试，大学毕业； 进入奥托·瓦格纳的工作室工作。
1911~1912 年	推测于此时进入詹宁斯 & 施奈尔建筑公司； 不久后离开，开设了自己的工作室； 为维也纳公共交通公司在维也纳 12 区科普赖特街 5 号建造电车公司车站和员工宿舍，在 17 区瓦特街 138~138a 号建造"黑尔纳尔斯"车站，还有部分售票亭； 为斐迪南皇家北方铁路设计了维也纳汉德尔斯凯站候车大厅； 为鲁道夫·格林姆建筑公司设计了简单的独栋住宅； 设计了捷克皮尔森市的皮尔森啤酒厂酒店；

	设计下奥地利州克洛斯特新堡的"诺曼恩"赛艇俱乐部会所； 担任赫尔米娜·施密茨的建筑专业培训教师； 军籍转到驻扎在南蒂罗尔诺伊马克特附近的维尔的帝国第14重型榴弹炮营。
1913年	搬到布加勒斯特，加入赫尔米娜父亲的公司；
4月10日	与赫尔米娜举行婚礼。
1914年2月4日	女儿玛丽亚·玛格丽特出生；
7月29日	第一次世界大战爆发后，从奥地利驻布加勒斯特领事馆接到征召令；
8月3日	抵达位于南蒂罗尔的部队驻地报到，正式分配至第14重型榴弹炮营军需补给指挥部；
8~9月	被任命为营副官，参加伦贝格之战；
9月9~11日	在日茨基参加"拉瓦·罗斯卡亚战役"；
10月13日~11月2日	桑河进攻战；
11月11~28日	在克拉科夫作战；
12月5~16日	参加利马诺瓦－拉帕诺夫战役。
1915年初	驻扎在塔尔努夫西侧近旁的城镇沃伊尼奇；
2月	报名参加机枪课程；
4月15~28日	休假，回喀琅施塔特等地探亲；
4月30日	负责机枪排，参与塔尔努夫－戈尔利采战役；
5月2日	首次获得嘉奖；
5月19日	第二次获得嘉奖；
6月2日	在尼斯科－瓦乔利地区被沙俄军队俘虏，送到沙俄境内；
6月18~28日	被囚于基辅；
7月6日	抵达塔丘斯基的战俘营；
8月24日	扭伤右膝关节；
8月29日	得知荣获三等优异军功章；
10月10日	启程前往赤塔；
11月4日	到达达乌利亚战俘营。
1915~1918年	在达乌利亚战俘营讲授几何学、画法几何、透视学、建筑结构、农业建筑技术和艺术史。
1916年2月起	获得瑞典红十字会捐助；
5月8日	女儿玛丽亚·玛格丽特去世；
6月25日	将29张建筑草图经瑞典红十字会寄到维也纳，包括在战俘营期间设计的别墅、乡间住宅或特罗波乌的公务员宿舍以及百货商店和纪念碑的图纸。

1917 年 3 月	参加维也纳戴姆勒工厂举办的展览。
1918 年 1 月	苏俄内战全面爆发，战俘营多次卷入红军和白军的交火；
3 月	从达乌利亚转到安蒂皮察战俘营；
5 月 24 日	被伤残军人委员会提名交换俘房，但此项待遇无限期推迟；
10 月 16 日	抵达符拉迪沃斯托克（海参崴）附近的佩尔瓦贾·雷捷施卡战俘营。
1918 年至 1920 年	在战俘营改造过程中，做了许多设计和监理工作，包括：修复和重新安装了被布尔什维克破坏的营地、医院建筑、洗浴场所和面包房，为营地的供水系统建造了一座带有轻便铁轨的水井设施，修复损毁建筑，设计并筑造营地公墓，修建日本司令部的建筑物和波兰教堂。
1920 年 2 月 10 日	从佩尔瓦贾·雷捷施卡战俘营逃离，利用伪造的证件乘火车从符拉迪沃斯托克（海参崴）出发，穿过中国边境；
2 月 15 日	抵达北戴河；
2~9 月	与新民公司签订劳动合同，主要负责北戴河海滨浴场的开发，设计了莲花石公园、霞飞馆、吴鼎昌别墅等； 与德国建筑师卡尔·贝伦德合作获得"高级海滨酒店"竞赛项目一等奖； 为天津金城银行画了设计图，未执行； 与新民公司解除雇佣关系，并与贝伦德和魏迪锡共同开办润富建筑工程有限公司(中国)； 申请了新护照；
11 月	乘荷兰货轮"康安（Kangean）号"前往的里雅斯特，随后回到维也纳。
1921 年 7 月	与妻子一同出发，乘船前往中国；
8 月 1 日	抵达天津。
1921~1922 年	在沈阳设计建造东北大学； 在天津设计建造章瑞庭别墅； 负责山东青岛煤矿扩建工作。
1923 年夏天	润富公司解散。
1924 年 8 月 4 日	女儿玛丽亚·芭芭拉出生。
1925 年	与奥地利建筑师费利克斯·斯考夫合作，参加大连火车总站设计竞赛，获得一等奖。

1926 年	儿子弗兰茨出生；
11 月	盖苓设计建造的德美医院开业。
1927 年	"盖苓与斯考夫建筑公司"约在这一年正式成立，为西门子天津公司建造办公大楼。
1929 年夏天	携妻子和两个孩子回到维也纳与布加勒斯特探亲； 资助哥哥雷米吉乌斯； 被任命为天津工商大学的教授。
1930 年 2 月	带着他的妻子和孩子返回中国； 获得上海的德国新教教堂设计竞赛一等奖； 担任天津赛艇俱乐部主席。
1931 年初	终止与斯考夫的合作，搬进了位于天津大沽路上的新办公室，独资经营建筑公司； 在北仓建造防洪系统和船闸； 中标天津北仓防洪系统和船闸项目； 在第二十届维也纳国际春季博览会上，收到贸易和运输部以及农林部颁发的感谢证书。
1932 年	接受青岛一个煤矿新矿井规划输送系统和煤仓的项目； 在北戴河建造盖苓别墅； 被奥地利政府授予"国家建筑鉴定议员"（Baurat h.c.）的荣誉称号； 被任命为奥地利驻天津的副领事。
1933 年	在天津扶轮社发表关于"客户从建筑师那里能或不能得到什么"的演讲； 开始设计、建造天津津南里公寓。
1934 年	在天津和北戴河地区参与设计建造多座私人建筑，包括李勉之、吴适云、吴颂平、杨宁史、施温德尔、德约考夫、方先之等人的私人别墅； 辞去天津工商大学的教职；
12 月	盖苓的母亲去世。
1935 年	在天津设计建造剑桥大楼。
1936 年	为剑桥大楼增建侧翼楼； 在天津的德国学校和各个协会举办讲座，推介奥地利的旅游和工业产品。
1937 年	在天津设计建造了香港大楼、民园大楼；
7 月 7 日	从北戴河乘末班火车返回天津 接替鲍尔代理奥地利驻津领事。

1938 年 3 月	德国吞并奥地利，盖苓因未全力服从天津的德国新当权者命令而登上纳粹的黑名单； 接到一系列订单，包括建造六栋住宅楼及另外七栋房屋，一个大型酒店的附属建筑和一栋小公寓。
1939 年	在格蕾塔帮助下，购买了奥地利梅尔克附近埃默斯多夫的别墅；
夏天	赫尔米娜独自带领孩子们返回欧洲； 天津遭遇特大洪水，暂停一切工作；
9 月	希特勒发动了波兰战争，罗马尼亚接纳波兰流亡政府和军队，赫尔米娜和孩子们正好在布加勒斯特探亲。
1941 年 12 月	日本偷袭珍珠港，美国和中国分别向日本宣战，盖苓一家未受影响。
1942~1945 年	靠出租剑桥大楼公寓和开办物业管理公司的收入维持生活，应对难以想象的通货膨胀、物价飞涨。
1945 年	女儿玛丽亚嫁给在德国学校任职的埃里希； 盖苓为自己家人在天津建造私家别墅； 日本投降后，国民党政府再次委托盖苓作为"前领事"维护奥地利在天津的利益； 私家别墅被美国海军陆战队没收并拆毁。
1947 年	儿子弗兰茨赴美国斯坦福大学攻读学位。
1949 年	获得"华北造纸公司天津总厂检修三号机纪念章"； 向新政府申请建筑师执照，并立即得到批准； 姐姐格蕾塔去世。
1952 年 8 月 1 日	因中风去世，享年 68 岁。
1980 年	妻子赫尔米娜去世，享年 93 岁。

参考文献

"Als österreichische Rotekreuzschwester in Russland. Tagebuch von Gräfin Anna Revertera." In:Süddeutsche Monatshefte. Sept. 1923, S. 251–281.

Amtliche Kriegs-Depeschen. Nach Berichten des Wolff´schen Telegr.-Bureaus. 2. Band, 1. Februar 1915 bis 31. Juli 1915.

Das Archiv zum 1. Weltkrieg. Darstellungen des Kampfes 1914–1918 aus der Sicht der damaligen Zeit. www.stahlgewitter.com.

"Die Baracke". Zeitung für das Kriegsgefangenenlager Bando, Japan. September 1919.

Brandstetter, Jutta: Karl König. In: Wiener Architektenlexikon 1770–1945. www. architektenlexikon.at.

Brandstetter, Jutta: Theophil Hansen. In: Wiener Architektenlexikon 1770–1945. www.architektenlexikon.at.

Brandstetter, Jutta: Adolf Loos. In: Wiener Architektenlexikon 1770–1945. www. architektenlexikon.at.

Brändström, Elsa: Unter Kriegsgefangenen in Rußland und Sibirien 1914–1920. Berlin 1927.

Breitner, Burghard: Unverwundet gefangen. Aus meinem sibirischen Tagebuch. Wien u. a. 1921 (5. Aufl.).

Cartier, Jean-Pierre: Der Erste Weltkrieg. München 1984.

Deutsche chinesische Nachrichten. Tientsin 1930–1939, ab 1939–1941: Deutsche Zeitung in Nordchina. (Tageszeitung).

"Eine Gedächtniskirche von Remigius Geyling." In: Der Architekt 1916, S. 85 f.

Frankfurter Zeitung, Ausgabe vom 11. 09. 1914; Ausgabe vom 4. 5. 1915.

Gefechtskalender 1914–1918, www.rainerregiment.at.

Hörtler, Günter: Die österreichisch-ungarische Konzession in Tianjin. 2. Bde. Wien 1984.

Holitscher, Arthur: Amerika heute und morgen: Reiseerlebnisse. Berlin 1912 (3. Aufl.).

Huch, Friedrich: Pitt und Fox. Die Liebeswege der Brüder Sietrup. München 1909.

Kaminski, Gerd / Else Unterrieder: Von Österreichern und Chinesen. Wien u. a. 1980.

Karner, Franz: Ostsibirien das Leben und die Tätigkeit in einem Kriegsgefangenen-Lager. Wien 1917.

Kraus, Karl: Die letzten Tage der Menschheit. Frankfurt am Main 1986.

Kronenbitter, Günther: Von "Schweinehunden" und "Waffenbrüdern". Der Koalitionskrieg der Mittelmächte 1914 /15 zwischen Sachzwang und Ressentiment. In: Gerhard Groß: Die vergessene Front – der Osten 1914 /15. Paderborn 2006, S. 121 ff.

Leidinger, Hannes (Hrsg.): In russischer Gefangenschaft. Erlebnisse österreichischer Soldaten im Ersten Weltkrieg. Wien 2008.

Liermberger, Otto: Levico-Führer. 1. Allgemeiner Teil: Land und Leute. Wien 1912.

Matthaei, Adalbert: Deutsche Baukunst im 19. Jahrhundert. Leipzig 1914.

Meier-Graefe, Julius: "Der Tscheinik". Berlin 1918.

Nachtigal, Reinhard: Privilegiensystem und Zwangsrekrutierung. Russische Nationalitätenpolitikgegenüber Kriegsgefangenen. In: Kriegsgefangene im Europa des Ersten Weltkriegs / hrsg. von Jochen Oltmer. – Paderborn; Wien u. a. 2006, S. 167 ff.

Nachtigal, Reinhard: Die Repatriierung der Mittelmächte-Gefangenen aus dem revolutionären Russland. In: Kriegsgefangene im Europa des Ersten Weltkriegs / hrsg. von Jochen Oltmer. –Paderborn; Wien u. a. 2006, S. 239 ff.

Nachtigal, Reinhard: Kriegsgefangenschaft an der Ostfront 1914–1918. Frankfurt am Main; Wien u. a. 2005.

Nemecek, Ottokar: Das österreichisch-ungarische Settlement in Tientsin. In: Jahresbericht der Neuen Wiener Handelsakademie. Wien 1912, S. 97–104.

Neue Freie Presse, Ausgabe vom 25. 11. 1930.

Neues Wiener Journal, Ausgabe vom 4. 3. 1914.

Österr. Bundesministerium f. Heereswesen u. Kriegsarchiv (Hrsg.): Österreich-Ungarns letzter Krieg 1914–1918, 7. Bde., Wien 1931.

Die österreichische-ungarische Monarchie und der Erste Weltkrieg. http://gebirgskrieg.heim.at/5029.htm.

Die Presse, Ausgabe vom 12. 8. 2012.

Prokop, Ursula: Josef Hoffmann. In: Wiener Architektenlexikon 1770–1945. www.architektenlexikon.at.

Prokop, Ursula: Friedrich Schmidt. In: Wiener Architektenlexikon 1770–1945.

www.architektenlexikon.at.

Prokop, Ursula: August Sicard von Sicardsburg. In: Wiener Architektenlexikon 1770–1945. www.architektenlexikon.at.

Prokop, Ursula: Otto Wagner. In: Wiener Architektenlexikon 1770–1945. www. architektenlexikon.at.

Prokop, Ursula: Eduard van der Nüll. In: Wiener Architektenlexikon 1770–1945. www.architektenlexikon.at.

Scheidl, Inge: Leopold Bauer. In: Wiener Architektenlexikon 1770–1945. www. architektenlexikon.at.

Scheidl, Inge: Anton Brenner. In: Wiener Architektenlexikon 1770–1945. www. architektenlexikon.at.

Scheidl, Inge: Josef Frank. In: Wiener Architektenlexikon 1770–1945. www. architektenlexikon.at.

Scheidl, Inge: Viktor Luntz. In: Wiener Architektenlexikon 1770–1945. www. architektenlexikon.at.

Schmitt-Englert, Barbara: Deutsche in China 1920–1950. Alltagsleben und Veränderungen. Gossenberg2012.

Schumann, Petra: Josef Plecnik. In: Wiener Architektenlexikon 1770–1945. www. architektenlexikon.at.

Schumann, Petra: Otto Prutscher. In: Wiener Architektenlexikon 1770–1945. www.architektenlexikon.at.

Siutz, Klaus: Mathäus Wirnsperger. Kriegsgefangenschaft in Sibirien 1914–1920. Dipl.-Arb., Univ.Graz 1994.

Stoss, Eduard: Kriegsgefangen in Sibirien. Wien o. J.

Thomas, Gould Hunter: An American in China. www.willysthomas.net.

Die vergessene Front – der Osten 1914 /15: Ereignis, Wirkung, Nachwirkung. 24. 05. 2004–27. 05. 2004, Deutsches Historisches Museum, Berlin. http:// hsozkult.geschichte.hu-berlin.de.

Wagner, Otto: Moderne Architektur. Wien 1895.

Wartehallen von Rolf Geyling. In: Der Architekt 1912, Abb. 83, 86, 87, Tafel 75 (ohne Text).

Wurzer, Georg: Die Kriegsgefangenen der Mittelmächte in Russland im Ersten Weltkrieg. Diss., Uni. Tübingen 2001 (mit ausführlicher Literaturliste).

Die zitierten bzw. erwähnten Tagebücher, Briefe, Zeugnisse, Tonbandaufnahmen etc. sowie dieschriftlichen Lebenserinnerungen Franz Geylings befinden sich im Privatarchiv der Familie Geyling, Auburn, Alabama.

人名对照表

A

Angeli, Heinrich von	海因里希·冯·安杰利
Assim, Oblt.	阿西姆中尉

B

Balasz, Dr.	巴拉兹博士
Banach, Oberstlt.	巴纳赫中校
Bauer, Paul	保罗·鲍尔
Bauer, Leopold	利奥波德·鲍尔
Baumann, Ludwig	路德维希·鲍曼
Behrendt, Karl	卡尔·贝伦德
Berger, Lt.	博格少尉
Berlitz	贝立兹
Berta	贝尔塔
Blechner, Dr.	布勒希纳博士
Bloch, Lt.	布洛赫少尉
Brandström, Elsa	艾尔莎·布兰德斯特伦
Bratanic, Feldkurat	布拉塔尼奇战地牧师
Breitner, Burghard	伯哈德·布赖特纳
Brüll, Dr.	布鲁尔医生
Brussilow, General Alexei Alexejewitsch	阿列克谢·阿列克谢耶维奇·布鲁西洛夫将军
Busch, Wilhelm	威廉·布施

C

Castiglione, Giuseppe	朱塞佩·卡斯蒂廖内

Rainer, Erzherzog 莱纳大公
Reden, Freiherr Kurt von 库尔特·冯·雷登男爵
Reverterra, Gräfin 莱芙特拉伯爵夫人
Rietveld, Gerrit 赫里特·里特费尔德
Rosanelli, Hptm. 罗萨内利上尉
Rosenauer, Michael 迈克尔·罗森纳
Rotter, Lt. 罗特少尉
Rudi 鲁迪

S

Scheidl, Inge 英格·谢德尔
Schiller 席勒
Schinkel, Friedrich 弗里德里希·辛克尔
Schmidt, Friedrich 弗里德里希·施密特
Schmidts, Ernst 恩斯特·施密茨
Schmidts, Franz 弗朗茨·施密茨
Schmidts, Louis 路易斯·施密茨
Schmidts, Maximilian 马克西米利安·施密茨
Schmidts, Rosi 罗西·施密茨
Schneider 施耐德
Schubert 舒伯特
Schuette-Lihotzky, Margarete 玛格丽特·舒特－里奥茨基
Schwender, Karl 卡尔·施温德尔
Seewaldt, Fritz 弗利茨·塞瓦尔德
Semionow, General Grigori 格里戈里·米哈伊洛维奇·谢苗
Michailowitsch 诺夫将军
Seyfarth, Dr Erich 埃里希·塞法斯博士
Shaw, George Bernard 萧伯纳
Sicardsburg, August Sicard von 奥古斯特·西卡德·冯·西卡斯堡
Siegel, Oblt. 西格尔中尉
Skoff, Felix 费利克斯·斯考夫
Sophie 索菲亚
Spannbauer, Feldkurator Pater 斯潘鲍尔战地牧师
Steuer, Lt. 施托伊尔少尉
Stoss, Eduard 埃达乌德·斯托斯
Szigmond, Oblt. 西格蒙德中尉

T

Theresia, Hofdame Maria	玛丽亚·特蕾西娅女大公
Theuerkauf, Hans	汉斯·德约考夫
Todt, Priester	托特牧师
Tolstoi	托尔斯泰
Trotzki, Leo	列昂·托洛茨基

U

Uharek, Hptm.	乌哈雷克上尉

W

Wagner, Otto	奥托·瓦格纳
Walterkirchner, Hptm.	瓦尔特基兴上尉
Wanner, Lt.	瓦纳尔少尉
Wärndorfer, Fritz	弗里茨·沃恩多弗
Weiß, Dr.	韦斯博士
Werenikin, Praporschik	普拉波罗齐克·赫雷尼金
Wittig, E.	魏迪锡
Wolff, Oblt.	沃尔夫中尉
Wu Hsie Yin	吴适云（音）
Wurzer, Georg	乔治·沃茨尔

地名及机构名对照表

Jaslo	亚斯洛
Jasna	亚斯娜
Jezowe	热佐维
Jodlownik	约德洛因克
Jozefow	尤泽夫

K

Kainsk-Domski	凯恩斯克－多姆斯基
Kaiser-Franz-Josef-Jubiläumskirche	弗朗茨·约瑟夫皇帝纪念教堂
Kamien	卡米恩
Kargat	卡尔加特
Karl-Marx-hof	卡尔·马克思大院
Karlskirche	卡尔斯教堂
Kärntner Ring	卡恩特纳大街
Kloster der unbeschuhten Karmeliterinnen	赤足加尔默罗派修女修道院
Klosterneuburg	克洛斯特新堡
Koppreitergasse	科普赖特街
Kowel	科维尔
Krakau	克拉科夫
Krasnoiarsk	克拉斯诺亚尔斯克
Krasnostaw	克拉斯内斯塔夫
Kronstadt	喀琅施塔特
Krottenbachstraße	克洛腾巴赫大街
Kurgan	库尔干
Kursk	库尔斯克

L

Lapanow	拉帕诺夫
Laxenburg	拉克森堡
Leipzigerstraße	莱比锡大街
Lemberg	伦贝格
Levico	莱维科
Lezajsk	莱扎伊斯克
Limanowa	利马诺瓦
Linz	林茨
Liski	利斯基

Ordinacky	奥尔迪纳基
Oserdow	奥瑟多
Österreichische Nationalbank	奥地利国家银行
Österreichischen Museum für Kunst und Industrie	皇家艺术和工业博物馆
Otfinow	奥特菲诺夫
Otto-Wagner-Kirche	奥托－瓦格纳教堂
Otto Wagner-Platz	奥托·瓦格纳广场

P

P. & C. Habig Hutfabrik	哈比希制帽厂
Padang	巴东港
Palais Stoclet	斯托克雷特宫
Perwaja Rjetschka	佩尔瓦贾·雷捷施卡
Petropavlovsk	彼得罗巴甫洛夫斯克
Philipp-Hof	菲利普大院
Pilzano	皮尔兹诺
Pjestschanka	佩捷施卡
Plawo	普拉沃
Plessna	普莱斯纳
Polnische Kirche	波兰教堂
Pommern	波美拉尼亚
Port Said	塞得港
Potschta	波什塔
Poturzyn	波图尔津
Pranzoll	普兰佐尔
Prcemyzls	普切米兹
Predeal	普雷代亚尔
Proszowice	普罗绍维采
Przemyśl	普热梅希尔
Przewodow	普热沃多夫
Pyacebka	皮亚斯布卡

R

Radymno	拉迪姆诺
Rawa Ruska	拉瓦·罗斯卡亚
Reawka	雷乌卡
Rowno	罗夫诺

Technischen Hochschule in Wien	维也纳技术大学
Teplitz	特普利茨
Tepluschki	特普鲁什基
Tientsin Rowing Club	天津赛艇俱乐部
Tirol	蒂罗尔州
Tiroler Glasmalerei	"蒂罗尔玻璃画"工坊
Tolmin	托尔明
Tomaschow	托马斯乔夫
Transilvania	特兰西瓦尼亚
Trentino	特伦蒂诺
Trient	特伦托
Trieste	的里雅斯特
Troizkossawsk	特罗伊科萨夫斯克
Troppau	特罗波乌
Tscheliabinsk	车里雅宾斯克
Tschita	赤塔
Tuberkulosespital "Colentina"	"科伦蒂娜"肺结核诊所
Tuchow	图胡夫

U

Ungargasse	匈牙利人街
Universität für Angewandte Kunst	应用艺术大学

V

Verlag S. Fischer, Berlin	柏林费舍尔出版社
Vill	维尔
Voßstraße	沃斯大街
Votivkirche	还愿教堂

W

Wachau	瓦豪
Währinger Straße	沃林格大街
Wal	沃尔峰
Warenhaus Wertheim	韦特海姆百货商店
Wattgasse	瓦特街
Weichselufer	维斯瓦河
Weidenbach	魏登巴赫
Weimar	魏玛

Weinhauser Kirche	魏因豪斯教堂
Werkbundsiedlung	制造联盟住宅区
Wiedner Hauptstraße	维德纳大街
Wielepole	维罗波莱
Wiener Burgtheater	维也纳城堡剧院
Wiener Kunstgewerbeschule	维也纳工艺美术学校
Wiener Oper	维也纳国家歌剧院
Wiener Postsparkasse	维也纳邮政储蓄银行
Wiener Verkehrsbetrieben	维也纳公共交通公司
Wiener Völkerkundemuseum	维也纳民间艺术博物馆
Wilna	维尔纽斯
Windmühlgasse	风车巷
Wisloka	维斯沃卡河
Wladiwostok	符拉迪沃斯托克（海参崴）
Wojnicz	沃伊尼奇
Wola Sklobienska	沃拉·斯克洛宾斯卡
Wolhynien	沃林尼亚

Y

Ybbs	伊布斯
Yuen Fu Building and Engineering Co. Ltd. China	润富建筑工程有限公司（中国）

Z

Zabsze	扎布热
Zdiary	兹迪亚里
Zdow	兹多夫
Zisterzienserstift Schlierbach	施利尔巴赫熙笃会修道院
Zoltiew	佐尔蒂乌

致　谢

在本书编译出版过程中，天津社会科学发展研究中心诸位同事做了大量的工作：安红女士负责本书的版式设计以及美术编辑工作；姜雨晨、牌梦迪女士参与全书的校对工作，并提出许多宝贵意见，在此一并致以谢意。

图书在版编目（CIP）数据

罗尔夫·盖苓：1884~1952 年：辗转于战争与几大
洲之间的建筑师 /（奥）英格·谢德尔著；刘悦，唐倩
译. -- 北京：社会科学文献出版社，2024.9.--ISBN
978-7-5228-4022-2

Ⅰ.K835.215.72

中国国家版本馆 CIP 数据核字第 2024HJ2979 号

罗尔夫·盖苓（1884~1952 年）
—— 辗转于战争与几大洲之间的建筑师

著　者 /〔奥〕英格·谢德尔（Inge Scheidl）
译　者 / 刘　悦　唐　倩

出 版 人 / 冀祥德
责任编辑 / 王玉敏
责任印制 / 王京美

出　　版 / 社会科学文献出版社·马克思主义分社（010）59367126
　　　　　　地址：北京市北三环中路甲 29 号院华龙大厦　邮编：100029
　　　　　　网址：www.ssap.com.cn
发　　行 / 社会科学文献出版社（010）59367028
印　　装 / 北京盛通印刷股份有限公司

规　　格 / 开　本：889mm×1194mm　1/32
　　　　　　印　张：12.875　插　页：0.5　字　数：262 千字
版　　次 / 2024 年 9 月第 1 版　2024 年 9 月第 1 次印刷
书　　号 / ISBN 978-7-5228-4022-2
著作权合同
登 记 号 / 图字 01-2024-4024 号
定　　价 / 89.00 元

读者服务电话：4008918866

▲ 版权所有　翻印必究